REISE KNOW-HOW im Internet

Aktuelle Reisetipps und Neuigkeiten
Ergänzungen nach Redaktionsschluss
Büchershop und Sonderangebote
Weiterführende Links zu über 100 Ländern

www.reise-know-how.de
info@reise-know-how.de

Wir freuen uns über Anregung und Kritik.

Außerdem in dieser Reihe:

KulturSchock Ägypten
KulturSchock Brasilien
KulturSchock China
KulturSchock Golf-Emirate und Oman
KulturSchock Iran
KulturSchock Islam
KulturSchock Japan
KulturSchock Marokko
KulturSchock Mexiko
KulturSchock Pakistan
KulturSchock Russland
KulturSchock Spanien
KulturSchock Thailand
KulturSchock Türkei
KulturSchock Vietnam

Rainer Krack
KulturSchock Indien

„Khao, pio, maja karo!"
„Iss, trink, hab Spaß!"
Indische Lebensmaxime

Impressum

Rainer Krack
KulturSchock Indien

erschienen im
REISE KNOW-HOW Verlag Peter Rump GmbH
Osnabrücker Str. 79
33649 Bielefeld

© Peter Rump 1987, 1992, 1993, 1996, 1998, 2000
7., aktualisierte Auflage **2002**

Alle Rechte vorbehalten.

Gestaltung
Umschlag: Günter Pawlak (Layout und Realisierung)
Inhalt: Peter Rump (Layout)
Fotos: © Rainer Krack
Titelfoto: M. B. Gowda, Belgaum, Indien

Lektorat (Aktualisierung): Sandra Wanning

Druck und Bindung: Fuldaer Verlagsagentur

ISBN 3-8317-1076-7
Printed in Germany

Dieses Buch ist erhältlich in jeder Buchhandlung der BRD, der Schweiz, Österreichs, Belgiens und der Niederlande. Bitte informieren Sie Ihren Buchhändler über folgende Bezugsadressen:

BRD
  Prolit GmbH, Postfach 9, 35461 Fernwald
  sowie alle Barsortimente
Schweiz
  AVA-buch 2000
  Postfach, CH-8910 Affoltern
Österreich
  Mohr Morawa Buchvertrieb GmbH
  Sulzengasse 2, A-1230 Wien
Niederlande, Belgien
  Willems Adventure
  Postbus 403, NL-3140 AK Maassluis

Wer im Buchhandel trotzdem kein Glück hat, bekommt unsere Bücher auch direkt bei:
Rump Direktversand, Heidekampstraße 18, 49809 Lingen (Ems) oder über unseren **Büchershop im Internet: www.reise-know-how.de**

Wir freuen uns über Kritik, Kommentare und Verbesserungsvorschläge.

Alle Informationen in diesem Buch sind vom Autor mit größter Sorgfalt gesammelt und vom Lektorat des Verlages gewissenhaft bearbeitet und überprüft worden.

Da inhaltliche und sachliche Fehler nicht ausgeschlossen werden können, erklärt der Verlag, dass alle Angaben im Sinne der Produkthaftung ohne Garantie erfolgen und dass Verlag wie Autor keinerlei Verantwortung und Haftung für inhaltliche und sachliche Fehler übernehmen.

Der Verlag sucht Autoren für weitere KulturSchock-Bände.

Rainer Krack

KulturSchock

Indien

Religion und Weltsicht

Familie und Gesellschaft

Der Alltag des Reisenden

Anhang

Vorwort

Das mystische, merkwürdige Indien: Für viele, die es besucht haben, wurde es zum Traumland, für andere zum Albtraum. Die einen können nicht genug davon bekommen und kehren Jahr für Jahr zurück, die anderen verlassen das Land vorzeitig in panikartiger Flucht und erzählen daheim Gruselgeschichten vom fremden Mann. Woher dieser Gegensatz?

Der Grund ist das Schlüsselerlebnis eines jeden Reisenden, der *Kulturschock*. Schon unsere Vorfahren, die als erste Weiße Indien betraten, waren entsetzt über die „Andersartigkeit" der Inder: Man versuchte, den Einheimischen ihren „heidnischen" Glauben auszutreiben und ihnen die abendländische Kultur beizubringen. Zum Glück mit sehr mäßigem Erfolg. Nur wenige Reisende der Vortourismuszeit getrauten sich, sich ernsthaft mit den Vorstellungen der Einheimischen auseinanderzusetzen und damit zu riskieren, ihr altvertrautes, heimisches Wertesystem dem Kollaps preiszugeben.

Der *Kulturschock* ist nichts weiter, als das Beharren, dass die eigenen Werte die richtigen sind, die anderen die „unnormalen". Diese Haltung, die natürlicherweise eine Nicht-Anpassung an die Kultur der Besuchten nach sich zieht, führt unweigerlich zum Konflikt: Niemand kann sich in einem Land wohlfühlen, dessen Denkweise er nicht versteht oder verstehen will und der durch das neu gesehene nicht seine vertraute Kultur in Frage stellen kann. Mit anderen Worten: Entweder man bemüht sich um ein Verstehen der fremden Kultur, oder man sollte lieber zu Hause bleiben und nur den Atlas studieren! Das „Kennen" eines Landes besteht nicht nur darin, den Taj Mahal oder eine Leichenverbrennung gesehen zu haben. Wahrscheinlich ist es aufschlussreicher, in einem unauffälligen Bauerndorf im Kreise der Einheimischen zu verweilen, als von Sehenswürdigkeit zu Sehenswürdigkeit zu hasten. Wem es gelingt, sich in die fremde Kultur hineinzudenken und seine althergebrachten Denkschemata für die Zeit der Reise (und wenn möglich noch etwas länger) zu vergessen, dem ist die Erkundung des bereisten Landes gelungen.

Das vorliegende Buch will eine Hilfe für dieses Gelingen sein. Dabei steht ein solches Buch, das die Denk- und Handlungsweisen der Inder beschreiben will, vor einem spezifischen Problem: Indien ist ein kunterbuntes Gemisch verschiedener Religionen, Rassen, Landsmannschaften und lokaler Traditionen. Selbst untereinander können sich Inder sehr fremd sein. Der feine Geschäftsmann aus Bombay wird es nicht verstehen, wie im Stamme der Todas in Südindien mehrere Brüder ein und dieselbe Frau heiraten können. Die Todas ihrerseits wird es verwundern, wenn sie hören, dass es woanders Milch geben soll, die aus Plastiktüten kommt und nicht von ihren geliebten Büffelkühen. Indien beschert ein so weitgefächertes Spektrum, und die Inder können so sehr in ihren Denkschemata voneinander variieren, dass auch innerhalb des Landes noch Raum für *Kulturschock* bleibt.

Daher soll in diesem Buch der Schwerpunkt auf den Denk- und Verhaltensweisen liegen, die für Indien „allgemein" gültig sind. Der aufmerksame Reisende wird immer wieder feststellen, dass er das zuvor gelesene täglich er„lebt" und – so hoffe ich – besser versteht.

Den meisten der Kapitel habe ich ein Zitat vorangestellt, das ich einer Art *Kulturschock-Band* des frühen 19. Jahrhunderts entnommen habe: Das Buch „Hindu Manners, Customs and Ceremonies" von dem ehrenwerten Abbé (Abt) J.A. Dubois beruht auf 31-jähriger Indienerfahrung (1792-1823) und beschreibt das zeitgenössische Leben der Inder und ihre Gebräuche. Der Abbé wechselt in seinem Buch zwischen verständnisvoller Duldung der bestehenden Denkweisen und harscher Ablehnung, wenn etwas gegen seine christlichen Vorstellungen geht. Als Darstellung indischen Lebens des 19. Jahrhunderts aber ist sein Buch ein Klassiker, das seinesgleichen sucht. Einige der vorangestellten Zitate aus Dubois' Buch haben bis heute ihre Gültigkeit, andere sind überholt und erscheinen kurios.

Der Sinn und Zweck des vorliegenden Buches soll sein, den *Kulturschock* weitgehend abzumildern oder ihm gar gänzlich vorzubeugen. Auf dass der Reisende Indien genießen möge!

Der Hinduismus:
Das Leben ist Religion

*„Viele Europäer,
die Indien besuchen, sind verwundert
ob der Zusammenhanglosigkeit
von Vorstellungen,
die in der Religion
seiner Bewohner vorherrscht."*

Abbé Dubois, 1770-1848

Man kann es dem Abbé in der Tat nicht verdenken: Der Hinduismus ist weder leicht zu erklären noch zu verstehen. Und schon gar nicht für einen Mann seiner Zeit, der nach Indien gekommen war, das Christentum zu verkünden. Selbst einem gebildeten Inder wird es nicht leicht fallen, seine Religion klar darzulegen. Ich will hier eine Beschreibung des Hinduismus versuchen, und das so „unakademisch" wie möglich. Dabei möchte ich auf die ausschweifende Analyse der „Entstehung" verzichten und mich darauf konzentrieren, was der Hindu „glaubt", und wie dieser Glaube in sein tägliches Leben eindringt.

Der **Gott Vishnu** ist der Erhalter des Universums, der Ursprung aller Dinge. Er liegt schlafend im „Ur-Ozean" auf der tausendköpfigen *Schlange Shesha.* Während seines Schlafes erwächst seinem Nabel eine Lotusblume. In dieser Lotusblume wird **Brahma** geboren, der die Welt erschafft. Kaum ist die Welt entstanden, erwacht *Vishnu* aus seinem Schlaf, um in *Vaikuntha,* dem höchsten Himmel zu regieren. Gemäß der Hindu-Mythologie hat sich Vishnu neun mal auf Erden inkarniert, d. h. neun mal ist er in verschiedenen Formen auf die Welt gekommen. Diese *Avatars* (= Inkarnationen) Gottes sind *Matsya* (der Fisch), *Kurma* (die Schildkröte), *Varaha* (der Eber), *Narasinha* (der Löwenmensch), *Vamana* (der Zwerg), *Parashurama* („Rama mit der Axt"), *Krishna* und *Buddha*. *Vishnu* ist der universelle Gott, und alle anderen Götter sind aus ihm erschaffen. So auch *Shiva,* der eine Art Gegenstück zu *Vishnu* darstellt. Ist *Vishnu* der Schöpfer des Universums, so ist *Shiva* der Zerstörer und Erneuerer aller Dinge. Das Dreigespann *Brahma-Vishnu-Shiva,* die **Trimurti,** ist die hinduistische Form der Dreifaltigkeit.

Alle anderen Götter des Hinduismus sind im Grunde „Aspekte" oder „Eigenschaften" von *Vishnu.* So ist beispielsweise *Ganesha,* der dickbäuchige Elefantengott, derjenige Gott, der bei Unternehmungen hilfreich zur Seite steht und alle Hindernisse beseitigt. *Lakshmi* ist die Göttin für Glück und Wohlstand.

Die meisten Hindus beten zu einem „Lieblingsgott", der von ihnen bevorzugten Form von *Vishnu.* Diese Auswahl wird durch lokale Traditionen beeinflusst – Götter, die im Süden verehrt werden, können im Norden gänzlich unbekannt sein. Zudem können in bestimmten Situationen Götter angerufen werden, die man ansonsten unter normalen Gegebenheiten außer Acht lässt. So mag sich ein glühender Anhänger *Krishnas* in Zeiten materieller Not an *Lakshmi* wenden, da er sich durch die Verehrung des „glücksbringenden" Aspektes des allumfassenden Gottes eine Linderung der augenblicklichen Nöte verspricht. Ein jeder der praktisch unzählbaren Götter des Hinduismus taucht in verschiedenen Traditionen oder Regionen unter einer Vielzahl von verschiedenen Namen auf.

Hindu-Tempel sind jeweils einer Gottheit geweiht, und viele Hindus machen lange Pilgerfahrten, um den Tempel ihrer Familientradition zu besuchen. Vielen Tempeln und der darin wohnenden Gottheit werden übernatürliche Kräfte zugesprochen, wie etwa die Heilung von Krankheiten, das „Fruchtbarmachen" von Ehepaaren oder das Austreiben von in Menschen gefahrenen Geistern. In

den Dörfern ist der Tempel der Mittelpunkt des Lebens. Häufig werden ganze Dörfer einer Gottheit geweiht, und so entstehen Ortsnamen wie *Ganeshpur* (Stadt des Ganesha), *Sitapur* (Stadt der Sita), *Ramnagar* (Stadt des Rama) oder *Maheshwar* (Stadt des „großen Gottes" = Shiva).

Besonders auf dem Lande ist es Tradition, Kinder mit den **Namen der Götter** zu benennen. So gibt es Millionen *Rams* (der Gott Rama) oder *Sitas* (Die Göttin Sita ist die Frau Ramas). Durch das Rufen des „göttlichen" Namens sowie durch das Hören sollen die göttlichen Eigenschaften in den Sprecher oder Hörer übergehen. Davon profitiert der, der „*Ram*" gerufen wird, genauso wie der Rufer selbst. Außerdem ist das Geben und Tragen von Gottesnamen eine Art Ermahnung, sich dem Göttlichen zuzuwenden. In vielen Landstrichen Indiens begrüßt man sich mit „*Ram! Ram!*" oder „*Hari Om!*" (Hari = Vishnu; Om = heiliger „Urton" des Universums). Die Religion durchdringt jeden Aspekt indischen Lebens.

Shiva

Krishna

Der Inder begreift jedes Naturereignis oder Weltengeschehen als Ausdruck des Willens Gottes. Nichts geschieht einfach „nur so", alles ist miteinander verknüpft.

Der wichtigste und wohl folgenreichste Aspekt hinduistischen Denkens ist das Prinzip der **Wiedergeburt** und des *karma*. Der Hindu glaubt, dass seine Seele nach dem Tode in einen anderen Körper eingeht, als ein neues Lebewesen wiedergeboren wird. Es ist ein großes Glück als Mensch geboren zu werden, ebenso gut kann man „absteigen" und als Tier zur Welt kommen. Die Art der Geburt und das Lebensschicksal wird vom *karma* bestimmt. *Karma* bedeutet Tat oder Handlung. Das *Karma*-Prinzip besagt, dass die vorhergegangenen Leben über die „Qualität" des nachfolgenden Lebens entscheiden. Schicksalsschläge in diesem, jetzigen Leben sind die Folge einer schlechten Tat im vorangegangenen Leben. Ebenso ist großes Glück die Folge eines gottgerechten „Vor"-Lebens. Der Mensch mit all seinen guten und schlechten Eigenschaften ist das Produkt seiner Taten in einer Unzahl von vorangegangenen Leben.

Diese Philosophie von **Ursache und Wirkung,** von der unwiderruflich auf eine Tat folgenden „Belohnung" oder „Bestrafung" in der nächsten *Inkarnation* (= Fleischwerdung), birgt eine Gefahr: Allzu leicht werden augenblickliche Zustände den Folgen früherer Leben angelastet, und man versucht nicht, die Gegebenheiten zu ändern. Man ergibt sich dem Fatalismus, der Vorstellung, dass die

eigene Situation selbstverursacht, unabwendbar ist und durchlitten werden muss. Diese Haltung hat den Inder allerdings auch zu einem Menschen gemacht, der wie kaum ein anderer in der Lage ist, Leid und Not klaglos zu ertragen. Wie oft habe ich es erlebt, dass ich mit Indern über ihre Lage sprach, und sie zum Himmel zeigten und sagten: „Was soll's, Gott entscheidet. Er gibt, und er nimmt!" Ohne diese Schicksalsergebenheit wäre ein Land wie Indien, mit all seinen sozialen Diskrepanzen, längst dem Chaos anheimgefallen. Der Hindu erträgt seine Situation mit vollem Vertrauen auf einen gerechten Gott.

Im Gegensatz zu allen anderen Religionen hat der Hinduismus

nicht eine, sondern eine Vielzahl von heiligen Schriften. Am wichtigsten ist die **Bhagavad Gita** („Das Göttliche Lied"), ein Teil des Epos *Mahabharata*. Der orthodoxe Hindu ist davon überzeugt, dass es nichts Wissenswertes auf der Welt gibt, das nicht schon in einem seiner heiligen Bücher stünde.

Jedes Dorf hat zumindest einen weisen, alten Mann, der als „heilig" angesehen wird. Gelegentlich sind die *guru, baba* oder *swami* nichts weiter als schläfrige Faulenzer, die unter dem Deckmantel der Religion ein angenehmes Leben führen. Häufig aber sind sie tatsächlich Personen mit spirituellem „Durchblick". Die Dorfgemeinschaft versorgt sie mit Nahrung und bittet um ihren Segen. Auch wenn manche dieser **Dorfheiligen** noch mit einer Reihe sehr menschlicher Fehler behaftet sind, so bringt der Hindu ihnen dennoch größten Respekt entgegen: Für den Hindu ist allein schon der Versuch, eine gottgeweihtes Leben zu führen, extrem verehrungswürdig; wenn der Heilige dann einmal „unheilig" vom rechten Pfade abkommen sollte, verzeiht man ihm das gerne.

Der Hinduismus kennt eine Reihe von Methoden, sich dem Göttlichen zu nähern, die bei uns zumeist unter dem Oberbegriff *Yoga* zusammengefasst werden. Diese umfassen verschiedene Arten der **Meditation,** Körper- und Atemübungen. Der Sinn all dieser Übungen liegt darin, das Göttliche im Menschen zu wecken und ihn aus dem Kreis der Wiedergeburten zu erlösen. Denn nur eine geläuterte Seele kann ohne die „lehrreichen" Wiedergeburten in verschiedenen Körpern auskommen. Diese Seele geht dann in Gott auf.

Jedes **Hindu-Haus** hat einen kleinen Altar mit einem Bild der verehrten Gottheit. Dieses wird täglich mit frischen Blumengirlanden behangen, und davor werden Räucherstäbchen entzündet. Der „gute" Hindu verbringt täglich zumindest ein paar Momente der Andacht vor diesem Altar. Feste Zeiten dafür gibt es ebenso wenig, wie es in den Tempeln feste Gebetszeiten gibt. Wann immer man sich danach fühlt, spricht man mit seinem Gott, rezitiert man ein paar heilige Verse. An wichtigen Hindu-Feiertagen werden oft langdauernde und aufwändige *Pujas* (Gebetsstunden) abgehalten, zu denen auch die Anverwandten zusammenkommen. Vor den Götterbildern werden dann Opfergaben abgelegt, wie Kokosnüsse, Süßigkeiten, Reis oder andere. Die Gaben werden so zu *prasad,* heiligen Speisen, von denen der Gott symbolisch gegessen hat, und die dann an die Anwesenden verteilt werden.

An astrologisch bestimmten, glückverheißenden Tagen finden an vielen heiligen Orten große **Pilgerfeste** statt, in denen der lokalen Gottheit gehuldigt wird. Diese Feiern stützen sich oft auf regionale Legenden, die sich um einen Gott oder eine Göttin ranken. Die Pilgerreise zum Heiligtum einer Gottheit an „ihrem", Tag gilt als besonders glücksversprechend.

Sehr viele Hindus sind **Vegetarier** – oft, das muss eingestanden werden, weil Fleisch teurer ist als Gemüse. Auch wenn manch ein Hindu eine heiße Liebe für Hühnchen, Fisch oder Ziege hegt, wird er niemals „beef", das Fleisch der Kuh verzehren. **Die Kuh ist** – das ist uns hinlänglich bekannt – **heilig.** Die Verehrung dieser gutmütigen Vierbeiner ist mit Sicherheit auf deren ökonomische Wichtigkeit zurückzuführen. Schließlich gibt die Kuh Milch, die zu vielerlei Produkten weiterverarbeitet wird, Dung, der als Brennmaterial benutzt wird, und sie kann auch als Zug- oder Pflugtier eingespannt werden. Viele indische Kühe

Freak – Kühe mit fünftem Bein an Schulter!
Madras, 17. August 1986 („The Hindu")

Bei sechs jungen Kühen einer Herde, die am Samstag die Straßen von Triplicane entlangtrottete, wurde ein fünftes Bein gesehen, das locker von der Schulter hing. Diese vererbte Abnormalität erfüllt keine Funktion bei den Kühen. Wie die Pilgergruppe sagte, die die Kühe in Pandaripuram im Sholapur Distrikt von Maharashtra hergebracht hatte, hatten alle diese sonderbaren Tiere verschiedene Eltern. Ein Grund dafür, warum all diese abnormen Kühe aus demselben Herkunftsort stammten, konnten die Pilger nicht geben. Die Tiere sollen Tempeln in Rameshwaram übergeben werden. Ein Sprecher der Gruppe, Mr. Bhima Rao, sagte, dass man sein Dorf vor drei Monaten verlassen hätte und vor 15 Tagen in der Stadt (Madras) angekommen sei. „Jetzt warten wir auf eine andere Pilgergruppe, die mit weiteren Kühen aus Guntur kommt. In einer Woche geht's auf nach Rameshwaram."

sind allerdings „trocken", geben gar keine Milch, die anderen produzieren höchstens sechs bis sieben Liter täglich. (Ich habe mir sagen lassen, europäische Superzüchtungen geben zwei mal zwanzig Liter täglich!) Als besonders heilig gelten – niemand weiß so recht warum – Kühe, die durch einen genetischen Fehler ein verkrüppeltes fünftes Bein auf dem Rücken tragen!

Inzwischen gibt es allerdings unter den Mitgliedern der „verwestlichten" Elite des Landes eine winzige Minderheit, die auf den Genuss von Rindfleisch schwört. Manche essen es nur außer Haus und würden es nie in den eigenen Kochtöpfen zubereiten lassen. Gemessen an der Gesamtbevölkerung ist die Zahl dieser „beef"-Liebhaber jedoch verschwindend gering. Genauso gering ist wahrscheinlich die Zahl der Atheisten in Indien. Nicht an einen waltenden Gott zu glauben, diese Vorstellung ist den Indern absolut fremd. Wer, so fragen sie, hat dir denn das Leben gegeben?

Inder ist nicht gleichbedeutend mit Hindu. Etwa 82 % der Bevölkerung Indiens sind Hindus, 11,5 % Moslems, 3 % Christen, 2 % Sikhs, 0,7 % Buddhisten, 0,4 % Jains, und Parsen, Juden und sonstige machen zusammen weitere 0,4 % aus. Jainismus, Sikhismus und Buddhismus sind mehr oder weniger eng mit dem Hinduismus verknüpft, und so haben die Mitglieder dieser **Religionsgemeinschaften** ähnliche Lebensweisen wie die Hindus. Der Hinduismus ist unzweifelhaft der prägendste Einfluss auf die indische Gesellschaft, und es ist nicht zu erwarten, dass dieser Einfluss in naher Zukunft abnehmen wird. Aufgrund der politischen Probleme mit den Sikhs, hat sich in letzter Zeit so etwas wie ein neuer Hindu Fundamentalismus gebildet. Mitglieder von Hindu-Organisationen wie die der *Shiv Sena* (Shivas Armee) sind allerdings Fanatiker, die dem toleranten Hinduismus kaum zur Ehre gereichen: Man will anderen Religionen den Garaus machen, was die Anführer der Mobs nicht einmal verhehlen. So sagte *Bal Thackeray*, das immer zu einem Streit aufgelegte Oberhaupt der *Shiv Sena*, in einem Interview: „Warum sollen wir mit den Moslems nicht machen können, was Hitler mit den Juden gemacht hat?"

Dabei ist der richtig verstandene Hinduismus die wohl toleranteste Religion der Welt. Jeder Mensch, der an Gott glaubt und den Regeln seiner Religion folgt, ist nach hinduistischer Auffassung ein Hindu.

Der Aberglaube:
Die Kehrseite der Religion

*„Ich sehe darin
(im Aberglauben der Inder) nichts als
die törichten Irrungen
eines feigen und
geistesschwachen Volkes,
das seinen eigenen müßigen Fantasien
versklavt ist."*

Abbé Dubois, 1770-1848

Religion und Aberglaube liegen sehr oft eng beieinander. Ein eingefleischter Atheist wird die Religion an sich als Aberglaube abtun. Für den Inder, vor allem den Dorfbewohner, ist Zauberei und der Glaube an Wunder aber fester Bestandteil seines Daseins. Für den einfachen Landbewohner ist alles beseelt, ist er von einer Heerschar von unsichtbaren Mächten umgeben, guten wie bösen. Was liegt da näher, als die Ursache und die Lösung von Problemen in der Welt der Geister zu suchen? Logischerweise ist der Aberglaube sehr eng mit dem Bildungsgrad der Bevölkerung verknüpft, und daher ist der Dorfbewohner viel anfälliger für magische Riten als ein Stadtmensch, der in seinem Büro vielleicht einen Computer bedient. Ist ein Landbewohner seit längerer Zeit krank, und die medizinische Behandlung hat ihm keine Linderung verschafft, mag er zu einem zauberkundigen Priester gehen, der die schuldigen Dämonen vertreibt. Ein Ehepaar, dass keine Kinder oder speziell keine Söhne bekommt, mag geheime Riten vollziehen, um endlich den ersehnten Nachwuchs zu erhalten. Im letzteren Fall kommt es gelegentlich sogar noch zu Menschenopfern: Zur Gnädigstimmung der zuständigen Gottheit muss Blut fließen, und das stammt in den meisten Fällen von kleinen Mädchen. Fälle dieser Art kommen aufgrund der Abgeschiedenheit vieler indischer Dörfer nur vage oder gar nicht ans Tageslicht. In manchen Dörfern stehen Tempel, denen man nachsagt, dass in ihnen böse Geister vertrieben werden können, und so bringen viele Familien ihre „geisteskranken" oder „besessenen" Angehörigen dorthin, um sie gesundzaubern zu lassen. Es gibt Dorfmagier, die auf Wunsch eines „Klienten" dessen Feinde voodooähnlich verfluchen und ihnen Ruin oder Tod zukommen lassen. In bestimmten Bäumen, Felsen oder an anderen natürlichen Orten werden Geister vermutet, die man durch Opfergaben milde stimmen kann, damit das Dorf nicht von Unheil heimgesucht wird. Bei vielen Hindu-Festen fallen ausgewählte Medien in Trance und geben Prophezeiungen ab. Bei einem in der Nähe von Bangalore stattfindenden Fest beißt das Medium gar einem halben Dutzend lebender Ziegen die Kehle durch. Überall verbreitet ist der Glaube an die Astrologie, und Indien verfügt über Abertausende von Astrologen der unterschiedlichsten prophetischen Potenz. Bejan Daruwala, einer von Indiens Star-Astrologen, dessen Prognosen in einer Reihe von Magazinen abgedruckt werden, kündigte zum Beispiel den Tod von Sanjay Gandhi, Indira Gandhis jüngstem Sohn, treffsicher an. Am anderen Ende des Spektrums findet man die billigen Jahrmarktsgaukler und Scharlatane. Eine Gruppe dieser „Astrologen" oder „Hellseher" lässt einen Papagei eine kleine Karte aus einem Stapel ziehen, und die darauf gedruckte Antwort wird dem Kunden als die Lösung seines Problems verkauft. Die „Treffsicherheit" dieser Methode dürfte den Horoskopen in der westlichen Regenbogen-Presse in nichts nachstehen. Trotzdem findet man derlei „Wahrsager" selbst im ansonsten so aufgeklärten Singapur, genauer gesagt in dessen Stadtteil „Little India".

Aber nicht nur in „einfachen" Kreisen schwört man auf die Beschwörung. Eine Reihe indischer Politiker macht immer wieder von sich reden, dann nämlich, wenn sie wieder einmal einen Ritus zu ihrer Wiederwahl vollziehen ließen. *Indira Gandhis* Neigung zu Personen mit angeblich übernatürlichen Kräften war hinlänglich bekannt. Allzu gerne umgab sie sich mit einer Schar Yogis und Hellsehern, die sich als ihre „Berater" brüsteten. Einige dieser Wunderwirker hätten eigentlich ihren tiefen Fall vorhersehen müssen, so wie der Yogi namens *Dhirendra Brahmachar* (inzwischen verstorben), in dessen *Ashram* schließlich ein ganzes Arsenal spanischer Gewehre gefunden wurde. Die rasante Karriere Dhirendra Brahmacharis wurde dadurch in eine unerwartete Talfahrt umgeleitet.

J.B. Patnaik, in den achtziger Jahren des letzten Jahrhunderts der Ministerpräsident des Bundesstaates Orissa, wurde von einem Tross von Astrologen beraten, und auf ihr Drängen hin schmückte er sich mit einer Anzahl magischer Ringe und Amulette. Am 29. September 1986 ließ Patnaik ein Kamel und am 2. Oktober zwei Büffel opfern, um seiner politischen Laufbahn eine gesunde Fortdauer zu gewährleisten. Politische Gegner Patnaiks ließen sich da nicht lumpen und opferten daraufhin Ziegen, um die Wirkung von Patnaiks Opfern aufzuheben. Regelmäßig konsultiert der Ministerpräsident einen College-Dozenten in Puri, der darauf spezialisiert sein soll, Unglück auf magische Weise abzuwenden. Patnaiks dunkle Verbindun-

gen zur Welt der Schwarzmagier kam im Jahre 1983 zum ersten Male an die Öffentlichkeit. Damals hatte man in der Garage seines Nachbarn die Leiche eines jungen Mädchens gefunden, das angeblich einem Ritualmord zum Opfer gefallen war. Patnaik bestritt jedoch, ein Anhänger schwarzer Kulte zu sein; seine Gegner wiederum behaupteten, er trug einen magischen Ring, der das kritische Denkvermögen seiner Umgebung ausschaltete.

„Ritualmörder verhaftet!

Raipur, 8. September 1986 (Times of India News Service)

Pati Ram Gond (50) und Ram Sahya Gond (25), zwei Tribals aus dem Dorf Kollibeda im Bastar-Distrikt, sind verhaftet worden. Sie werden beschuldigt, einen 20-jährigen Krüppel getötet zu haben, um die Götter um eine gute Ernte zu bitten. Die Polizei hat sowohl die zerstückelte Leiche als auch die Tatwaffe sichergestellt."

„Priesterin trank Kinderblut!

Raipur, 31. August 1986 (Times of India News Service)

Durch die Verhaftung von vier Personen im Dorf Kopali, nahe der Grenze zu Orissa sind die grässlichen Details eines Kinderopfers bekannt geworden, das am 16. August stattgefunden hatte. Die Polizei hat die bei der Tat benutzten Waffen beschlagnahmt und ebenso ein Manuskript, das den Hergang eines solchen Opfers beschreibt. Nach Aussage der Polizei tranken die Täter, darunter eine Priesterin, das Blut des Opfers, eines Bettlerjungen namens Sadagar. Die verweste Leiche des Ermordeten wurde zwei Tage später in einem Bach gefunden. Augen, Ohren und Zunge fehlten. Die verhafteten sind Madan Badhai, ein wohlhabender Bewohner des Dorfes und angeblich der Organisator des Verbrechens, sein Sohn Vibhuti Badhai, ein 'Kultlehrling', namens Munshi Muai und die Priesterin Sumita Kand aus dem Dorf Buai Munda, Distrikt Bolangir in Orissa. Sie ist angeblich versiert in 'Tantra' und Hexerei. Es wird vermutet, Madhan Badhai organisierte das Opfer, um einem bösen Zauber, der auf seiner Frau läge, entgegenzuwirken. Sadagar, ein Waisenjunge, wurde vor dem Opfer betäubt, sagte die Polizei."

„Akrobatik in 35 Meter Höhe!

Aurangabad, (undatiert 1986), (Times of India News Service)

Ein 25-jähriger junger Mann kletterte auf einen 35 Meter hohen Strommast und vollführte zwei Stunden lang akrobatische Übungen auf einem Starkstromkabel. Dieses geschah am Mittwoch abend. Der junge Mann, Surendra Jagatvale aus Gopalganj in Patna, erzählte der Polizei später, eine Person namens Jatin habe ihn 'verzaubert' und auf dem Kabel turnen lassen."

„Mutter mit Axt erschlagen, um Göttin zu besänftigen!

Phulbani, Orissa, 1. Oktober 1986 (PTI)

Ein junger Tribal erschlug seine 65-jährige Mutter mit der Axt, um die Göttin Parsu durch ein Opfer wohlwollend zu stimmen. Die Tat geschah in dem Dorf Kirla, der Bereich der Manamunda Polizeistation in Phulbani am letzten Samstag, sagte der Superintendent der Polizei. Mr. Debendra Prasad Das, der sich an Ort und Stelle ein Bild vom Tathergang machte, sagte weiter, dass der Täter, Krupasindhu Thela, flüchtig sei. Die Polizei hat den abgeschnittenen Kopf und den Körper der Mutter und die in der Nähe liegende Axt sichergestellt. Weitere Nachforschungen bezüglich des grauenhaften Verbrechens sind im Gange."

Selbst kommunistische Politiker können sich – ganz entgegen der „Opium-fürs-Volk"-Maxime – nicht von Glaubensangelegenheiten fernhalten. „Tausende von Marxisten", so ein Zeitungsbericht, nähmen jährlich an einer **Pilgerfahrt** teil und bäten um den Segen einer lokalen Gottheit Keralas. Vor wichtigen Ereignissen opferten diese kommunistischen Politiker dem Gotte *Ganpati* (= Ganesha) Kokosnüsse, um Segen zu erhalten.

Indien ist ein Land, in dem das „Moderne" unlösbar mit der Tradition – in diesem Falle dem Aberglauben – verschmolzen ist. So werden nagelneue Autos oder Motorräder mit Blumengirlanden behangen, und es wird ein *Puja* zelebriert, um dem Fahrzeug für alle Wege Glück herbeizuzaubern. Die Eröffnung eines neuen Geschäftes geht ebenfalls mit den dazugehörigen Riten über die Bühne. Der genaue Zeitpunkt der Eröffnung ist astrologisch berechnet und fällt auf einen „glückverheißenden" Augenblick. Als kürzlich eine Fabrik auf ungeklärte Weise zum Stillstand kam, wurde ein *Tantrik*, Magier, gerufen, den Schaden zu beheben. Erst als der nach Tagen noch nicht zum Erfolg gekommen war, wurde ein Mechaniker geholt. Zum Zeitpunkt des Diwali-Festes lassen Bombays Geschäftsleute eine Puja für ihre Geschäftsbücher zelebrieren. Die Akten werden zuvor wie Reliquien auf feinsten, roten Samtkissen zur Puja getragen. Mit bewundernswerter Nonchalance zieht der Hindu keinen Grenzstrich zwischen den Angelegenheiten der Seele und denen der Materie; ohne Gewissensbisse betet oder „zaubert" er für sein materielles Wohlergehen.

In Indiens Dörfern wird gehext, beschwört und verflucht. Wie erwähnt, wird gelegentlich auch gemordet, um die finsteren Mächte zu besänftigen. Nachrichten von Ritualmorden in Indiens Presse sind häufig Kleinnotizen, die nur wenig beachtet werden: Der gebildete Inder verdrängt die wüsten Kulte, die sich aus der Vergangenheit in das Indien des Computer-Zeitalters hereingemogelt haben. Man möchte sich auf die besseren, fortschrittlicheren Aspekte des Landes konzentrieren.

Der indische Stadtmensch ist der Magie selbstverständlich weit weniger zugetan als der Dörfler. Aber auch in den Städten werben Wunderwirker um Kunden. Und ihre Versprechungen spiegeln – sind sie doch auf die Wünsche ihrer Klientel abgestimmt – wider, was der Inder am sehnlichsten begehrt. Die Annonce eines selbsternannten „Meister der Magie" verspricht: „*Vermeidung von Scheidung, Erleichterung von chronischer Krankheit, erhöhte Sexualkraft, Liebe, Ehe, günstige Regelung von Streitfällen, Schutz vor Feinden, politischer Erfolg, Erfolg bei Prüfungen, Lösung von Familienzwisten, Anstellung, Beförderung, Versetzung, Geschäftserfolg, Gesundheit, Reichtum, Auslandsreisen, Seelenfrieden, Kraft & Vitalität, Sorglosigkeit.*"

Ähnelt dieses Versprechenspaket nicht denen, die man auch in den Anzeigenteilen der Schundhefte des Westens vorfindet? Die Bedürfnisse der Menschen scheinen sich überall zu gleichen.

Die Kasten:
Hierarchie durch Geburt?

*„Wenn ein Brahmane
einen Shudra tötet,
so ist es angemessen, wenn er
das Gayatri (-Mantra)
einhundertmal rezitiert."*

Aus der Bhagavata

Als die legendären Arier um 2000 v.Chr. ihre zentralasiatische Heimat verließen und in Indien eindrangen, war ihre Gesellschaft bereits in Klassen unterteilt. Schon in den frühesten Hymnen der Arier wird von den *kshatra,* den Adeligen und den *vish,* den gewöhnlichen Stammesangehörigen, berichtet. Als sie sich unter den dunkelhäutigen Ureinwohnern Indiens ansiedelten, verstärkten sich die Klassenunterschiede, und die Ureinwohner wurden an den Rand der arischen Gesellschaft gedrängt. Diese wurden nun *dasa,* Sklaven, genannt, und Arier, die *dasa* geheiratet hatten und in deren Stil lebten, wurden als separate, abzusondernde Klasse behandelt. Zur gleichen Zeit wurde den Priestern eine privilegiertere Position in der Gesellschaft zuteil, da die rituellen Opferzeremonien immer komplizierter geworden waren und eine längere Ausbildung und erhebliches Können erforderten. Mit der Zeit spaltete sich die Gesellschaft in vier Klassen: Zuoberst standen die **Brahmanen** (Priester und Gelehrte), dann folgten die **Kshatriyas** (Krieger), die **Vaishyas** (Händler und Bauern) und zuletzt die **Shudras** (Arbeiter und Untertanen). Das Sanskrit-Wort für diese Klassen lautete *varna* (= Farbe). Das deutet darauf hin, dass der Ursprung der Klassengesellschaft in der Sorge der hellhäutigen Eroberer lag, sich nicht mit den dunklen Ureinwohnern zu vermischen. Der dunkel-häutige, besiegte Ureinwohner sollte isoliert und „dienstbar" gemacht werden. Noch heute hegen die Inder einen ausgeprägten Farbenkomplex: Personen dunkler Hautfarbe haben weniger Wert auf dem Heiratsmarkt, besonders dunkel geratene Personen werden gar mitleidig belächelt. Kaum ein Inder würde eine Person afrikanischer Herkunft heiraten, der Anblick eines schwarzen Gesichts erfüllt ihn mit extre-

mem Unbehagen. Hautcremes, die den Teint auf „europäisch" ausbleichen, erfreuen sich bei indischen Frauen großer Beliebtheit. Die Werbung für eine dieser Cremes behauptete, dass „jede Frau das Recht hat, natürlich weiß zu sein". Einen Inder als „Schwarzen" zu bezeichnen, würde als mittelschwere Beleidigung aufgefasst.

Das Wort „Kaste" selbst prägten die Portugiesen, die im 16. Jahrhundert nach Indien kamen. Als sie bemerkten, dass die indische Gesellschaft in zahlreiche Gruppen aufgesplittert war, nannten sie diese *castas,* was soviel bedeutet wie Stämme, Clans oder Familien. Das Wort „Kaste" wurde von nun an für jedwede gesellschaftliche Klasse herangezogen, sei sie tatsächlich *varna* oder aber eine Standeszunft oder *jati,* eine Art „Unter-

„In Harijan-Haus gegessen – Geldstrafe!

Hassan, 7. Oktober 1986 (Times of India News Service)

Fünf Personen, die alle der Vokkaliga-Kaste angehören, wurden zu einer Geldstrafe verurteilt, da sie „das Verbrechen" begangen hatten, in einem Harijan-Haus zu essen. Wie berichtet wird, hat am 25. September ein frommer Harijan aus Shigaranahalli in Holenarsipur Taluka (Unterbezirk) ... ein Essen gegeben, an dem seine Freunde Manjanna, Krishna, Venkategowda und Chandra Puttaraju aus der Vokkaliga-Kaste teilgenommen haben. Darüber erzürnte Mitglieder der Oberkasten beriefen daraufhin eine Panchayat-Sitzung ein und verurteilten die Frevler zu Zahlungen von 501 bis 1051 Rupien. Die unglückseligen Vokkaligas, die das Geld nicht besaßen, mussten ihr Eigentum verkaufen, darunter Schmuck, Geflügel und Schafe. Die Personen, die ihnen das Essen servierten, wurden ebenfalls zu einer Geldstrafe verurteilt, und der Panchayat, so wird berichtet, nahm insgesamt 5460 Rupien ein."

„Vier Tote in Kasten-Konflikt!

Bhubaneshwar, 13. September 1986 (keine Quellenangabe)

Vier Personen wurden in einer gewalttätigen Auseinandersetzung zwischen zwei Kasten zu Tode gemetzelt und 50 weitere verletzt. Das Ereignis geschah am Freitag im Dorf Jori im Bereich der Binahapur Polizeistation im Distrikt Cuttack. Die Ausschreitungen sind die Fortsetzung der sozialen Unruhen, die die Heirat eines Harijan-Jungen mit einem hochkastigen Mädchen ausgelöst hat. Sieben Verletzte befinden sich in kritischem Zustand. Die Auseinandersetzung begann vor einer Woche, als das frischgebackene Ehepaar ins Dorf zurückkehrte. Eine Gruppe Hochkastiger griff die Harijan-Kolonie an und entführte die Braut. Daraufhin hielten die Harijans eine Versammlung ab und beschlossen, die Rückgabe der Braut zu erkämpfen."

Anmerkung: Später wurde bekannt, dass die gesamte Harijan-Kolonie (über 200 Hütten) von den „Hochkastigen" in Schutt und Asche gelegt worden war.

„Die meisten Greueltaten 1986 an Harijans in Madhya Pradesh!

Allahabad, 22. September (UNI)

In Greueltaten an Harijans liegt Madhya Pradesh an der Spitze, gefolgt von Rajasthan, sagt ein Bericht der ,National Commission for Scheduled Castes and Scheduled Tribes'. In den letzten drei Jahren war Madhya Pradesh, das 6,92 % der gesamten Harijan-Bevölkerung beherbergt, für 36 % aller Missetaten an Harijans verantwortlich. In Rajasthan, wo 5,15 % der Harijans Indiens leben, wurden 12 % all dieser Vergehen begangen. Inspector-General A.P. Misra, der die Zahlen angab, erzählte Reportern, dass ein Viertel der gesamten Harijan-Bevölkerung in Uttar Pradesh lebe. In Anbetracht dieser hohen Zahl sei die Anzahl der Vergehen an Harijans vergleichsweise gering. Nach Aussage von Mr. Misra wurden in den letzten drei Jahren nur 25 % aller Verbrechen an Harijans in Uttar Pradesh begangen. Die Zahl sinke allmählich weiter. Bihar dagegen, in dem nur 10 % aller Harijans leben, sei für 13 % aller Greueltaten an Harijans verantwortlich."

abteilung" der *varna*. Aus den 4 Hauptklassen entstanden so im Laufe der Zeit zahlreiche „Unterkasten". Heute soll es etwa 3000 geben, die genaue Zahl ist kaum feststellbar, da stetig neue gebildet werden, andere hingegen aussterben. In manchen Landesteilen existieren „Unterkasten", die es in anderen gar nicht gibt. Selbst viele Inder sind heute nicht mehr in der Lage, das komplizierte hierarchische System der „Kasten" zu durchblicken.

Unterhalb der 4 Hauptklassen in der indischen Gesellschaft entstand die Schicht der „Unberührbaren". Diese waren wohl Nachkommen von Ureinwohnern, die aus der arischen Gesellschaft ausgeschlossen werden sollten. Die „Unberührbaren" durften nicht in den Städten oder Dörfern der Arier leben, ihnen waren Plätze außerhalb der Stadtgrenzen zugewiesen. Die Arbeiten, die sie verrichteten, waren „unrein", z. B. wurden sie zur Reinigung des Ortes eingesetzt, verbrannten die Toten oder verarbeiteten Tierfelle zu Leder. Mit dem wachsenden Einfluss der Idee des *ahimsa*, des Nichtverletzens oder Tötens von Lebewesen, wurden auch einige Jäger- oder Fischerkasten ins soziale Abseits gedrängt. Der „Unberührbare" war dermaßen geächtet, dass er „Höherkastige" entweder durch Rufe oder durch eine Holzklapper zu warnen hatte, wenn er die Stadt betrat. Berührte er einen „Höherkastigen", war dieser rituell verunreinigt und musste sich einer langen Reihe von „Reinigungszeremonien" unterziehen, um seinen unbefleckten Urzustand wiederherzustellen. Die Diskriminierungen der „kastenlosen" Außenseiter könnten ein ganzes Buch füllen, er wurde zu einem Schattenwesen, dass froh sein konnte, überhaupt leben zu dürfen. Die Kastenzugehörigkeit, bzw. „Kastenlosigkeit" ist erblich, d. h. ein Wechseln von der einen zur anderen Kaste ist unmöglich.

Das Indien von heute versteht sich als sekulärer Staat, in dem es eine Benachteiligung aufgrund „niedriger" Geburt nicht geben soll. Gesetzlich verboten sind sogar Beleidigungen, die auf die niedere Kaste des Angesprochenen abzielen – so z. B. „Du verfluchter Chamar" o. ä. (die Chamar sind „Unberührbare", die traditionell Leder verarbeiten). Im heutigen Sprachgebrauch werden die „Unberührbaren" oft *dalits* genannt, „die Unterdrückten" oder immer seltener *harijans,* „Kinder Gottes". Der letztgenannte Begriff wurde von *Mahatma Gandhi* geprägt, um die Kastenlosen auch verbal aufzuwerten, heute hat er aber mittlerweile einen negativen Beiklang. In der indischen Beamtensprache werden die *dalits* „scheduled classes" genannt bzw. „scheduled tribes". Die Ausbildung und Einstellung von *dalits* oder *harijans* wird vom Staat bevorzugt gefördert, um nachzuholen, was jahrhundertelang versäumt worden war. Eine Anzahl Ausbildungsplätze an Universitäten oder staatliche Arbeitsplätze werden für die *harijans* reserviert. Allerdings haben diese sogenannten „reservations" den Unmut der Hochkastigen heraufbeschworen, die sich nun ihrerseits diskriminiert fühlen. Bei Ausschreitungen aufgrund der „reservations" kam es 1986 in

Ahmadabad zu Straßenschlachten, die Tote forderten. Es gab Fälle, in denen sich Brahmanen sich einen niederkastigen Nachnamen zulegten, um somit an eine Arbeitsstelle zu zu kommen.

Gibt es zwar keine Benachteiligung aufgrund der Kastenzugehörigkeit im öffentlichen Bereich, so doch im privaten. Die meisten Inder heiraten nur innerhalb ihrer Kaste, ein Überschreiten der Kastengrenzen würde in ihren Augen das „Blut verunreinigen". Der Begriff „Reinheit" im rituellen Sinne ist dem Inder von höchster Wichtigkeit: Stolz erzählt man, **„reiner Brahmane"** oder **„reiner Gowd Saraswat"** (Unterkaste der Brahmanen) zu sein.

In manchen orthodoxen Regionen, besonders in **Tamil Nadu, Bihar und Uttar Pradesh** werden *harijans* noch immer sozial geächtet. So dürfen sie in einigen Dörfern ihr Wasser nicht aus dem Brunnen ziehen, den die „Höhergestellten" benutzen. Staatliche Gleichstellungs-Programme, die in Neu-Delhi erdacht werden, interessieren den Dorfbewohner, vielleicht zweitausend Kilometer von der Hauptstadt entfernt, nicht allzu sehr. Die lokalen Traditionen sind stärker als Gesetze. In abgelegenen Landstrichen kommt es daher noch immer zu Konflikten zwischen *harijans* und den ehemals Privilegierten, die nicht daran denken, ihre liebgewonnene Vormachtstellung von heute auf morgen aufzugeben. Bei Liebesbeziehungen zwischen einem/einer Hochkastigen und einem/einer Niederkastigen kommt es nicht selten zu wahren Kriegen zwischen den betreffenden Kasten, und das Liebespaar flieht besser aus dem Dorf, bevor es das Opfer einer Gewalttat wird.

Dennoch gibt es gelegentlich erstaunliche Erfolgsgeschichten unter den Unberührbaren: So ist die Kastenlose *Mayawati* von der *Bahujan Samaj Party,* in den Jahren 1995 und ‘97 zweimal kurzzeitig Ministerpräsidentin des Bundesstaates Uttar Pradesh gewesen. Ihren Nachnamen, der ihren Kastenstatus verraten hätte, hatte *Mayawati* aus Protest gegen das Kastensystem abgelegt. Ihre Amtszeit nutzte sie, um zahlreiche Statuen des Freiheitskämpfers *Dr. Bhimrao Ambedkar* errichten zu lassen, der als der „Vater der Kastenlosen" gilt. *Ambedkar,* der auch einer der Verfasser der indischen Konstitution war, hatte in der 50er Jahren viele *harijans* zum Buddhismus übertreten lassen, um sie so vom Kastensystem zu befreien. Dies gelang allerdings nicht ganz: Die Neo-Buddhisten wurden von den Hindus immer noch als ehemalige *harijans* angesehen.

Die **Kastenzugehörigkeit** ist einer Person im Allgemeinen nicht anzusehen. Denn entgegen der Meinung vieler Westler ist der rote oder schwarze Punkt, den manche Frauen auf der Stirn tragen, kein „Kastenzeichen", sondern lediglich ein kosmetischer Trick, das Gesicht zu verschönen. Aber an den Nachnamen lässt sich zumeist erkennen, welcher Religion jemand angehört, und zusätzlich, welcher Kaste, wenn er ein Hindu ist. So ist ein Mr. Biswas ein bengalischer Shudra, eine Mrs. Chatterjee eine bengalische Brahmanin. Die Nehrus, das weiß ein jeder Inder, sind Brahmanen aus Kashmir; die Gandhis gehören den *vaishyas* aus Gujarat an. *Indira Gandhi* allerdings, geborene Nehru, erhielt ihren Namen durch die Heirat mit *Feroze Gandhi,* einem Parsen – die weitaus meisten Gandhis jedoch sind Hindus. Es existiert aber auch eine ganze Reihe von Nachnamen, die die Kastengrenzen überschreiten und deren Träger auf diese Weise nicht unbedingt eingeordnet werden können: Ein Mr. Patel, Desai oder Malik, eine Mrs. Mehta, Chauhhuri oder Majumdar geben keine eindeutigen Hinweise bezüglich ihrer Kaste. Und das ist wohl auch gut so.

Die Abschaffung des Kastensystems ist schon seit Ende des 15. Jahrhunderts versucht worden, als portugiesische Schiffe neben Soldaten und Kaufleuten auch Missionare an die indische Westküste brachten. *Vasco da Gama* hatte 1497/98 den Seeweg nach Indien entdeckt, und wann immer ein neues „heidnisches" Volk entdeckt wurde, waren die Männer des Kreuzes schnell zur Stelle. Es galt, Seelen zu fangen. Die „Missionare" versuchten, den Einheimischen eine Religion nahezubringen, in der jeder Mensch gleich sei und nicht unter einem knechtenden, hierarchischen System leben müsse. Sie schafften es – wie auch immer – zahlreiche „Heiden" zu bekehren. Im heutigen Goa, der vormals wichtigsten portugiesischen Kolonie in Indien, leben eine halbe Million Christen. Die aber haben ihren „wohlmeinenden" Bekehrern ein Schnippchen geschlagen: Es gibt Brahmanen-Christen und Shudra-Christen, und die würden nie untereinander heiraten!

Familie und Gesellschaft

Die Großfamilie:
Der Zentralpunkt des Lebens

„Seltsam, aber nirgendwo
sind die Eltern den Kindern
geneigter als in Indien
...sind sie ungezogen,
zeigen ihre Eltern
den allerhöchsten Einfallsreichtum
beim Erfinden von Entschuldigungen."

Abbé Dubois, 1770-1848

Fragt man einen Inder, was ihm am meisten am Herzen liegt, wird er wohl antworten „Meine Familie, was denn sonst?" Zeit seines Lebens nimmt die Familie die zentrale Stellung im Leben des Inders ein. Selbst wenn er selber schon Kinder hat und graue Schläfen trägt, wird er seinen Vater um Rat fragen oder seine Mutter. Vor seinen Eltern wird er – wie alt er auch sein mag – zu einem gehorsamen Kind, das keiner Anweisung von *mataji* (Mutter) oder *pitaji* (Vater) zu widersprechen wagt.

Indische Familien sind im Allgemeinen **„joint families",** Großfamilien. Unter ein und demselben Dach wohnen zumeist Eltern, Kinder und Großeltern zusammen, und nicht selten gesellt sich dazu irgend ein Onkel, dessen Frau schon verstorben ist oder ein Cousin zweiten Grades, der gerade keine Arbeit hat und von der Großfamilie mitversorgt wird. Manchmal beherbergt man auch einen entfernten Verwandten vom anderen Ende des Landes, der irgend wie „hängengeblieben" ist oder die Tochter eines um drei Ecken verwandten armen Schluckers, der seine eigene Familie nicht ernähren kann. In der Großfamilie ist Platz für jeden, wenn er nur gleichen Blutes ist. Jeder wird versorgt, ein „Abschieben", wie es im Westen üblich ist, ist undenkbar. Die Großfamilie gibt Geborgenheit, von der Wiege bis zum Scheiterhaufen.

In der Hierarchie der „joint family" nehmen die Alten die höchste Position ein. Alter ist dem Inder gleichbedeutend mit Weisheit. Dass der Körper des Alten nicht mehr so gut funktioniert, ist dem Inder egal: Zur Not trägt er halt seinen Vater die Stufen im Haus hinauf oder füttert ihn mit eigener Hand. Der Dienst an den Alten seiner Familie ist dem Inder gleichbedeutend mit Gottesdienst. Vor seinen Eltern würde es der wohlerzogene Inder niemals wagen zu rauchen oder gar Alkohol zu trinken. Das wäre eine Beleidigung gleich einer Ohrfeige, die totale Missachtung der Eltern.

Den untersten Platz in der Großfamilienhierarchie nehmen die angeheirateten Mitglieder ein. Die Regel will es, dass verheiratete Mädchen die Familie verlassen und zu der Familie ihres Mannes ziehen. Dort sind sie fremd, sie kennen kaum ihren Ehemann, da die Heirat von den Eltern arrangiert wurde, und sie müssen sich anpassen so gut es geht. Nicht immer klappt die Assimilation. Häufig werden die Schwiegertöchter von herrischen Schwiegermüttern tyrannisiert, und dieser klassische Konflikt zwischen *bahu* (Schwiegertochter) und *saas* (Schwiegermutter) ist das immer wiederkehrende Thema zahlloser Hindi-Filme. Eskaliert ein solcher Konflikt und verlangt er dem Ehemann des schikanierten Mädchens eine Stellungnahme ab, so wird er sich mit größter Wahrscheinlichkeit auf die Seite seiner Mutter schlagen. Mit seiner Ehefrau gegen die eigene Mutter zu paktieren, das wäre Hochverrat an der Großfamilie. Nicht selten endet eine solche Konfrontation mit der Isolation der Schwiegertochter: Die gesamte Familie nörgelt an ihr herum – „unordentlich ist sie, und kochen kann sie schon gar nicht!" etc., etc. Man macht ihr das Leben schwer.

Und dennoch: Gemessen an den Herausforderungen, die eine Großfamilie an ihre Mitglieder stellt, sind Konflikte rarer als im Westen. Gehorsam und Anpassung sind die Schlüsselelemente für das Leben von mehreren Generationen unter einem Dach. Während im Westen der „eigene" Wille und die Individualität gefördert wird, sieht sich der Inder immer als Teil einer Gruppe, zu deren Wohl er beizutragen hat. Selbstverständlich hat die Clans-Kultur auch handfeste ökonomische Gründe: Anders als im Westen kann es sich kaum jemand in Indien leisten, in jungen Jahren seine Eltern zu verlassen und ein eigenes Heim zu gründen. Ein paar Reiche in Mumbai oder Delhi können das, die große Mehrheit der Bevölkerung aber braucht die Familie zum finanziellen Überleben.

„138 in der Familie und keine Probleme!
Madurai, 27. Oktober 1986 (UNI)

In vielen Landesstellen mag das Großfamilien-System auf dem Rückmarsch sein, aber in einem Dorf im Distrikt von Madurai lebt eine Großfamilie mit 138 Mitgliedern und sieht keine Probleme.

Wie ein Banyan-Baum mit den vielverzweigten Wurzeln, so hat diese Familie in dem Dorf Vadayeera Naickenpatti 33 Unterfamilien, die alle unter Führung eines einzigen Mannes leben und arbeiten. „Wir haben keinen Streit, keinen Ärger", sagt das stolze Familienoberhaupt namens Poun Raj. Mit einem Augenzwinkern fügt er an, dass selbst die vielen angeheirateten Frauen keine Schwierigkeiten bereiteten. Wenn irgend jemand die Familie verlassen wolle, könne er dies jederzeit tun, nur bekäme er dann keinen Anteil vom Familienbesitz.

Die Familie hat einige Besonderheiten aufzuweisen. Man betreibt freiwillig Geburtenkontrolle, so dass jede Unterfamilie lediglich zwei Kinder ernähren muss. Das zweite Kind kommt 5 oder 6 Jahre nach dem ersten.

Mitgift ist in der Familie tabu. Sie wird weder gegeben noch genommen.

Die Frauen dürfen keine Filme sehen, und die meisten von ihnen scheinen ohnehin kein Interesse dafür zu hegen. Ebenso verzichten sie auf Schmuck. Eine der Frauen, Bommuthai, sagte dazu: „Es ist schwer genug zwei Mahlzeiten am Tag zu bekommen, wie sollen wir da Schmuck tragen!"

Inder leben ökonomisch sehr bewusst (weil sie müssen!) und nichts ist ihnen verwerflicher als die Verschwendung von lebenswichtigen Gütern. Wenn beispielsweise der Sohn einer Familie auszöge, um sich in der heimischen Stadt ein Zimmer zu nehmen – vorausgesetzt er hätte das Geld – würde er nur bitteres Kopfschütteln ernten: Warum ein Zimmer nehmen, wenn er doch bei der Familie wohnen kann? Und überhaupt: Wie kann der Kerl nur die Eltern im Stich lassen! Was für ein Sohn ist das nur! Interessanterweise bedeutet das Sanskrit-Wort für „Sohn", *putra*, wörtlich, „der, der von der Hölle befreit". Der Sohn ist lebenswichtig zum finanziellen Überleben, andererseits aber muss er auch die letzten Riten nach dem Tod der Eltern vollziehen – ohne einen Sohn könnte die Seele der Eltern nicht auf ihrem kosmischen Lebensweg weiterwandern.

Ein guter Grund aus einer indischen Großfamilie auszuziehen wäre für den Westmenschen mit Sicherheit die Raumnot. Oftmals müssen alle Familienmitglieder dicht aneinander gedrängt in einem Zimmer schlafen, und vielleicht müssen sich mehrere Schläfer eine Decke teilen. Die Platznot bringt auch „Platzangst" mit sich: Indische Psychologen haben herausgefunden, dass es eine überdurchschnittliche Rate von Impotenz unter Männern gibt, die in engsten Behausungen von Großfamilien wohnen. Wie soll der Mann Lustgefühle für seine Frau aufbringen, wenn einen Meter weiter seine Eltern schlummern und durch allzu heftige Bewegungen geweckt werden könnten? Die Raumnot wird zum quälenden Liebestöter, zum unaufgeforderten Helfer für die staatlichen „birth control programs", oder aber für die indischen Pharmazie-Firmen, die preiswerte Imitate des Potenz-Mittels „Viagra" produzieren (die Imitate, vermarktet unter den Namen Caverta, Penegra, Androz u. a., kosten etwa ein Zwanstigstel des Originals, sind aber genauso wirkungsvoll). Wenn dann doch amouröse Aktivität stattfindet, so ist sie meist von kurzer Dauer: Mehr als 5 Minuten sollten es nicht sein, denn Opa hat ja so einen leichten Schlaf, und Oma schläft eh den ganzen Tag und kriegt nachts dafür kein Auge zu! Indische *pyar*, Liebe, kann nur stattfinden, wenn man schnell und zielstrebig handelt!

Wenn es jemanden wundern sollte, warum die meisten Inder über einen solch gesegneten Schlaf verfügen und überall und zu jeder Gelegenheit ad hoc einnicken können – die Antwort ist die Großfamilie. Schließlich kann man es sich auf Dauer nicht leisten, wach zu bleiben, nur weil einem der schlafende Nebenmann phonstark in die Ohren schnarcht, oder weil irgend wer sein Transistorradio ausprobiert. Viele Menschen auf engem Raum – das bedeutet, dass man vor dem Lärm, den sie verursachen, nicht flüchten kann. Also findet die Natur den Ausweg des todähnlichen Tiefschlafs. Ich selber habe Inder gesehen, die starr und bewegungslos auf einer Mauer schliefen – auf der Mauer einer Eisenbahnbrücke, zehn Meter Falltiefe vor geschlossenen Augen! Eine traumhafte Bewegung wäre tödlich gewesen!

Arthur Koestler bezeichnete die indische Gesellschaft als **Bapucratie.** *Bapu* ist Hindi für Vater, *Bapucratie* also die „Herrschaft der Väter". Man sagt, dass der Inder nicht für sich selber denken kann, bevor er nicht seinen Vater auf den Scheiterhaufen gelegt hat. Der Vater ist die allbeherrschende Figur, deren Rat, Bitte oder Befehl gewichtig ist wie Gottes Wort. Schon früh werden die männlichen Mitglieder der Großfamilie an ihre vorherrschende Stellung gewöhnt: Ihre Mütter verwöhnen sie weit mehr als die Töchter, die immer im Schatten der Mutter-Sohn-Beziehung stehen. Von klein auf wird dem jungen Pascha bewusst gemacht, dass er das Zentrum der Familie ist. Seine Mutter fühlt sich erst durch das Gebähren eines gesunden Sohnes von ihrer angeheirateten Familie akzeptiert und hat ihren Zweck erfüllt. Die enge Mutter-Sohn-Bindung hat aber auch einen Haken: Nach *Sudhir Kakar,* einem bekannten indischen Psychiater, wird der Sohn so sehr mit Liebe und Aufmerksamkeit überschüttet, dass er selber unfähig wird zu geben anstatt zu nehmen – er wird „emotional impotent".

Es ist bekannt, dass Töchter weniger kalorienreiche Nahrung bekommen als Söhne – ein klarer Ausdruck der Bevorzugung durch die Eltern, besonders der Mutter, die ja für die Verpflegung der Nachkommen verantwortlich ist. Dazu müssen Mädchen von frühester Kindheit an im Haushalt helfen, während sich ihre Brüder beim Spiel vergnügen dürfen. Der Anblick von erst 3- oder 4-jährigen Mädchen, die ihre wohlgenährten, fast gleichaltrigen Brüder hüftlings durch die Gegend schleppen, gehört zum indischen Alltagsbild. (Mehr zum Thema ungleicher Behandlung von Jungen und Mädchen wird in dem Kapitel „Die Frau: Göttin oder Sklavin?" gesagt.)

Familiäre Bande sind dem Inder so lebenswichtig wie der tägliche Reis oder vielleicht noch wichtiger? Ich besitze ein indisches Hindi-Lehrbuch im Taschenformat, in dem fast als erste Vokabeln die Worte der Verwandtschaftsbeziehungen aufgelistet sind. „Onkel" und „Tante" stehen da ganz vorn an, weit vor „Reis", „Chili" und „Zucker". Außerdem will der Inder es ganz genau wissen: Ist der „Onkel" nun der Bruder des Vaters oder der der Mutter? Für jede der beiden Möglichkeiten haben die indischen Sprachen eine eigene Vokabel zur Verfügung. Dasselbe gilt natürlich für „Tante", „Schwager" etc.

Ist der Vater einer Familie verstorben, so übernimmt der älteste Sohn die Verantwortung für den Clan. Mancher junge Mann ist mit dieser Aufgabe sichtlich überfordert, schließlich umfassen seine Pflichten ein weites Feld: Er muss die Familie ernähren, für die Ausbildung seiner jüngeren Geschwister sorgen und seine Schwestern „an den Mann bringen". Manch junges Familienoberhaupt verzweifelt an der Last der zu früh aufgebürdeten Verantwortung. Selbst noch fast ein Kind, trägt er eine Bürde, an der mancher Erwachsene gescheitert ist. Die jüngeren Geschwister bringen dem „Ersatzvater" denselben Respekt entgegen, den sie für ihren leiblichen Vater hegten. Den Anordnungen des ältesten Bruders ist unbedingter Gehorsam zu leisten, Widerspruch wäre als ein Auflehnen gegen die gottgegebene Ordnung anzusehen.

Die Großfamilie macht den Inder zeitlebens zu einem „Herdentier", das sich immer nach der Wärme einer ihn aufsaugenden Gruppe sehnt. Anders als der Westmensch blüht er in einem Gruppenverband auf und wird kaum den Wunsch nach „Alleinsein", nach ein paar Stunden einsamen Meditierens fernab seines Clans verspüren. Wäre das der Fall, würde er als Außenseiter angesehen, und die Familie würde sich sorgen, ob das schwarze Schaf nicht irgend wann sein Bündel schnürt, um als der Welt abgekehrter *sanyasi* sein Dasein zu fristen. Das Verlangen nach „Alleinsein" ist nicht mit dem Prinzip einer indischen Großfamilie vereinbar, in der alles auf „Gemeinsamkeit" aufgebaut ist, in der jedem Mitglied ein bestimmter Platz und damit bestimmte Aufgaben zugeordnet sind. Alte Hindugeschichten erzählen immer wieder von Außenseitern in der Familie, die sich nicht einfügen wollten und stattdessen ein Leben in der „Einsamkeit" vorzogen und sich zumeist religiösen Disziplinen unterwarfen. Die Angst, ihren Sohn auf diese Art zu verlieren, gehört wahrscheinlich zu den größten Sorgen einer indischen Mutter – zumindest auf dem Lande, wo sich im Prinzip der Lebensstil einer Familie seit Jahrhunderten nicht viel verändert hat.

In den großen Metropolen bröckelt die vorherrschende Stellung der Großfamilie ein wenig ab. Seit Mitte der 80er Jahre verfügt die städtische Mittelklasse über weit mehr Kaufkraft als jemals zuvor. Man befindet sich im Konsumrausch, und mehr und mehr Leute können es sich finanziell leisten, abseits des großen Clans zu leben. Dazu kommt der nicht unerhebliche Einfluss westlicher Ideen (vor allem verbreitet durch das ausländische Satelliten-Fernsehen), die viele Jugendliche in Indiens Millionenstädten zu kopieren trachten. Allen Städten voran liegt das kosmopolitische Mumbai (Bombay), in dem sich alle indischen Regionalkulturen zu einem undefinierbaren, pulsierenden Etwas verschmolzen haben. Hier ist es für den neuen, „modernen" Lebensstil am leichtesten, Fuß zu fassen. Es ist zu erwarten, dass jedwede Änderung im Lebensstil Indiens von Mumbai aus das Land erobern wird – auch wenn es Jahrzehnte dauern mag.

Die indische Großfamilie, der Kernpunkt indischen Lebens, steht vor einem Wandel, der auch tiefgreifende Veränderungen in der nationalen Psyche bewirken wird. Indien wird sich mehr und mehr vom Clansdenken lösen und (à la Westwelt) das Individuum hervorheben.

Ob diese Verwestlichung von Vorteil sein wird, kann man bezweifeln.

Heirat & Ehe:
Der wichtigste Schritt

*„Ein junger Brahmane
soll im allgemeinen verheiratet sein,
wenn er 16 Jahre alt ist...
Die ihm auserwählte Frau
ist zumeist 5, 7 oder
allerhöchstens 9 Jahre alt."*

Abbé Dubois, 1770-1848

Wird man von Indern auf der Straße angesprochen und nach seiner Person befragt, so lautet spätestens die dritte oder vierte Frage „Sind Sie verheiratet?". Die uns vielleicht befremdend klingende Frage nach dem Ehestand ist dem Inder absolut selbstverständlich. Schließlich gibt es in seinem Leben nur drei wirklich einschneidende Ereignisse: Geburt – Heirat – Tod. Auf zwei dieser Ereignisse hat er keinen Einfluss, und so wird das dritte, der Schritt in den Ehestand, umso wichtiger.

In den alten Zeiten war das Leben des Inders, genauer gesagt der Brahmanen, in vier Lebensabschnitte unterteilt:

Zuerst war er *brahmachari* (unverheirateter, keuscher Jüngling), der für sein späteres Dasein lernte und studierte. Danach wurde er *grihastha* (Haushälter), der seine Familie versorgte. Sobald seine Kinder ihre eigenen Familien hatten, wurde er *banaprastha* (Waldbewohner), und lebte als Einsiedler fernab seiner Familie, um sich der Meditation zu widmen. Schließlich, im Spätherbst seines Lebens, wurde er *sanyasi* (der Welt Abgekehrter): Er wanderte von Ort zu Ort und bereitete sich durch vielerlei religiöse Disziplinen auf seinen Tod und seine Wiedergeburt vor. Der Ablauf dieser vier **ashramas** (Lebensstadien) war unabänderlich: Der erste Lebensstand wurde unweigerlich vom nächsten abgelöst etc.

Daher noch heute die Frage des Inders nach dem Ehestatus: Welches Lebensstadium, so will der Frager erfahren, hat der Befragte erreicht? Hat er schon Kinder? Dem Inder wird es gänzlich unverständlich bleiben, wenn er hört, dass es in der westlichen Hemisphäre tatsächlich Leute geben soll, die weder heiraten noch Kinder bekommen wollen. Oder, noch schlimmer: Kinder ohne vorherige Heirat, das gibt's schon gar nicht! Uneheliche Kinder sind in indischen Augen arme Teufel, Bastarde, die lieber nicht auf die Welt hätten kommen sollen. Ihre Mütter sind den Prostituierten gleichzusetzen, die nicht umhin können, gelegentlich das Kind eines Kunden ins Leben zu bringen. Das Wort „Bastard" *(haramzada)* ist ein übles Schimpfwort, das vor allem von Gangstern in Hindi-Filmen benutzt wird.

Ist man, sagen wir über 30 und noch nicht verheiratet, wird man merkwürdige Blicke dafür ernten. Zwar wissen bzw. ahnen die meisten Inder, dass das Leben im Westen anders verläuft als daheim, dennoch ist es nicht unangemessen, gelegentlich zur Notlüge zu greifen, um weitschweifende Erklärungen zu vermeiden. Die Antwort „klar, ich bin verheiratet und habe sieben Kinder" wird den Gegenüber heiter und zufrieden stimmen.

Die indische Hochzeitsfeier ist natürlich von Landesteil zu Landesteil unterschiedlich, selbst die vielen Kasten und Unterkasten haben jeweils ihre eigenen traditionell überlieferten Hochzeitsriten. Gemeinsamer Höhepunkt der Hochzeiten aller Kasten sind die „Sieben Schritte", die das Brautpaar um ein rituelles Feuer geht. Dabei ist die Braut mit dem *Sari* an den Bräutigam gebunden und geht hintenan – ein Hinweis, welche untergeordnete Rolle die Ehefrau später zu spielen haben wird. Wie meistens aber, wenn wichtige Riten vollzogen werden, bleibt der Inder bewundernswert gelassen: Ich selber habe Hochzeiten miterlebt, die eher wirkten wie die chaotischen Proben eines Komödien-Ensembles. Alles ging durcheinander, niemand wusste so genau, was als nächster Programmpunkt anstand, doch war niemand böse drum. Das eigentliche Hochzeitsfest ist ohnehin weniger interessant als die „Vorarbeit" dazu:

Indische Heiraten sind „arrangiert", d. h. die Eltern der Brautleute haben sich darauf geeinigt, ihre Kinder miteinander zu vermählen. Je nach Orthodoxität und Strenge der Eltern haben die zu Verheiratenden mehr oder weniger Mitspracherecht. Eine Tochter, die partout noch nicht heiraten will, kann ein paar vorgeschlagene Ehepartner ablehnen, irgend wann aber muss sie zustimmen, und beugt sich dem Druck der Eltern. Schließlich weiß auch sie, dass mit zunehmendem Alter ihr „Marktwert" sinkt, und es immer schwieriger wird, einen Mann zu finden. Bei einem Mann ist es nicht so wichtig, wie alt er ist: Zehn oder fünfzehn Jahre älter als die Braut? No problem! So wie Alter den Heirats-„Wert" herabsenken kann, so auch körperliche Gebrechen, eine vorangegangene Scheidung oder Witwen- oder Witwertum. Auch hier liegen die Vorteile auf Seiten der Männer: Es ist weitaus leichter einen geschiedenen Mann oder Witwer zu verheiraten, als eine geschiedene Frau oder gar eine Witwe. Witwenheiraten waren bis in die jüngste Vergangenheit absolut unmöglich: Kein halbwegs gescheiter Mann hätte je eine Witwe geehelicht, schließlich hätte das eine Menge religiöser und sozialer Tabus gebrochen. Selbst in den großen Städten gibt es erst seit kurzer Zeit Witwenhochzeiten. Mir ist ein standfester junger Mann bekannt, der gegen den erbittertsten Widerstand seiner Eltern eine Witwe mit zwei halbwüchsigen Söhnen geheiratet hat. Solche Fälle sind aber, das muss gesagt sein, Raritäten in der indischen Heiratsszenerie. Noch heute kommt es vereinzelt vor, dass Witwen *sati* begehen, d. h. sich mit ihrem verstorbenen Mann auf dessen Scheiterhaufen verbrennen lassen. Zu Scheußlichkeiten dieser Art finden sich zigtausend Zuschauer ein, und die Stelle, an der die Verbrennung stattfand, wird schnell zur Kultstätte: Die todesmutige Feuerwitwe wird als Göttin verehrt. Anfang des letzten Jahrhunderts hatten die Engländer *sati* unter Strafe gestellt und „so gut wie" ausgerottet. Heute kommt es vielleicht einmal im Jahrzehnt zu einem *sati*. Im Oktober 1986 berichteten indische Zeitungen von einem Fall von „umgekehrtem" *sati*: Ein Witwer hatte sich auf dem Scheiterhaufen seiner Frau mitverbrennen lassen – ein ansonsten unerhörter Fall.

Liebe spielt bei der Auswahl des Ehepartners im Allgemeinen keine Rolle. Die Liebe, so sagt man, kommt mit den Jahren. Und ohnehin: Die Ehe ist eine Symbiose, die der Lebensabsicherung dienen soll – für romantische Vorstellungen

bleibt da nur wenig Raum. Wenn die Vor- und Nachteile einer arrangierten Ehe aufgeführt werden, verweisen die Inder gern auf die hohen Scheidungsraten, die der Westen aufzuweisen hat. In Indien gäbe es kaum Scheidungen, so sagen sie, und das beweise den Sinn und Nutzen der „arrangierten Ehen". Die Argumentation ist aber fadenscheinig: Scheidungen sind in Indien absolut verpönt, und eine geschiedene Person riskiert – je nach „Konservativität" der Umwelt verschiedene Stufen sozialer Ächtung. Dadurch alleine werden Scheidungswillige abgeschreckt, den Schritt zu vollziehen. „Marriages are made in heaven", Ehen werden im Himmel geschmiedet, sind gottgewollt, glauben die Inder und ohnehin treffen sich die Ehepaar in jeder ihrer Wiedergeburten immer wieder. „Janam-janam ka rishta" nennt sich dies auf Hindi, eine „Beziehung durch alle Leben hindurch"; in Hindi-Filmen flüstern oder singen sich die Liebenden oft diesen Ausdruck ins Ohr. Ursprünglich sah die Ehefrau ihren Gatten als Gott an und musste ihm treu dienen – das formelle Hindi-Wort für Ehemann ist patidev, was soviel bedeutet wie „Gottgemahl". Mittlerweile zeigt sich zumindest in den Städten eine neue Generation Frau, die ihren „Gottgemahl" ein wenig vom hohen Sockel holt.

Aufgrund des Vetos der Eltern, einen bestimmten Partner zu ehelichen, kommt es nicht selten zu privaten Dramen. Die „love marriage", Liebesheirat,

21. Selbstmordversuch enttäuschten Liebhabers geht daneben!
Kanpur, Oktober 1986 (UNI)

Ein enttäuschter Liebhaber, der seinen 21. Selbstmordversuch unternommen hatte und aus dem dritten Stock eines Gebäudes gesprungen war, landete im Krankenhaus.

Naresh Kumar Savita, der den neuerlichen Versuch am Dienstag in Kanpur unternommen hatte, erzählte der Polizei, dass er nicht das Mädchen heiraten dürfe, das er eigentlich wolle.

Viele seiner früheren Selbstmordversuche scheiterten an rechtzeitiger medizinischer Hilfe. In einem Falle aß er eine Echse (giftig!), nahm Schlaftabletten, hängte sich auf und versuchte eine Überdosis Opium.

Bei einer anderen Gelegenheit hielten Passanten ihn davon ab, vor einen fahrenden Zug zu springen.

eine Heirat ohne vorherige Partnerwahl seitens der Eltern und oft ohne deren nachträgliche Zustimmung, ist bisher nicht sehr verbreitet, da sie in gewissem Grade soziale Ächtung nach sich zieht. Im Allgemeinen trauen Inder der „Liebesheirat" keine große Dauerhaftigkeit zu.

Wie aber finden die Eltern den „richtigen" Ehepartner für ihr Kind? In den Dörfern war es traditionellerweise der Barbier, der die Ehen anbahnte. Er pries seinen Kunden die Vorzüge eines bestimmten Mädchens oder Jungen und knüpfte so die ersten Kontakte zwischen den Elternpaaren. Mit einem Messer am Hals sagt es sich halt schlecht nein! Heutzutage geht es meist moderner zu: So gibt es beispielsweise computerisierte Ehe-Institute, in denen die Heiratskandidaten ordentlich nach Kasten eingespeichert sind. Manche Kasten geben monatliche Rundschreiben heraus, die an die Kastenmitglieder verteilt werden, und in denen die Heiratswilligen aufgelistet sind. Oft habe ich erlebt, dass einem in trauter Runde plaudernden Freund ein Foto von einem Mädchen zugesteckt wurde. Die sollte er sich doch bitteschön einmal ansehen! Die indischen Sonntagszeitungen bringen auf ihrer Seite 2 einen Wust von kleingedruckten Heiratsangeboten, unterteilt in die Rubriken „Braut gewünscht" und „Bräutigam gewünscht". Diese Anzeigen sind eine meiner Lieblingslektüren, da sich in ihnen gar zu oft ungewollt Humorvolles findet:

Bei meiner Lektüre der indischen Heiratsannoncen fiel mir auf, wie viele Ausländer – in der Regel nur Männer – auf diese Methode der Eheanbahnung zurückgreifen. Kaum ein Sonntag, an dem nicht irgend ein amerikanischer, italienischer oder deutscher „wohlhabender Gentleman" um die Gunst der indischen Damenwelt buhlt. Ansonsten sind die *matrimonials* für Ausländer nicht sehr leicht verständlich, da sie stark codiert sind. So bedeutet der Wunsch nach

„Studierender Witwer (39 Jahre, sieht aus wie 29), weizenfarbene Haut, 163 cm/55 kg/1800 Rupien Gehalt, Söhne im Alter von 14 und 16 Jahren sucht unfruchtbare oder sterilisierte anpassungsfähige alte Jungfer. Hindu Nadar (Kaste) bevorzugt. Foto und detailliertes Horoskop erwünscht. Witwen, Geschiedene und Behinderte mögen von einer Bewerbung absehen."(!)

„Eltern von ehemaligem, bekehrtem (Bhagwan Shri) Rajneesh – Anhänger, wohnhaft in Frankreich suchen sanftes, geduldiges Mädchen, das gerne im Ausland leben/studieren möchte. Kaste unwichtig."

„Verbindung erwünscht für schlankes, kluges Panjabi Khatri (Kaste) Mädchen, 23 Jahre, 165 cm, Jungfrau (gemeint ist nicht das Sternzeichen!), in christlicher Schule erzogen, aus respektabler Familie. Trägt Kontaktlinsen, Stärke 3."

„Verbindung erwünscht für häusliches Marathi (Kaste) Mädchen, 22 Jahre, 155 cm, hübsch, arbeitet als Kosmetikerin. Leidet an jahreszeitlich-bedingten Asthmaanfällen. Hindu-Gentleman bevorzugt."

„Suchen hübsche, intelligente, taube Braut für 26-jährigen, gutaussehenden, intelligenten, tauben Jungen. Hat College-Abschluss in „Science". Augenkraft ein wenig gemindert. Kaste unwichtig. Interessenten bitte melden bei..."

einer *decent marriage* nicht etwa das Verlangen nach einer dezent-schönen Hochzeitsfeier, sondern, dass ordentlich Mitgift gelöhnt werden soll.

Die Kürzel „VV" weist die Annonceuse nicht etwa als die Trägerin eines exotisch-gefährlichen Virus aus: Es bedeutet ganz einfach *vegetarian virgin*, „vegetarische Jungfrau"!

Hat sich ein(e) Interessent(in) auf die Annonce hin gemeldet, wird ein Treffen anberaumt, bei dem die beiden Elternpaare und die Heiratskandidaten anwesend sind. Zumeist wird nur innerhalb der eigenen Kaste geheiratet, dadurch ist die Auswahl schon erheblich eingeschränkt. Zudem werden die Geburtshoroskope der beiden zu Trauenden miteinander verglichen – erkennen die Astrologen irgend einen disharmonischen Aspekt, wird die Heirat abgeblasen. Sind aber all diese Hindernisse aus dem Weg geräumt, wird über die von den Brauteltern zu zahlende **Mitgift** verhandelt. Je nach sozialem Status der „zu verheiratenden Familien" kann die *dahej,* Mitgift, in die Hunderttausende von Rupien gehen. Selbst arme Landbewohner müssen 10.000 Rupien oder mehr aufbringen. Kein Wunder also, dass die Geburt eines Mädchens nicht gerade mit Freude begrüßt wird: Von Geburt der Tochter an muss für ihre irgend wann einmal stattfindende Hochzeit gespart werden. Seit 1961 ist das Geben oder Nehmen von Mitgift offiziell verboten, zu verhindern ist es dennoch nicht. In den letzten Jahren haben immer wieder die sogenannten „Mitgiftmorde" für Schlagzeilen gesorgt. Oft werden frisch verheiratete Ehefrauen von ihrer angeheirateten Familie dazu gezwungen, mehr heranzuschaffen, als in der Abmachung vorgesehen war. Meistens geht es um Bargeld, immer häufiger werden aber auch Fälle, in denen Video-Recorder oder Motorroller verlangt werden. Oft genug ist die Familie der Braut finanziell am Ende und kann nicht mehr geben als sie schon hat. Die „unnütze" Braut wird dann halt mit Kerosin übergossen und verbrannt. Fälle dieser Art gibt es Jahr für Jahr zu Tausenden. Die genauen Zahlen werden nie zu erfahren sein, da viele dieser Morde als „Küchenunfälle" in die Polizeistatistik eingehen. Mit ein paar Tausend Rupien lässt sich von der Polizei ein „Ablassschein" erkaufen. Da in den letzten Jahren das Mitgiftproblem immer mehr ins Bewusstsein der Öffentlichkeit gerückt wurde, sind auch mehr Fälle bekannt geworden. Mittlerweile gibt es sogar ein Gesetz, das es verbietet, eine Ehefrau psychisch unter Druck zu setzen, um mehr Mitgift herauszuschinden. Allzu oft war es zu Selbstmorden von gequälten Frauen gekommen. Glücklicherweise gibt es immer mehr Heiratswillige, die gänzlich auf das Geben oder Nehmen von Mitgift verzichten.

Die Hochzeit eines indischen Paares findet an einem astrologisch vorausberechneten Datum statt. Nur an „glückverheißenden" Tagen kann geheiratet werden. So kommt es, dass an manchen Tagen wohl in ganz Indien keine einzige Hochzeit stattfindet, an anderen wiederum der große „Run" einsetzt. Die meisten Hochzeiten finden im Dezember und besonders im Mai statt.

Todesstrafe für 6 in Mitgiftmord
Khandwa, 27. August 1986 (PTI)

Sechs Mitglieder einer Familie, fünf davon Frauen, sind gestern von einem Gericht in Burhanpur zum Tode verurteilt worden. Die sechs hatten am 5. Januar dieses Jahres eine junge Hausfrau verbrannt.

Die Verurteilten waren der Ehemann des Opfers, die Schwiegermutter, eine Schwägerin und die Frauen der drei Brüder des Ehemannes.

Braut-Verbrenner gehören aufgehängt!
(Leserbrief in „Mid-Day", 10. November 1986)

... jeden Tag werden im Durchschnitt 3 Frauen allein in Gujerat verbrannt ...in Delhi werden jedes Jahr 300 Frauen Opfer des Mitgiftsystems. In Bombay (Mumbai) hat sich die Zahl der Mitgiftmorde von 2 im Jahre 1981 auf bisher 31 in diesem Jahr erhöht... Wie in den Golfstaaten sollten die Braut-Verbrenner zum Tode verurteilt, und ihre Exekution sollte vom Fernsehen übertragen werden!

Jawahar Mathusamy, ein junger Mann aus Salem in Tamil Nadu, ist einer der raren Personen, die es gewagt haben, an einem „unheilvollen" Tag zu heiraten. Um mit dem abergläubigen Gebahren seiner Landsleute aufzuräumen, hatte er ganz bewusst einen solchen Termin gewählt. Damit nicht genug: Während der Zeremonie saßen Braut und Bräutigam mit dem Gesicht nach Norden (unheil-verheißend!), es wurden nicht-vegetarische Speisen serviert (frevelhaft!) und die *Mangalsutra,* die Halskette der verheirateten Frau, wurde der Braut von einer Witwe umgelegt (früher Tod des Gatten!). Als die junge Ehefrau schließlich schwanger war, betrat sie ihr Elternhaus im unheilvollsten astrologischen Moment, und man hatte arrangiert, dass ihr eine Brahmane und ein Friseur über den Weg liefen (Katastrophe!). Damit immer noch nicht genug. Im Hause stand ein Teller mit etwas Feuerholz, einem Stück schwarzen Stoff, Milch, Öl, Hirse etc. (wird nur bei Leichenfeiern gegeben!).

Am 5. Mai 1986 bekam das Ehepaar *Mathusamy* – allen Unkenrufen zum Trotz – einen gesunden Sohn.

Ebenso wie das Problem der Mitgift versucht die Regierung die **Kinderheiraten** auszumerzen. In weiten Landesteilen ist es immer noch üblich, Kinder miteinander zu verheiraten, damit sie so zeitig wie möglich jemanden „mitbekommen", versorgt sind. Zwar leben die Kind-Eheleute bis zu ihrer Pubertät noch bei ihren Eltern, dennoch gelten sie als „vollwertig" verheiratet. Das bedeutet, dass ein Mädchen, dessen „Ehemann" vorzeitig verstorben ist, nicht wieder heiraten kann. Das Privileg einer Wiederheirat wird nur den männlichen Ehepartnern zugesprochen.

Wer Mumbais Filmmagazine eifrig studiert, dem wird auffallen, dass gewisse männliche Filmstars über mehr als eine Ehefrau verfügen. Zwar ist die **Polygamie** offiziell nur den indischen Moslems erlaubt – die dürfen sich bis zu vier Frauen leisten – jeder andere kann aber auch beruhigt eine zweite Frau nehmen, wenn die nicht klagt. Nach indischem Gesetz kann nur juristisch eingeschritten werden, wenn die erste Frau vor Gericht geht. Da Mumbais Filmheroen ihre ersten Frauen wohl finanziell gut abfinden, dürften sich diese solche Klage im Allgemeinen verkneifen.

Psst, Sex:
Das große Tabu

*„Viele von ihnen (den Brahmanen)
besitzen scheußliche Bücher,
in denen die schmutzigsten
und gräßlichsten Arten
von Ausschweifungen systematisch
beschrieben und gelehrt werden."*

Abbé Dubois, 1770-1848

Von dem, was nach der Hochzeit abläuft, hat der Inder oder die Inderin nicht immer genaue Vorstellungen. Voreheliche sexuelle Aktivität ist generell verpönt, lediglich die Unterschicht und die Oberschicht der Bevölkerung zeigt Ansätze eines „freieren" Lebenswandels. Die orthodoxe Masse der Mittelschicht aber lebt mehr oder minder im Einklang mit den strengen Sittenregeln ihrer Gesellschaft. Unter- und Oberschicht können es sich leisten, lockerer zu sein: Die einen haben eh nichts zu verlieren und pfeifen auf ihren „guten Ruf", die anderen haben jede Menge Geld und sind unantastbar. Indien mag der Welt die *Kama Sutra* gegeben haben, jedoch der Geist der *Kama Sutra* ist in Indien tot: Sex wird als Laster angesehen und nicht mehr als die hohe Kunst der Sinnesfreuden, wie *Vatsyayana*, der Schöpfer der *Kama Sutra,* propagiert hatte.

Warum der Wandel? Die indische Denkweise ist – wie alles in Indien –stark von der Religion beeinflusst. Die indische Yoga-Lehre, deren Ziel eine Vereinigung mit Gott und die Erlösung von der Wiedergeburt ist, vertritt die Auffassung, dass sexuelle Aktivität die Lebensenergien schwäche, Geist und Körper nutzlos mache. Gemäß dieser Theorie wird beispielsweise der Same im Körper des Mannes zu geistiger Energie umgewandelt, wenn er ihn nicht „nutzlos" vergeudet. Wenn aber sexuelle Aktivität die Lebenskräfte auszuzehren droht, so ist es logisch, Sex ins sinnliche Abseits zu verdrängen.

Der junge Inder weiß zunächst einmal nichts. Weder Eltern noch Schule klären ihn auf. Eine Lehrerin, die ich fragte, ob in ihrer Schule so etwas wie Aufklärungsstunden abgehalten würden, gab mir zur Antwort: „Na klar, da kommt ein Arzt in die Schule, und der erzählt dann den Lehrern was los ist." Den Lehrern! Unwissenheit bringt natürlich auch abwegige Gedanken oder Vorstellungen zur Welt. So glauben viele Inder, schon der Genuss eines guten Glases Milch am Abend könne die Sinne unkontrollierbar reizen. Ein Hindi-Film des Jahres 1986, *Tan - badan* („Körper") zeigt eine Szene, in der die keusche Braut dem frisch angetrauten Ehemann untersagt, ein Glas Milch zu sich zu nehmen, da sie um ihre Unversehrtheit fürchtet! Nächtliche Samenergüsse werden als fürchtenswerte „Schwachmacher" betrachtet, da mit dem Samen auch „geistige Energie" flöten geht.

Da der Inder permanent um seine Lebenskraft fürchtet, ist es nicht überraschend, dass die Zeitungen und Magazine des Landes vollgespickt sind mit Annoncen für Tonika, Aphrodisiaka, Pillen und Tabletten jeder Art, die die „verloren gegangene Kraft" wieder zurückholen sollen. Da das Thema Sex nicht offen angesprochen wird, bedienen sich fast alle dieser Annoncen einer Art Codierung. Dazu ein Beispiel aus dem hindi-sprachigen Magazin *Madhur Kathaen* („Süße Geschichten")

> „Begehen sie keinen Selbstmord! Wenn Sie durch in der Jugend begangene Fehler (sprich: Masturbation!) Ihre Kraft verloren haben, oder weil Ihnen im Urin die Männlichkeit abgeht (sprich: nächtl. Ergüsse!), wenn Sie nachts die Kleider beschmutzen (sprich: Bettnässen!), oder das Eheleben nur kurze Zeit andauert (sprich: frühzeitige Ejakulation), wenn Kopf und Körper schmerzen, das Erinnerungsvermögen nachläßt, wenn Sie trotz guten Essens nicht zunehmen, wenn Ihnen dunkel vor Augen wird, Sie zu nichts Lust haben...(es folgt eine weitere langatmige Aufzählung quasi aller Symptome, die ein Gesundheitslexikon aufzuweisen hat)...wenden Sie sich vertrauensvoll an die Mehra Clinic, Amritsar!"

Etwa ein Drittel der Anzeigen in dem beliebig herausgegriffenen *Madhur Kathaen* vom September 1986 sind Annoncen zur Steigerung der Sexual- und damit der Allgemeinkraft. Die vorletzte Seite des Magazins beherbergt die Kolumne *Guptagyan*, „geheimes Wissen", in der von Sexualnöten geplagte Leser ihr Herz ausschütten können und von einem „sachkundigen" Redakteur Antwort erhalten.

> Da schreibt ein B.K. aus Jodhpur:
> „Seit einigen Jahren bin ich der Selbstbefriedigung (Hindi: hasta maithun = Handliebe) verfallen. Aber jetzt habe ich die Bösartigkeit des Übels erkannt und habe mich entschlossen, damit aufzuhören. Bis jetzt bin ich standhaft geblieben. Ich fürchte aber, daß ich in Zukunft einen Schaden durch meine vorangegangene Selbstbefriedigung erleiden könnte..."
>
> Die Antwort des Redakteurs:
> „Glückwunsch, daß Sie diese üble Angewohnheit aufgegeben haben! Sie sind ein Mann starken Willens und werden es im Leben zu Etwas bringen.(!) Machen Sie sich keine Sorgen bezüglich Ihrer Gesundheit..."
>
> In der Oktober-Ausgabe des Jahres 1986 von Madhur Kathaen bittet ein junger Mann um Rat, der regelmäßig mit einem Freund zusammen Selbstbefriedigung betrieben hatte. Unglücklicherweise sei der Freund von einem Zug überfahren worden, und nun klappe es nicht mehr so recht mit seinen privaten Solospielen.
>
> Darauf der Redakteur:
> „...bei solchen Fragen gebe ich den Jugendlichen immer wieder den Rat: 'Verschwendet nicht Euer Leben!' Sie und Ihr Freund sind da wohl vom Wege abgekommen. Nun hat der Herrgott ihren Freund zu sich gerufen, und Sie sollten der Handlung abschwören. Langsam aber sicher bezieht man immer weniger Freude aus jener Handlung, und der Mensch wird zum Sklaven..."

Natürlicherweise ist es die unverheiratete Jugend des Landes, die von der **Tabuisierung sexueller Aktivität** am meisten betroffen ist. „Weitergehende" Freundschaften zwischen den Geschlechtern sind nicht die Regel: Ein Mädchen kann es sich nicht erlauben, allzu häufig mit einem Jungen gesehen zu werden – ihr „guter Ruf" würde darunter leiden, und möglicherweise findet sie keinen Ehemann mehr. Inder lieben den Klatsch, und aus dem unschuldigen Zusammensein zweier junger Leute wird im Handumdrehen eine „heiße Orgie". Da Sexualität in Indien stark tabuisiert ist und schwerer „daran zu kommen" ist als beispielsweise im Westen, drehen sich die Gedanken permanent um das verbotene Thema: Sex wird auch da vermutet, wo gar keiner ist. *Bhagwan Shri Rajneesh* (alias *Osho*), der die Sexual-Verklemmungen seiner Landsleute schonungslos offenlegte, machte sich dadurch nicht gerade beliebter in seiner Heimat. Lässt sich tatsächlich ein Mädchen mit einem Burschen ein, so läuft sie Gefahr, dafür anschließend als „Hure" bezeichnet zu werden. Da sie es mit ihm „gemacht" hat, so glaubt der Casanova, „macht" sie es bestimmt auch mit anderen.

Leserbrief in „Times of India":

„Diebstahl, Betrug und Vergewaltigung werden vom Gesetz bestraft. Sogar im Falle einer Scheidung muss Unterhalt gezahlt werden. Was aber geschieht, wenn ein Junge einem Mädchen die Heirat verspricht und dann davon läuft? Wie wird er vom Gesetz bestraft? Ist das keine kriminelle Tat? In vielen Fällen wird das Mädchen vielleicht Selbstmord begehen. Ist der Mann da kein Missetäter? Wir sind eine kleine Gruppe von Leuten, die solche Fälle ans Licht (der Öffentlichkeit) bringen will, ... und wir wären sehr dankbar, wenn die Leser Ihrer geschätzten Zeitung uns Vorschläge schickten, wie eine solch grauenvolle Tat bestraft werden sollte."

Eine übliche Art, ein Mädchen „rumzukriegen", ist ihr die Heirat zu versprechen. Da ihr ganzes Dasein darauf ausgerichtet ist, sich irgend wann in die Sicherheit der Ehe zu begeben, sind solche Versprechungen häufig von Erfolg gekrönt.

Das Leben eines jungen Mädchens ist somit quasi ein Hochseilakt: Einerseits hat es sein eigenes Liebesbedürfnis, andererseits muss es permanent seinen Ruf und damit auch den der Familie wahren. Der junge Mann steht dabei viel besser da: Die Toleranzschwelle liegt viel höher, und er muss es schon ziemlich toll treiben, bevor er in Miskredit gerät.

Die indo-englische Bezeichnung für ein lockeres Mädchen ist *fast girl,* „schnelles Mädchen", eine, die schnell zur Sache kommt. Nicht selten wird selbige Bezeichnung aber auch abwertig benutzt, das Mädchen damit als Beinahe-Prostituierte abgetan.

Wäre die indische Gesellschaft sexuell freizügiger, gäbe es wahrscheinlich nicht so viele **Prostituierte.** Es ist vollkommen „normal" und üblich den Geschlechtsakt von *randi,* Nutten zu erkaufen – und dennoch ist es gesellschaftlich nicht „akzeptiert". Eine Armee von indischen, nepalesischen und in sehr geringem Maße auch europäischen „Red-Light-Girls" steht bereit – für jeden Geldbeutel ist Erleichterung in Sicht. Es gibt Frauen für 20 Rupien und welche für 5000. Eine „Red-Light-Area", wie die in Mumbai, verfügt über ein gigantisches Ausmaß, und mir ist ein Dorf in der Nähe von Karwar an der indischen Westküste bekannt, das praktisch nur aus Bordellen besteht. Das Dorf heißt – durchaus angemessen – *Premnagar,* Stadt der Liebe. Es gibt sogar ganze Stämme oder Kasten, die ihr Einkommen nur aus der Prostitution beziehen. Im indischen Amtsenglisch werden diese dem Oberbegriff der *criminal tribes* oder *criminal castes* zugeordnet. Aber ohne die indischen Prostituierten würde es wahrscheinlich zu einem solchen Sexualstau kommen, dass auch die „guten" Mädchen und Frauen um ihre leibliche Unversehrtheit bangen müssten.

Vergewaltigung ist ohnehin schon ein erhebliches Problem, bei dem – wie vorgekommen – die Polizei nicht selten auf der falschen Seite des Gesetzes steht und das ihre dazutut.

Freizügige **ausländische Magazine** sind zwar verboten, dennoch sind in den letzten Jahren Dutzende von einheimischen, relativ „entschärften" SoftPorno-Eigenproduktionen auf den Markt gekommen. Diese werden des Öfteren von lauteren Mitbürgern verklagt, was dem Verkauf aber eher förderlich ist.

Besondere Probleme ergaben sich oft in dem als so weltoffen geltenden Mumbai. Der Bundesstaat Maharashtra, dessen Hauptstadt Mumbai ist, wird derzeit von einer fundamentalisch-hinduistischen Koalitionsregierung aus *BJP* (Bharatiya Janata Party) und *Shiv Sena* regiert, die sich häufig die Rolle des Moralshüters anmaßt. So wurden 1995 Magazine aus dem Verkehr gezogen, die eine gewagte Anzeige einer Sportschuhfirma abgedruckt hatten – in der Anzeige war ein Paar zu sehen, das, mit Ausnahme von Sportschuhen und einer Riesenschlange um den Hals, völlig nackt war. Dank geschickter Körperstellung waren zwar keine intimen Körperteile zu sehen, für die *BJP-Shiv Sena* war die Anzeige jedoch gleichbedeutend mit einem „Verrat an den indischen Werten". Im Zuge einer patriotischen Rückbesinnung benannte die *BJP-Shiv Sena* 1995 Bombay übrigens offiziell in Mumbai (vom Namen der Lokalgöttin *Mumbadevi*) um – nur nennt sie kaum jemand so!

Relativ keusch und züchtig geht es auch in den in Mumbai produzierten Hindi-Filmen zu. Sexszenen werden nur angedeutet oder durch blumige Symbolik umschrieben. Wenn zum Beispiel ein Paar eng aufeinanderrückt, und der nächste Schnitt zeigt zwei Rosen, die sich gemeinsam im Winde wiegen, oder Meereswogen, die ans Ufer klatschen, so weiß der erfahrene Zuschauer, aha, jetzt geht's zur Sache! Indische Filmschauspielerinnen lassen sich in Zeitungsinterviews kolumnenlang darüber aus, wie viel Bein oder Brustansatz sie zu zeigen bereit wären, „wenn das Drehbuch es verlangte". „Exposing" wird das Zurschaustellen des Körpers im Filmjargon genannt. „Exposen", das tun in den allermeisten Fällen nur junge Nachwuchsschauspielerinnen, die sich schnell einen Namen machen wollen, wie negativ auch immer. Etablierte Schauspielerinnen halten sich zugeknöpft.

Auch in der indischen Durchschnittsehe geht es nicht gerade locker zu. Die meisten Ehepartner haben ihre Angetrauten lebtags nie nackt gesehen. Die Hauptaufgabe der Frauen ist es, zu gebären – vor einer allzu lustbaren Ehefrau fürchtet sich der Mann: Wer garantiert ihm, dass sie da nicht gelegentlich zum Nachbarn hinübergeht? Diese Zweifel ob der Keuschheit der Frauen wird den Männern schon von vielen Hindu-Schriften eingebläut. Frauen gelten darin als notorisch flitterhafte Wesen, die sich bestenfalls aus Angst vor Entdeckung treu verhalten.

Zwar gibt es in den großen Städten schon Paare, die in einschlägigen Magazinen gleichgesinnte zum Partnertausch suchen, diese sind jedoch wie anderswo wohl auch – eine verschwindend kleine Minderheit.

Im Idealfall ist der Ehemann der einzige Mann, der seiner Frau jemals nahe gekommen ist: Bis zur Ehe sollte sie Jungfrau bleiben, und in der Ehe hat sie ihm treu und ergeben zu sein. Gemäss der Umfrage einer Kondom-Firma im Jahre 2001 haben die meisten Inder in ihrem Leben nur einen einzigen Sexualpartner.

Und falls die Frau doch schon vor der Heirat ihre Jungfernschaft verloren haben sollte – was soll's: In Mumbai gibt es Kliniken, die für ein paar tausend Rupien den Hymen wieder „reparieren". Als wäre nichts gewesen.

Kinder, Kinder:
Die Überbevölkerung

„In seinen (des Hindus) Augen
gibt es kein größeres Unglück
als keinen Sohn oder Enkel zu haben,
der die letzten Riten
bei seiner Totenfeier vollziehen könnte.
Ein solcher Mangel, so glaubt man,
kann den Eingang
ins Reich der Glückseligkeit verhindern".

Abbé Dubois, 1770-1848

Dem Europäer ist es in der Regel gänzlich unbekannt, was das Wort Überbevölkerung in der Praxis bedeutet. Dem abzuhelfen, empfehle ich einmal einen der zahlreichen Vorortzüge zu nehmen, die alle paar Minuten Mumbais Churchgate Station in Richtung Norden verlassen – und das am besten in der **Rush-Hour,** die gegen 4 Uhr nachmittags einsetzt, wenn die ersten Büros schließen. Doch was heißt Rush-Hour: Mittlerweile gibt es nur wenige Zeiten am Tage, an denen nicht „gerusht" wird.

Ab 16 Uhr ergießt sich ein Heer von Büroangestellten, Arbeitern und College-Studenten in den überlasteten Bahnhof, um nach Hause in die bis zu 40 km entfernten Vororte zu gelangen. Wer sich der in den Bahnhof drängenden Menschenmasse entgegenstellt, wird überrannt, zur Seite gedrängt und kommt im günstigsten Fall mit ein paar blauen Flecken davon. Die in den Bahnhof einlaufenden Züge werden nicht „betreten", sondern „gestürmt". Denjenigen, die sich in den Wagons befinden und aussteigen wollen, gelingt das nur durch Treten, Boxen und andere Handgreiflichkeiten. Wer allzu zaghaft ist, wird von den anrennenden Passagieren zurück ins Zuginnere gedrängt. So fährt er wieder – Churchgate Station ist ein Sackbahnhof – zurück Richtung Norden, von wo er gerade kam.

Sobald einer der rotbraunen verbeulten Züge in den Bahnhof einfährt, bricht ein Chaos aus. Jeder für sich, jeder gegen jeden. Kinder, Greise und Gebrechliche werden von der Masse überrannt, zur Seite gestoßen. Es ist ein Überlebenskampf: Entweder ich oder du! Dabei geht es nur darum, einigermaßen pünktlich nach Hause zu kommen. Doch wer nicht kämpft, wird vor 8 Uhr abends nicht wegkommen können. Dann hat der Rush etwas nachgelassen, wird die Atmosphäre entspannter. Wer aber das zweifelhafte Glück hatte, einen Zug erklommen zu haben, reist wahrscheinlich dicht gepresst, Körper-an-Körper mit seinen Leidensgenossen, unfähig, sich zu bewegen. Das ist günstig für Taschendiebe. Denn auch wenn man eine Hand in seiner Tasche spürt, so ist es unmöglich auszumachen, zu wem sie gehört. Im Wagon angekommen verwandelt sich das vormalige Chaos zu stumpfer Resignation. Jetzt heißt es nur noch durchhalten, stehend und so sehr gedrückt, dass kaum Platz zum Atmen bleibt, bis zum Zielbahnhof. Der liegt vielleicht 30, 50 oder mehr Minuten entfernt – manch Arbeitnehmer wohnt irgend wo zwischen Mumbai und Puna, 3 Stunden Bahnfahrt weit weg. Auf den Trittbrettern der allzeit offenen Wagons fahren die Desperados der indischen Eisenbahnen. Halbwüchsige, die sich für die Dauer der Fahrt fühlen wie indische Filmhelden bzw. deren Stuntmen. Wem nicht einmal das Glück von ein paar Quadratzentimetern Trittbrett vergönnt war, fährt auf dem Dach. Das ist zwar – wie das Trittbrettfahren auch – im Prinzip verboten, doch die Gesetze waren für „normale" Zustände gemacht. Die Überbevölkerung hat eine Art Notstand geschaffen.

Niemand weiß, wie viele **Einwohner** Indien tatsächlich hat. Nach offiziellen Angaben waren es im Jahre 2001 eine Milliarde, in Wirklichkeit sind es jedoch

wohl etliche Millionen mehr. Da es unmöglich ist, die genaue Zahl von Kindern in Dörfern oder Slums zu erfahren, sind die Statistiken immer eher als Leitzahl zu sehen. Viele Personen, mit denen der Autor sprach, sind noch niemals in ihrem Leben von einem Zensus erfasst worden. Im Jahre 1951 hatte Indien 361 Millionen Einwohner – eine Verdreifachung in nur fünf Jahrzehnten.

Auch die weiteren Prognosen sind düster. Nach Schätzungen werden im Mumbai des Jahres 2020 etwa 27 Millionen Menschen leben – eine Raumkatastrophe. Schon heute – mit 16 Millionen Einwohnern auf einer Fläche so groß wie Hamburg – fühlt man sich „ziemlich beengt"und es gibt nicht genug Wasser. In manchen Stadtteilen Mumbais, sowie in vielen anderen Städten Indiens, fließt das Wasser nur stundenweise aus den Hähnen.

Bei jedem Besuch in Indien entdecke ich neuentstandene Slums, die inmitten „besserer" Mittelstandssiedlungen entstanden sind. Die Armutshütten werden einfach an die Grenzmauern von Apartmentgrundstücken gebaut, so „spart" man zumindest schon die eine Wand. Von Monat zu Monat wachsen aber die Slums in die Städte hinein. Dem „Mehrangebot" an Menschen steht kein Mehrangebot an Arbeitsplätzen gegenüber. Exakte Arbeitslosenstatistiken sind unmöglich zu erstellen, doch gibt es genug acht- oder zehnköpfige Familien, die nur einen Geldverdiener haben. Der Eindruck, den viele Indienreisende mit nach Hause nehmen, ist der von „zu vielen Menschen". Obwohl Indien über 3 Millionen quallfizierter Wissenschaftler verfügt und zu den 10 größten Industrienationen gerechnet werden kann, verfügt es aber auch über ein Halb-Milliarden-Heer von Analphabeten, und diese sind auch im heutigen Indien kaum wirksam zu beschäftigen.

Das Problem der Überbevölkerung mit all seinen unweigerlich daraus resultierenden Nachfolgeproblemen scheint Indiens Krankheit Nummer Eins.

Die Ursache von Indiens **Geburtenüberschuss** liegt in der sozialen Struktur. Da es kein staatliches Altersversorgungssystem gibt, werden „genügend" Kinder in die Welt gesetzt, die den Lebensabend der Eltern finanziell absichern sollen. Da die Kindersterblichkeit sehr hoch liegt, werden „zur Sicherheit" mehr Kinder gezeugt als notwendig. Ein Ehepaar, das nur Töchter hat, bekommt so lange Nachwuchs, bis endlich der ersehnte Sohn zur Welt gekommen ist. Erst mit der Geburt eines Sohnes fühlen sich die Eltern stolz und auch gesichert: Die Töchter werden schließlich irgend wann die Familie verlassen und bei der Familie ihrer Ehemänner leben. Nur der Sohn wird die Eltern versorgen. Zu alledem gesellt sich ein riesiger Schuss Fatalismus. Fragt man Elternpaare, warum sie denn fünf, sechs oder mehr Kinder haben, bekommt man oft die Antwort „bhagwan dete hain! (= „Gott gibt"), und wir müssen es nehmen, wie's kommt." Es gibt kein größeres Unglück für ein Ehepaar als das, keine Kinder zu bekommen. Meistens wird dieser „Fehler" der Frau angelastet, aber auch die Verwandten des Mannes werden sich fragen, ob denn mit ihm alles in Ordnung ist. Große Fruchtbarkeit ist Grund zum Stolz. Auf die Frage nach ihrer Kinderzahl antworten manche Ehepaare: „Wir haben sechs Kinder, zwei davon sind tot". Die toten Kinder werden mitaufgeführt, was soviel heißen soll wie: Seht ihr, soviele Kinder haben wir gekriegt! Wir sind wirklich fruchtbar und stark!

Fliegt man nach einem längeren Indienaufenthalt zurück nach Europa, fühlt man sich in eine überalterte, greise Welt hineinversetzt. Der vorherrschende Eindruck von Indien ist der von Kindern und nochmals Kindern, Kinder überall und in allen Größen. Wer bei Tageslicht auf Mumbais Flughafen landet oder von dort aus startet, kann noch einmal ganze Horden von ihnen betrachten: Die Rollbahn des Flughafens liegt direkt an Dharavi, dem mit 500.000 Einwohnern angeblich größten zusammenhängenden Slum Asiens. Die dort spielenden Kinder winken den bedenklich tiefliegenden Flugzeugen nach.

Nicht, dass die Regierung nichts täte. Das „family planning program", das Programm zur **Familienplanung** wird konsequent durchgezogen, auch wenn der Erfolg nicht immer der gewünschte ist. In jedem besseren Dorf gibt es eine Art Reklamewand für die Kleinfamilie: Eine gelb getünchte Mauer mit den gemalten Köpfen der Idealfamilie – Mutter, Vater, Tochter und Sohn. Nebenstehend befindet sich das Symbol der Kampagne, ein rotes, mit der Spitze nach unten zeigendes Dreieck. Nicht selten sieht oder hört man die Slogans des Programmes:

„*Ham do, hamare do*" (Wir zwei, unsere zwei) oder „*choti family, happy family*" (kleine Familie, glückliche Familie). Gelegentlich findet man diese „Kleinfamilienwerbung" auch an Taxis oder Motor-Rikshas. In den Dörfern werden Veranstaltungen abgehalten, in denen die Landbevölkerung über Empfängnisverhütung aufgeklärt wird. Dabei fängt man ganz vorne an: An Schaubildern wird zunächst einmal die Anatomie von Mann und Frau erklärt, die Geburt eines Kindes veranschaulicht, und dann werden die Verhütungsmittel angeführt. Die Regierung sponsort ein Kondom namens „*Nirodh*", was zu deutsch soviel wie „Bremse" bedeutet. Ein Dreierpack „*Nirodh*" kostet ein paar Cent. Allerdings hört man Klagen, die Government-Gummis seien etwas zu trocken und somit wahre Freudentöter. Die gesponsorten Kondome sind dennoch so bekannt, dass im heutigen Hindi das Wort *nirodh* gleichbedeutend mit „Kondom" ist. Im Zuge der AIDS-Furcht, die seit Ende der 80er Jahre grassiert, kam es in den letzten Jahren zu einem wahren Kondom-Boom, von dem aber eher die neuen, bunten und modern vermarkteten Gummis profitieren als das so freudlose „*Nirodh*".

Die Veranstaltungen der Familienplaner haben ihre eigene Problematik. Eine Veranstaltung, die ich in Desur, einem Dorf im Grenzgebiet von Maharashtra und Karnataka erlebt hatte, musste vorzeitig abgebrochen werden: Da die dozierenden Ärzte nur *Kannada* sprachen, und das Publikum nur *Marathi*, war der Misserfolg vorprogrammiert. Nach zehn Minuten Sprachengewirr zog man sich zu einem gemeinsamen Essen zurück.

Die Zahl der Geburten in einer Familie ist unweigerlich mit deren Bildungsstand und dem daraus folgenden höheren Einkommen verknüpft. In den Städten, in denen sich die „Gebildeten" ballen, beschränken sich immer mehr Familien auf zwei oder drei Kinder. Die sicherste Methode, die Familie klein zu halten, ist die **Sterilisation** der Frau oder die Vasektomie des Mannes. Die „Operation", wie sie landläufig genannt wird, erfreut sich zunehmender Popularität. Zumeist sind es aber die Frauen, die sich ihr unterziehen müssen, kaum ein Mann lässt sich zeugungsunfähig machen. Die „Operation" wird der Bevölkerung durch Auszahlung von ein paar Rupien schmackhaft gemacht; vor einigen Jahren wurden die „Operierten" mit Transistorradios belohnt – das führte dazu, dass sich manch Musikfreund, der ein kleines Radio mit sich führte, derben Scherzen ausgesetzt sah. Im Zuge einer forcierten Propagierung der Geburtenkontrolle war in Mumbais „V.T. Station" (einer von Mumbais großen Bahnhöfen) ein kleiner „Operationssaal" eingerichtet worden, in dem man sich spontan sterilisieren lassen und danach direkt seines Weges gehen konnte. Da die „Operierten" etwas Geld erhielten, fanden sich schnell Werber, die Passanten von dem Eingriff zu überzeugen suchten. Dafür bekamen sie einen prozentualen Anteil von der „Belohnung", die die Regierung zahlte.

Der Erfolg ist sehr mäßig. Indiens Bevölkerung wächst noch immer, wenn auch etwas langsamer als zuvor. Der Bundesstaat Kerala im Süden des Landes, der Landesteil mit der höchsten Alphabetisierungsrate (etwa 90 %) hat auch den geringsten Bevölkerungszuwachs. In der Dekade von 1971-1981 wuchs Keralas Bevölkerung um 19 %, während der indische Durchschnitt bei 24,5 % lag. Als extremes Gegenbeispiel: Die Einwohner der Nicobaren und Andamanen, zwei sehr „unterentwickelte" indische Inselgruppen, vermehrten sich um 63,5 % im gleichen Zeitraum.

Indien wird trotz vieler Fehlschläge den Weg der konsequenten Geburtenkontrolle weitergehen müssen, wenn es auch der Folgeprobleme Herr werden will. Unter Familienplanern kursiert eine Geschichte, die beweist, dass man auch den Humor nicht verliert, wenn manches danebengeht:

Einige Familienplaner hatten sich in einem Dorf versammelt, um die Bevölkerung über den rechten Gebrauch von Kondomen aufzuklären. Ein dozierender Arzt streifte sich das Kondom über den Daumen und bat mit einem schelmischen Zwinkern in den Augen, es „so" zu machen, dann kämen auch keine Kinder. So weit, so gut. Ein Jahr später fanden sich die Familienplaner wieder in demselben Dorf ein. Zu ihrer Überraschung hatte sich an der Geburtenrate nichts geändert. Auf ihr erstauntes Nachfragen hin kam die Wahrheit ans Tageslicht: Die Dorfbewohner hatten sich das Kondom über den Daumen gestreift.

Die Frau:
Göttin oder Sklavin?

*„Bruder, als du geboren wurdest,
schnitten sie die Nabelschnur
mit einem Messer aus Gold,
aber als ich geboren wurde,
nahmen sie einen stumpfen Stein.
Bruder, als du geboren wurdest,
verteilten sie Gold,
aber als ich geboren wurde,
gaben sie keinen Heller."*

Altes indisches Volkslied

Von Anfang an haben Frauen die schlechteren Karten. Die **Geburt** eines Mädchens ist bei weitem nicht so viel Grund zur Freude wie die eines Jungen. Die Eltern wissen, dass sie in absehbarer Zukunft Mitgift zahlen müssen, dass die Tochter zu der Familie ihres Ehemannes ziehen und nicht für die Altersversorgung der Eltern aufkommen wird. Die Tochter ist eine finanzielle Last, auf die man lieber verzichtet hätte. Dementsprechend wird sie behandelt: Drei mal soviele Mädchen leiden an Eiweißmangel wie Jungen. Den Jungen kommt weitaus öfter eine Krankenhausunterbringung zu, und im Allgemeinen wird ihnen mehr Pflege und Aufmerksamkeit zuteil. Obwohl Mädchen eigentlich bei der Geburt stärker sind als Jungen, ist die Sterberate ungleich höher: Von Kindern bis zu 9 Jahren, sterben 60 % mehr Mädchen als Jungen.

Um dem Mitgiftproblem aus dem Weg zu gehen, werden jedes Jahr Abertausende von weiblichen Foeten abgetrieben. Bei einer Untersuchung von **8000 Abtreibungen** erwiesen sich 7999 Foeten als weiblich. Kliniken, in denen schwangeren Frauen Fruchtwasserproben entnommen werden, schießen wie Pilze aus dem Boden. Gab es im Jahre 1982 in Mumbai erst vier, so sind es heute zwanzig. Größere dieser Kliniken machen um die 1500 Tests pro Jahr. Im günstigeren Falle kostet der Test 150 Rupien, in der Regel aber etwa 500. Viele Eltern geben lieber 500 Rupien für die Untersuchung aus als später 5000 oder 50.000 für die Mitgift. Die nachfolgende Abtreibung kostet lediglich 70 Rupien, und die Abtreibungskliniken werben mit Plakaten in Zügen und auf Bahnhöfen für ihre Dienste. Gemäß dem „Medical Termination of Pregnancy Act" (MPT) aus dem Jahre 1972 ist eine Abtreibung aufgrund des Geschlechtes des Foetus zwar illegal, aber 99 % aller Frauen, die sich dem Test unterziehen, tun dies, um das Geschlecht ihres Kindes zu erfahren. Tests, um eventuelle Abnormitäten des Foetus zu erkennen, sind äußerst rar. Die nachteilige Behandlung der Mädchen und die selektiven Abtreibungen bleiben nicht ohne Folgen: Als eins der wenigen Länder der Welt weist Indien einen Männerüberschuss auf, und auf 1000 Männer kommen 935 Frauen.

Da die Tochter nur die Aufgabe hat, zu heiraten und ihrerseits Kinder zu gebähren, werden weit weniger Mädchen als Jungen in die **Schule** geschickt. Die Einschulung von Mädchen begann im Jahre 1850, als *Lord Dalhousie* die Gründung von separaten Schulen für Mädchen verfügte. Im Jahre 1882 wurden Verbesserungen zum Erziehungsprogramm von Mädchen durchgeführt. Zu Anfang dieses Jahrhunderts lag die Alphabetisierungsrate von Frauen bei 0,6 %, die von Männern bei 9,83 %. Obwohl heute insgesamt 51,2 % der Bevölkerung lesen und schreiben können, ist die Alphabetisierungsrate der Frauen nur etwa halb so hoch wie der Männer.

In den ländlichen Gebieten ist die Alphabetisierungsrate der Frauen weitaus niedriger als die in den Städten. So können beispielsweise 34,75 % der „städti-

if her parents had not wanted a daughter

Medical science enables expecting parents to safely get rid of those unborn children that have genetic abnormalities. Unfortunately, a large number of parents think the abnormality includes the child being a girl. If you ask them, these parents don't have anything against daughters - as long as they're born to others. Fortunately, not every parent thinks that way.

Today, daughters are proving to be as good as sons. Besides their successful achievements, they're changing the way women used to be. They're eliminating the traditional male female stereotypes. So that, instead of discriminating between "my son" and "my daughter" you'll be proud to say "my child".

Let your daughter do you proud. *Let her live.*

Eine Anzeigenkampagne gegen die Abtreibung weiblicher Embryone zeigte ein Bild Indira Gandhis als Kind und hatte den folgenden Text:
„SIE WÄRE TOT GEWESEN, BEVOR SIE GEBOREN WAR... HÄTTEN IHRE ELTERN KEINE TOCHTER GEWOLLT. Die medizinische Wissenschaft ist in der Lage, den Eltern solche Kinder zu ersparen, die genetische Abnormitäten aufweisen. Unglücklicherweise halten viele Eltern es für eine Abnormität, wenn das Kind ein Mädchen ist. Wenn man sie befragt, so haben diese Eltern gar nichts gegen Töchter   solange andere sie bekommen. Zum Glück denken nicht alle Eltern so. Heutzutage sind Töchter so gut wie Söhne. Abgesehen von ihren großartigen Leistungen, wandeln sie das herkömmliche Bild der Frau. Sie merzen die traditionellen männlich/weiblich-Stereotypen aus. So, daß Sie, anstatt zwischen ‚meinem Sohn' und ‚meiner Tochter' zu unterscheiden, stolz sagen können: ‚Mein Kind'.
DEINE TOCHTER SOLL DEIN STOLZ SEIN! LASS SIE LEBEN!"

Die Anzeigenkampage gewann den „Ashok Jain-Preis für bewusste Werbung" wegen ihrer „thematischen Brillianz".

Töchter in Dritter Welt unerwünscht
Neu Delhi, 14. September 1986 (UNI)

Töchter sind in fast allen Gesellschaften der Dritten Welt unerwünscht, zeigt eine weltweite Analyse.

Die von der Weltgesundheitsorganisation (WHO) gemachte Analyse beweist, daß Mädchen gleich von Geburt an diskriminiert und Jungen bevorzugt behandelt werden... Die Bevorzugung des Sohnes führt zu ungleicher Fürsorge für Jungen und Mädchen und zu ungleicher Ausbildungsförderung. In extremen Fällen führt die Bevorzugung der männlichen Nachkommen zur Verstoßung oder sogar zum Mord an den Töchtern. Am häufigsten ist aber die glatte Vernachlässigung der weiblichen Nachkommen... Jeder sechste Tod eines Mädchens in Indien, Bangladesch und Pakistan geht auf Vernachlässigung und Diskriminierung zurück.

schen" Frauen im Bundesstaat Rajasthan lesen und schreiben, aber nur 5,46 % der Landfrauen.

Von frühster Kindheit an muss die Tochter im Haushalt ihrer Mutter mitarbeiten. So wird sie auf die Rolle vorbereitet, die sie bei ihrem Ehemann zu spielen haben wird. Ist sie schließlich verheiratet, hat sie ihrem Ehemann eine treue sorgende Frau zu sein. Im traditionellen Haushalt serviert sie zuerst ihrem Mann und den männlichen Mitgliedern der Familie die Mahlzeiten – erst danach darf sie selber essen. Die Rollen sind getrennt: Der Mann geht hinaus in die Welt und verdient das Geld, der Bereich der Frau ist die Küche und das Heim. Kommt der Gatte müde von der Arbeit nach Hause, so massiert sie ihm vielleicht Rücken und Füße – ein Zeichen von Respekt und Fürsorge. Der durchschnittliche indische Mann sähe es nicht gerne, wenn seine Frau einen Beruf ergriffe. Schließlich wäre das ein Eingeständnis der eigenen Schwäche. Jeder dächte, dass er selber nicht genug verdiene, seine Familie nicht ernähren könne. Der Stolz des Mannes verhindert somit die berufliche Karriere der Frau. In Interviews behaupten selbst indische Filmschauspielerinnen (in den Augen von Moralisten der Inbegriff von Zucht- und Sittenlosigkeit), dass sie nach ihrer Heirat ihren Beruf aufgeben und nur noch Frau und Mutter sein wollten. Das Rollendenken wird den Inderinnen tief ins Bewusstsein geprägt. Manch junges Mädchen, das sich „progressiv-westlich" gibt, in enger Jeans und gewagter Bluse einherflanniert und einen Hauch von ungezähmter Sinnesfreude verbreitet, will nur das Eine: einen „guten" Ehemann finden und eine Familie gründen. Das oft westliche Äußere täuscht: Nur wenige indische Frauen sind in unserem Sinne „emanzipiert", können es wagen, ihr Leben so zu gestalten, wie sie es wollen. Die gesellschaftlichen Sanktionen schrecken selbst die widerspenstigsten Töchter Indiens ab. Keine kann es sich erlauben als *chalu* eingestuft zu werden.

Chalu bedeutet soviel wie „locker", „frech", oder schlichtweg „unmoralisch". Der schlechte Ruf eines Mädchens befleckt die ganze Familie.

Indien ist wohl das klassische Land der Gegensätze. Im Jahre 1966 wurde **Indira Gandhi,** die Tochter Jawarharlal Nehrus, zum ersten Male Ministerpräsidentin von *Bharat Mata,* Mutter Indien. Zu jener Zeit kämpften europäische Frauen gerade um ihre Emanzipation, war eine Margaret Thatcher noch lange nicht in Sicht. Eine Frau an der Spitze einer traditionellen Gesellschaft, die jedwedes weibliches Vorankommen blockiert! Wie ist das möglich? Heutzutage hängen Bilder der am 31. Oktober 1984 ermordeten Indira Gandhi blumengeschmückt neben den bonbonfarbenen Götterbildern des Hinduismus.

Im Lichte des vorher gelesenen mag es paradox klingen, aber der Inder verehrt, ja vergöttert die Frau. *Je weiter sie entfernt ist, desto mehr.* Der Hinduismus kennt zahllose Göttinnen, die vor den männlichen Gottheiten in keiner Weise zurückstehen. *Lakshmi, Parvati, Saraswati* oder *Durga* werden nicht weniger „ernst" genommen als ein *Krishna* oder *Rama*. Viele regionale Kulte sind „Urkulte", in denen die Kräfte der Natur in Form einer **„Muttergöttin"** verehrt werden. Die lebensspendende „Mutter" wird als Inkarnation eines göttlichen Prinzips betrachtet. Indira Gandhi profitierte zeitlebens von der Anbetungswürdig-

keit der Frau: Zunächst war sie in eine „große" Familie hineingeboren – Inder lieben den Nymbus von „begnadeten" Familien, schließlich gibt es auch ganze Götterfamilien. Dann stand sie eisern „ihren Mann" und wurde daher von vielen einfachen Landbewohnern als Inkarnation der Göttin *Kali* oder *Durga* verehrt. Bei ihren Ansprachen bemühte sie sich um eine einfache Sprache, um gerade diesen Bevölkerungsschichten verständlich zu bleiben.

Der „Vergötterung" der einfachen Hausfrau, die tagein tagaus ihre „Pflicht" erfüllt, steht aber das Machtgebahren ihres Mannes entgegen. Er mag täglich vor dem Hausaltar eine *Lakshmi-* oder *Durga-Puja* zelebrieren, sein

Indira-Gandhi-Bild mit einer frischen Blumengirlande schmücken, und dennoch erwartet er Gehorsam und Pflichterfüllung von seinem Weib. Aufgrund der lebenslangen Unterdrückung entwickeln sich viele Ehefrauen zu viel stärkeren Charakteren als ihre Männer. Straßenarbeiterinnen tragen schwere Lasten auf ihren Köpfen, halten mit einer Hand ein kleines Kind an die Hüfte gedrückt, versorgen nach der Arbeit ihre Familie. Ohne „eisernes Rückgrat" wäre eine solche Belastung untragbar. In dem ihnen zugestandenen Bereich Heim und Küche entwickeln sich viele Inderinnen zu wahren „Herrscherinnen", und ihre Ehemänner würden es nicht wagen, ihnen ins Gehege zu kommen. Die Frau ist es, die für den Fortbestand der Kultur sorgt. Sie ist es, die den Kindern die alten Hindu-Mythen erzählt oder Lieder singt. Der folgende alte Sanskrit-Vers sollte dabei *nicht* zu ihrem Repertoire gehören:

„Bei der Geburt bringt sie (die Tochter) eine Sorgenlast,
in der Jugend die Furcht um ihren guten Ruf,
zur Zeit der Heirat bringt sie den Verlust von Reichtum,
in der Tat, sie macht das Herz so schwer, ihres Vaters Herz so schwer."

Paisa:
Der Inder & das Geld

*„Das Haus eines Eingeborenen
wird belagert, sobald man weiß,
daß er ein reicher Mann ist
... und das von einer Horde
von Parasiten jeder Gattung..."*

Abbé Dubois, 1770-1848

Eine Indienreisende, die ich sprach, sagte mir, dass sie eigentlich unter jedem Baum in Indien einen meditierenden Asketen erwartet hatte. Dem war dann nicht so. An jeder Ecke stand jemand, der *paisa* von ihr wollte: Geld. So ist es nun einmal: Das Meditieren kann sich nur der Reiche leisten; wer nichts hat, muss erst für das Wohl des Magens sorgen. Ist der gefüllt, kann man die „höheren" Dinge des Lebens angehen. Vierzig Prozent der indischen Bevölkerung lebt nach offiziellen Angaben unter der **Armutsgrenze,** d. h. man verdient nicht genug Geld, um den Körper ausreichend zu ernähren. Zwar gibt es längst keine Hungerkatastrophen mehr, doch es ist offensichtlich, dass ein Großteil der Bevölkerung an Mangelernährung leidet. So sind beispielsweise 70 % aller indischen Frauen blutarm. *„Papi pet ka sawal"* („die Frage des müßigen Bauches") nennen die Inder das Problem des knurrenden Magens, der auf Speisung wartet. Und wie der gespeist werden soll, ist nur allzu häufig die größte Sorge.

Der verwöhnte Westmensch weiß wahrscheinlich nicht mehr, was „Überlebenskampf" bedeutet. Das Schlimmste, das ihm zustoßen kann, ist, dass er den Sozialinstitutionen seines Landes auf der Tasche liegen muss. Die existenzielle Bedrohung seines Daseins ist ihm gänzlich fremd. Anders in Indien. Außer für ein paar privilegierte staatliche Angestellte und für einige (privat) Versicherte, gibt es kein soziales Netz. Wer das Unglück hat, krank zu werden, zahlt die Arztrechnungen aus eigener Tasche. Manche Familie wurde durch die schwere **Krankheit** eines Verwandten an den Bettelstab gebracht. In indischen Zeitungen erscheinen regelmäßig Annoncen, in der die Leser um eine Spende für einen zu Operierenden gebeten werden. Oft sind diese Anzeigen die letzte Hoffnung für das Leben des Erkrankten. Kein Wunder, wenn sich Erkrankte über ihr Leiden hinwegsetzen, sich zur Arbeit schleppen und möglicherweise erst gar keinen Arzt aufsuchen. Der kostet halt sein Geld, und ein verlorener Arbeitstag bedeutet Lohnausfall. „Bessere" Angestellte können vom *sick leave,* dem „Krankenurlaub" Gebrauch machen, der ihnen zusteht. Meistens ist der aber pro Jahr auf 10 oder 14 Tage beschränkt. Wenn's dann doch nicht so schnell aufwärts geht, bekommen auch sie keinen Lohn mehr. Indische Ärzte verschreiben allzu gerne eine Art medizinischen Rundumschlag: Da der Patient am nächsten Tag wieder arbeiten will (muss!), verabreicht man ihm von allem etwas. Antibiotikum, Malariamittel und Einlauf – irgend was wird schon helfen!

Um die Familie zu ernähren, werden auch die Kleinsten rangeholt. Millionen von Kindern arbeiten als *Bidi* – Dreher, Schuhputzer, Laufbursche, Feldarbeiter oder als „Abräumer" und Wasserträger in Restaurants.

Für ihre Mühen bekommen sie vielleicht 400 oder 500 Rupien pro Monat. Diejenigen, die in der Gastronomie arbeiten, erhalten dazu freie Mahlzeiten. Dabei können sie aber nicht ungeniert auswählen, was auf ihrem Speiseplan stehen soll: Nur die billigeren Speisen wie *„dal* und Reis" stehen ihnen zu. Von klein auf lernen diese Kinder Verantwortung zu tragen, ihre Familie zu unterstützen. Kein Wunder, wenn manch Fünfjähriger das Aussehen und Gebaren eines viel Älteren zeigt.

Eine in Indien übliche, schon zur Floskel gewordene Frage ist „khana khaya?" („hast du schon gegessen?"). Der häufige Gebrauch deutet darauf hin, dass es nicht unbedingt selbstverständlich ist, mit einem prallgefüllten Magen durch die Gegend zu spazieren.

Geld ist lebenswichtig, also muss es verdient werden. Die *Arthashastra,* eine Sanskrit-Schrift vom Ende des 4. Jahrhunderts v.Chr., die erst im Jahre 1909 wiederentdeckt wurde, gibt detaillierte Anweisungen, wie man zu Geld kommt oder ganz allgemein seine persönlichen Ziele durchsetzt. *Arthashastra* heißt „Die Wissenschaft vom materiellen Gewinn". Darin ließ der Autor *Canakya* (auch: *Kautalya)* keinen Raum für schonungsvolles Vorgehen oder altruistische Gefühle. Wichtig war einzig und allein der Erfolg. Neben dem Erreichen von individuellen Zielen wollte es das Buch auch einem Staat möglich machen, „die Herrschaft über die ganze Welt zu erlangen und zu behalten".

Zwar wissen die meisten Inder heute nicht mehr, was die *Arthashastra* ist, doch leben sie noch in ihrem Geist. Zwei Kasten, die *Sindhis* und die *Marwaris,* sind so für ihr ruchloses Geschäftsgebahren bekannt, dass sich die Mitglieder

beider Kasten gewisser Unbeliebtheit erfreuen. Die *Sindhis* stammen aus der Provinz Sind im heutigen Pakistan und die *Marwaris* aus Rajasthan im Grenzgebiet von Indien und Pakistan. Beide Kasten sind hauptsächlich als Geschäftsleute tätig. Man sagt ihnen nach, „über Leichen" zu gehen, wenn es um ihre Geschäftsinteressen geht. *Marwari* bedeutet daher im heutigen Sprachgebrauch soviel wie „Geizknochen", und ein *marwari ki dukan* ist ein „Marwari-Laden", mit anderen Worten, ein Pfandhaus. Will man den „Geizknochen" noch steigern, so spricht man vom *„chikku marwari"*. *Chikku* ist eine feigenähnliche kleine Frucht, und ein *chikku marwari* somit ein Geizhals, der sich den Lebensunterhalt durch das Verscherbeln minderwertigen Obstes verdient.

Ganz allgemein kann man schon behaupten, dass indische **Geschäftsleute** auf der Welt ihresgleichen suchen. Mit treuem Blick in den Augen verkaufen sie ihre Ware zu Wucherpreisen und schaffen es durchaus noch, etwas von „no profit, Sir" zu murmeln. Die Show, das Gejammere um den verlorengegangenen Gewinn gehört zum Handwerk. Die *Gujeratis,* Händler aus dem Bundesstaat Gujerat, sind die dritte größere Gruppe von Geschäftsleuten. Bei weitem nicht so übel beleumundet wie die *Sindhis* und *Marwaris,* haben sie sich mit ihrem Sinn für Business sogar im Ausland durchsetzen können. Viele der *Gujeratis* stammen aus der kargen Gegend des Kutch, deren Boden kaum genug zum Überleben hergibt. Viele der Auswanderer besitzen gutgehende Lebensmittelgeschäfte – so z.B. in Großbritannien – und in diesen arbeitet die gesamte Großfamilie, das spart Löhne; in den USA haben *Gujeratis* Tausende von Motels übernommen. Da viele *Gujeratis* den Familiennamen *Patel* tragen, werden die Motels von den Amerikanern nun *„Potels"* genannt.

Die vierte Gruppe hervorragender Businessleute ist die der *Sikhs.* Sie verdienen sich ihr Brot großenteils durch Transportunternehmen, Landwirtschaft oder Handel. Auch wenn sie es im Ausland – besonders in den USA und Großbritannien – zu gehörigem Wohlstand gebracht haben sind ihre Geschäftspraktiken nicht sonderlich unlauter. Dennoch muss der *Sikh* als Zielscheibe von üblen Scherzen herhalten. Was dem Deutschen der Ostfriese, dem Engländer der Ire, ist dem Inder der beturbante *Sikh.* Die *Sikhs,* so sagt man, seien ein wenig verrückt, und besonders in der Mittagshitze, wenn es unter dem Turban so richtig kocht, seien sie ganz und gar unausstehlich.

Der Satz *„barah baje bajkar"* („es hat 12 Uhr geschlagen" – Mittag!) vor einem *Sikh* ausgesprochen, kann dem Sprecher üble Folgen bescheren. Schon das hämische Zeigen auf eine Uhr kann vom *Sikh* als schlimme Beleidigung ausgelegt werden. Indische Autofahrer zeigen wild fahrenden *Sikhs* keinen „Vogel", sondern die Armbanduhr!

Einerseits gesunder Geschäfts- und Überlebenssinn – andererseits umwerfende Großzügigkeit: Die **Gastfreundschaft** der Inder ist sprichwörtlich: Häufig wird der Reisende von Personen zum Essen eingeladen, die sich dieses Extra-Essen anschließend vom Munde absparen müssen. Besonders auf dem Land ist der Gast, gemäß einer alten Redewendung, immer noch Gott. Umherziehende bettelnde *Sadhus* treffen immer auf gebende Hände. Das Prinzip des *dan*, des Almosengebens, ist tief in der indischen Psyche verankert. Der wandernde Asket wird – sofern er nicht wie ein gefährlicher Schurke aussieht – an den meisten Türen etwas erhalten. Und sei es nur eine Rupie – selbst das kann für manche Geber ein Opfer bedeuten. Wie merkwürdig muss es dem Inder da erscheinen, wenn er in Goa, Mumbai oder Delhi auf „hängengebliebene" Westmenschen trifft, die ihn um etwas Kleingeld anschnorren? In indischen Augen ist der Westler wohlhabend und beneidenswert sorgenfrei. Die Tatsache, dass jemand von Europa nach Indien fliegen kann, macht ihn schon zum Millionär. Wenn ihn dann so jemand um ein paar Münzen bittet, ist er verständlicherweise perplex. In Panjim, Goa, sah ich wie ein ausgemergeltes westliches Individuum indische Passanten um Geld ansprach. Von denen konnte sich einer nicht die Bemerkung verkneifen: „Sieh' mal da, das ist also aus den Leuten geworden, die uns 200 Jahre lang regiert haben!"

Aufgrund der **sozialen Lage** der meisten Inder und ihrer relativen finanziellen Unsicherheit können sie nicht umhin, ein wenig zu „buckeln". Betritt ein angesehener, reicher Mann ein Geschäft, so wird er vom Verkäufer zuvorkommender behandelt werden als ein Mann des unteren Mittelstandes. Zwar gilt das gleiche auch im Westen, doch sind bei uns die Standesunterschiede längst nicht mehr so sehr sichtbar wie in Indien. Steigt ein Inder aus einem importierten japanischen Auto, weiß jeder, dass er ein *paisa-wala,* ein reicher Mann, sein muss. Ebenso verrät die Kleidung den Wohlstandsgrad des Betreffenden. Anders als im Westen, wo selbst der Chefarzt in seiner Freizeit in Jeans und T-Shirt daherkommt. Die Inder bezeichnen dieses „Buckeln" vor Reichen und Mächtigen als *chamchagiri,* was soviel wie „Arschkriechertum" bedeutet. Bei den *Kumbha Melas,* riesigen Hindufesten, die alle paar Jahre an verschiedenen Orten stattfinden, kommt es zu einer „umgekehrten" Art der *chamchagiri:*

   Politiker, um ihr Seelenheil besorgt, robben auf allen Vieren zu verehrten *Sadhus,* um ihnen ergebenst ein Bündel Banknoten zu überreichen. Die *Sadhus,* vor allem die der *Naga-Sekte,* lieben es, die Politik-Menschen so richtig durch den Dreck kriechen zu sehen.  Nach längerem Bitten der Politiker lassen sich die *Sadhus* endlich dazu herab, das Geld anzunehmen. Dann werfen sie es vor den Augen der Spender ins Feuer.

Die Politik:
Indiens Leid & Leidenschaft

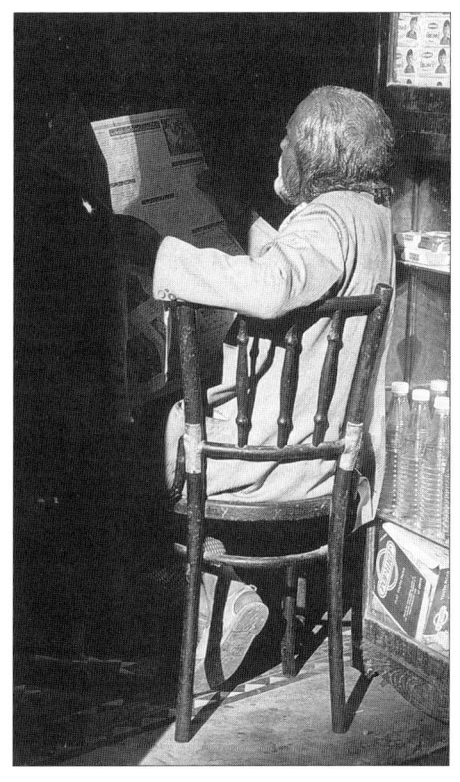

„Alle aufhängen!"
Viel gehörte Meinung über
Indiens Politiker

Inder lieben Diskussionen, und es ist kein Wunder, dass in englischen Schulen bei den dort so wichtigen Debatten oft die Kinder indischer Einwanderer den Sieg davontragen. Das wohl beliebteste Diskussions-Thema ist die Politik. Inder sind leidenschaftlich an Politik interessiert – dies ist wahrscheinlich wieder mal ein Relikt der Kolonialzeit, zu der sich weite Teile der Bevölkerung zu Aktions- bzw. Terrorgruppen zusammenschlossen, um die Engländer aus dem Land zu jagen. Heute sind die Inder „hochpolitisiert", ganz besonders die Bewohner des nördlichen Bundesstaates Uttar Pradesh, der auch bisher die meisten Premier- minister gestellt hat. Das Positive an der Sache ist, dass fast jeder Inder – anders als in vielen Ländern – eine feste politische Meinung hat, für die er auch vehe- ment eintritt. Der ärmste Bettler weiß meist etwas zur Tagespolitik zu sagen. Der Nachteil ist, das die Meinungen oft auf Halbwissen oder missverstandenen Informationen beruhen. Schließlich kann etwa die Hälfte der Inder nicht die Zeitung lesen und muss sich so auf das Hörensagen verlassen, bei dem aber so manches Ereignis mythisch ausgeschmückt oder verzerrt wird. Dennoch ist ei- ne Meinung zu haben vielleicht besser als keine Meinung!

Leider werden die Meinungen oft mit fanatischem, fast religiösem Eifer vertre- ten, und Gegner in Diskussionen können oft nicht umhin, sich aus vollem Halse anzuschreien. Selbst hochgestellte Politiker scheinen ihre Zuhörer durch dem- agogisches Gebrüll einpeitschen zu wollen. Dabei ist oft unwichtig, was gesagt wird, wichtig ist, wie es gesagt wird – Inder schätzen gute Rhetorik, und wer seine Rede in geschickte Worte kleidet, mit einigen Wortspielen, etwas Poesie und viel Gemeinplätzen darin, der hat die Zuhörer fest auf seiner Seite. Erstaun- lich im angeblich so pazifistischen Indien (*) ist die Tatsache, dass sich viele po- litische oder andere Interessengruppen sehr militärisch geben. Man denke nur an die militärisch-zackigen Leibesübungen des uniformierten *RSS* oder *Rashtriya Swayamsewak Sangh* (etwa: „Nationale Vereinigung zur Selbsthilfe"), eine fundamentalistisch-hinduistische Organisation, oder auch obskure Verbän- de wie die *Vidyarthi Sena,* die „Armee der Studenten". Viele der Gruppen er- klären sich oft bereit, „bis zum Tod" für ihr Ziel zu kämpfen, und manch fanati- sches Individuum geht für seine Sache in den Fastenstreik, nach eigener Aussa- ge ebenfalls „until death". Zwar hat sich bisher noch niemand für ein politisches

---

(*) Das pazifistische Element im Hinduismus war der Religion erst nachträglich hinzuge- führt geworden, um im Vergleich mit dem Buddhismus und Jainismus nicht barbarisch oder unzeitgemäß zu wirken. Die Grundidee von Buddhismus und Jainismus, beide vor ca. 2500 Jahren enstanden, war ***ahimsa,*** das Nichtverletzen von Lebewesen (dazu gehört auch der Vegetarismus), und der Hinduismus machte sich diese Idee zueigen. In der Früh- zeit des Hinduismus wurden sogar noch Büffel oder Kühe geopfert und viele Priester aßen deren Fleisch.

Ziel zu Tode gefastet, dennoch ist es in den letzten Jahren zu vereinzelten Selbstverbrennungen gekommen (zumeist aus Protest gegen die „Reservierung" von Arbeitsstellen für die Kastenlosen). Fanatismus und überhitzte Gemüter sind aus der indischen Politik nicht wegzudenken. Im Oktober 1997 gab es im Provinzparlament von Uttar Pradesh eine halbstündige Massenschlägerei unter den Abgeordneten.

So leidenschaftlich sich die Inder sich für Politik interessieren, so sehr haben sie in den letzten Jahren ihre Politiker zu hassen gelernt. Nach der indischen Unabhängigkeit 1947 wurde das Land zunächst von Idealisten regiert, die selber noch am Freiheitskampf gegen die Engländer teilgenommen hatten, geführt vom etwas verschrobenen, aber prinzipientreuen und unkorrumpierbaren *Mahatma Gandhi*. Spätestens mit den Regierungen *Indira Gandhis* in den siebziger und achtziger Jahren setzte aber der Verfall ein: Politik begann ein Vehikel zur Befriedigung von Macht- und Geldgelüsten zu werden. Es ging ständig bergab. Die Staatskunst wurde zunehmend zu einem Krokodilsteich, in den sich nur der traute, der selber mit allen düsteren Wassern gewaschen war. Es ist kaum überraschend, dass die intellektuelle Qualität der Politiker rapide abnahm – die meisten gebildeten Inder gingen lieber ins „Business" oder in den akademischen Bereich, als sich den schmutzigen Machenschaften der „politischen Kaste" auszusetzen. Dafür zog die Politik jede Menge Kriminelle an, die über das nötige

Ellenbogenvermögen verfügten. Zu diesen gehörte die ehemalige „Banditenkönigin" *Phoolan Devi,* die aus Rache, über an ihr begangenen Verbrechen, mehr als 50 Menschen erschossen haben soll, und nach 11 Jahren Gefängnis begnadigt worden war. *Phoolan Devi* wurde 1996 vom Distrikt Mirzapur in Uttar Pradesh zur Parlamentsabgeordneten in Neu-Dehli gewählt. Ihre Stimmen hatte sie fast ausschließlich von Kastenlosen erhalten, die in ihr eine kämpferische Repräsentantin ihrer benachteiligten Schicht sahen. Dass *Phoolan Devi* Analphabetin war, die über keinerlei politische Erfahrung verfügte, war unwichtig. 1997 verschwand *Phoolan Devi* für einige Monate wieder in den Untergrund, da ihr weitere Verfahren wegen ihrer alten Untaten drohten. Im Jahre 2001 wurde sie in Delhi erschossen, ihre kriminelle Vergangenheit hatte sie eingeholt.

Zu ihren Lebzeiten schon war *Phoolan Devi* zum Vorbild für Indiens derzeit meistgesuchten Kriminellen geworden, dem landläufig nur unter seinem Vornamen bekannten *Veerappan* (der „Vor"-name wird im Tamilischen nachgestellt). Der schnauzbärtige *Veerappan* lebt seit fast zwanzig Jahren in den Dschungeln im Grenzgebiet von Tamil Nadu und Karnataka, wo er als Sandelholzschmuggler und Wilderer agierte – *Veerappan* hatte nach eigenem Ermessen etwa 2.000 Elefanten gewildert, ganz abgesehen davon gingen 140 Morde auf sein Konto. Viele seiner Opfer waren Polizisten oder Forstbeamte gewesen. 1997 wurde *Veerappan* das Versteckspiel in den Wäldern leid und ließ über einen ihm vertrauten Journalisten des tamilischen Magazin *Nakheeran* mitteilen, er wolle sich ergeben. Bedingung: Die Behörden müssten ihm eine generelle Amnestie gewähren als auch eine riesige „Belohnung" zahlen. Dazu sollte ein Film über sein Leben gedreht werden, so wie es bei *Phoolan Devi* der Fall war (siehe *Bandit Queen* von *Shekhar Kapoor).* Und danach, so kündigte *Veerappan* an, wolle er Politiker werden! Viele Beobachter kommentierten, dass er als Bandit und Mörder wohl die besten Voraussetzungen dafür mitbrächte.

Etwa zur gleichen Zeit ging der bekannte Mafia-Boss *Arun Gawli* aus Mumbai, der gerade aus der Haft entlassen worden war, in die Politik. Er gründete seine eigene Partei (*Akhil Bharatiya Sena* = „All-Indische Armee") und ließ sich in seinem Slum-Bezirk in Mumbai als die kommende Hoffnung des Bundesstaates Maharashtra feiern. *Gawlis* Anhänger stammen aus den unterprivilegierten Schichten Maharashtras, aus denen sich auch die faschistische Hindu-Partei *Shiv Sena* zusammensetzt.

Die *Shiv Sena,* die gemeinsam mit der *Bharatiya Janata Party* („Indische Volkspartei") derzeit die Regierung in Maharashtra stellt, besteht zu einem erheblichen Teil aus *goondas* (Gangstern, Schlägern) und soll sich – nach Aussagen von Geschäftsleuten in Mumbai – zum Teil durch Schutzgelderpressung finanzieren. Der Auftritt *Michael Jacksons* 1996 in Mumbai wurde erst möglich, als er sich bereit erklärt hatte, 50 Mio. Rupien in einen kurz vorher von der *Shiv Sena* eingerichteten Fond „für arbeitslose Jugendliche" zu zahlen. Der Zentralregierung in Neu-Delhi, der die *Shiv Sena* ein Dorn im Auge ist, war die Vereinbarung allerdings suspekt; sie fror das Konto mit dem Geld ein und beraumte eine Untersuchung an. *Michael Jackson,* der mit indischer Politik wohl wenig vertraut ist, besuchte gleich nach seiner Ankunft in Mumbai *Bal Thackeray,* den demagogischen Anführer der *Shiv Sena.*

Der vorläufige Tiefpunkt der indischen Politik wurde in den Jahren 1996/97 erreicht, als zahllose Politiker mit Korruptionsaffären in Zusammenhang gebracht wurden. Beim ehemaligen Telekommunikations-Minister *Sukh Ram* z. B. wurde eine riesige, unerklärliche Summe Geld in einer Götterstatue in seinem Haus gefunden; besser hätte es auch einem Drehbuchautor von Hindi-Filmen nicht einfallen können. Aus *Sukh Ram* (wörtl. „Gott des Glücks") wurde im Volksmund sogleich *Dukh Ram* („Gott des Schmerzes"). *Laloo Prasad Yadav,* der ehemalige Ministerpräsident des Bundesstaates Bihar wurde angeklagt, 10 Mrd. Rupien veruntreut zu haben, die eigentlich zur Anschaffung von Viehfutter gedacht waren. Der Skandal ging als *Chara Kand* oder „Futter-Skandal" in die indische Geschichte ein. Zur gleichen Zeit gab es noch einen „Schuh-Skandal", einen „Ayurveda-Skandal" (in dem ayurvedische Medizin im Mittelpunkt stand) und etliche andere Veruntreuungs-Skandale.

Der rustikale *Laloo* antwortete auf den Druck seitens der Opposition, er solle zurücktreten, stets mit schlagfertigen Bonmots. Sein bestes: *„Jab tak samose mein alu, tak tak Bihar mein Laloo"* – „So lange die Kartoffeln in den *Samosas* (ein Snack mit Kartoffelfüllung) sind, so lange bleibt *Laloo* auch in Bihar"! Bei der einfachen Landbevölkerung von Bihar hatte solche Rhetorik durchschlagende Wirkung, *Laloo* wurde zum Held der Massen. Seine drohende Verhaftung ließ Hunderte seiner Anhänger in den Straßen von Patna, Bihars Hauptstadt, Amok laufen.

Laloos großer Worte zum Trotz mussten doch bald die Kartoffeln aus den Samosas enfernt werden. Der Minsterpräsident war zunehmend dem Druck der Zentralregierung ausgesetzt, und schließlich blieb ihm nur der Rücktritt übrig. Zuvor ließ er jedoch schnell noch seine Ehefrau, *Rabri Devi,* zu seiner Nachfolgerin wählen. *Rabri,* eine Analphabetin, hatte bis dahin, wie sie selbst mitteilte, nur die neun Kinder der Familie aufgezogen und die Kühe des Haushalts gemolken. Von Politik hatte sie keine Ahnung, aber die wolle *Laloo* ihr „in zwei Tagen" beibringen.

Das in der Volksseele niederschmetterndste Ereignis war jedoch die Anklage wegen Unterschlagung und Bestechung gegen den ehemaligen Premierminister *Narasimha Rao. Rao,* ein verschrobener, intelligenter und mit allen Wassern gewaschener Politiker in den Mittsiebzigern, war zusammen mit dem ehemaligen Finanzminister *Manmohan Singh* der Architekt der wirtschaftlichen Liberalisierung Indiens gewesen (1991) und hatte bis dahin als „Saubermann" *(Mr. Clean)* gegolten. Mit ihm stand nun zum ersten Male ein ehemaliger Premiermini-

ster wegen Korruption vor Gericht. Das Selbstwertgefühl des Landes war tief getroffen. Mit solchen Politikern, so die weit verbreitete Meinung, könne es mit Indien nur in einer Katastrophe enden. Indiens moderne Geißel sind seine Politiker. *„Sab chor hai"*, „Sie sind alle Diebe", ist heute eine vielgehörte Floskel im Lande, einer der noch harmloseren Meinungen über die Politiker. Die Hindi-Vokabel *neta* für einen Politiker ist heute fast ein Schimpfwort; das Wort „Politik" *(netagiri; rajniti)* ist fast gleichbedeutend mit Manipulieren und Komplotte schmieden. Indiens politische Machenschaften sind jedoch in auffallender Weise eine Fortsetzung der alten Hindu-Epen, in denen so manche Allianz aus opportunistischen Gründen geschlossen oder gebrochen wird, oder geniale Intrigen und böse Pläne ausgeheckt werden. Von der alten *Mahabharata* bis zur Politik des späten 20. Jh. ist es scheinbar nur ein kleiner Schritt.

Am 15. August 1997 feierte Indien das 50-jährige Jubiläum seiner Unabhängigkeit, und der Tag gab Anlass, über die Errungenschaften und Fehlleistungen des Landes zu reflektieren. Es wurden viele Stimmen laut, die behaupteten, Indien gehe es heute weit schlechter als zur Kolonialzeit, wobei die Korruption als Hauptgrund für die Malaise bezeichnet wurde. Manche äußerten im privaten Kreis, man solle doch einfach „die Engländer zurückholen", dann werde alles wieder besser.

Viele Inder führen die vermeintliche moralische Dekadenz im Lande auf die *neta* zurück, denn – so die Meinung – wenn die Politiker unehrlich sind, dann muss sich das Volk wohl oder übel anpassen und mitmogeln; sonst kommt man ja nicht über die Runden. Oder aber, so könnte man andersherum argumentieren, ist die Gesellschaft durchweg korrupt und bringt sie auch nur dubiose Politiker hervor? Was war eher da, das Huhn oder das Ei? Indien wird sich wohl noch länger mit dieser fundamentalen Frage beschäftigen müssen. Fünfzig Jahre nach Erlangung der Unabhängigkeit benötigt Indien eine Revolution, die es von seiner Korruption befreit, „oben" ebenso wie „unten".

Aufgrund der Machenschaften der Politiker haben die meisten Inder zwar die Hoffnung verloren, nicht aber ihren Humor. Als selbstironische Reaktion auf die Korruptionsskandale machte ein Spruch die Runde, der zuerst im Hindi-Film *Yashwant* zu hören war. Vorgebracht wurde er vom Helden des Films, einem Polizisten gleichen Namens, der gegen Mafia und krumme Politiker ankämpft. Der Spruch ist eine Persiflage der bekannten patriotischen Parole *„Mera Bharat Mahaan"*, etwa „Mein Indien ist das Höchste". Die Neuversion der Parole lautete, mit viel Aggression und Zynik in der Stimme:

Sau mein assi be-imaan,
phir bhi Bharat hai mahaan!

In freier Übersetzung:

„Achtzig Prozent von uns bescheißen um Gut und Geld,
trotzdem ist Indien das Höchste auf der Welt!"

Stadt und Land:
Zwei Welten

*„Außerdem sind die Städte
der Treffpunkt
der Reichen und Fleißigen
und derer, die so werden wollen,
sei es mit sauberen
oder unsauberen Mitteln;
so ist es nicht verwunderlich,
dort einen höheren Standard
von Bequemlichkeit vorzufinden."*

Abbé Dubois, 1770-1848

In Ullavi, einem winzigen Dschungeldorf in den *Western Ghats* von Karnataka, fragte ich einen älteren Einwohner, ob denn gelegentlich Ausländer dort zu sehen wären. Na klar, erzählte mir der Mann, Ausländer kommen ziemlich häufig hier vorbei. Erstaunt fragte ich ihn, wo die denn herkämen. Aus Hubli und Dharwar antwortete mir mein Gegenüber.

Hubli und Dharwar sind etwa 100 Kilometer von Ullavi entfernt!

Für den Dorfbewohner, der vielleicht nicht aus seinem Distrikt herauskommt, ist die Stadt eine ferne Welt. Der Stadtbewohner mit seinem „modernen" Leben ist ihm fast so fremd wie der umherreisende Tourist. Im Dorf diktieren Sonnenstand und die Jahreszeiten den Rhythmus, in der Stadt die aus Singapur geschmuggelten Armbanduhren. Indien hat ein ungeheuer großes Spektrum anzubieten: In den Dschungelgebieten zwischen Maharashtra und Madhya Pradesh soll es Stämme geben, die nur in den Bäumen leben – in den Bürohochhäusern von Mumbais Nariman Point herrscht dagegen nüchternes Arbeitsklima wie im Westen. Auf einigen Inseln der Andamanen soll es noch Kannibalen geben – im Raumfahrtzentrum von Bangalore überwacht man die Funktionen von Satelliten. Nach einem Zensus von 1971 hat Indien 2643 Städte, aber 575 936 Dörfer. Fast 80 % aller Arbeitskräfte sind in der Landwirtschaft tätig. Nur et-

wa 9,5 % verdienen ihr Brot in der Industrie und etwa 5,5 % im Handel. Über 55 % der Einwohner Indiens leben in Dörfern mit weniger als 500 Menschen.

Das **Dorfleben** hat seinen eigenen Rhythmus, der Dorfbewohner seinen eigenen Charakter. Die gelassene Ruhe, die besonders ältere Dörfler ausstrahlen, mutet schon fast unheimlich an. Stundenlang können sie im Schatten eines Baumes sitzend verbringen, ohne etwas ersichtliches zu „tun". Oft hocken ganze Gruppen Landbewohner zusammen und schwatzen angeregt und das den halben Tag, manchmal verbringen sie die Zeit zusammen schweigend, jeder in seinen Gedanken oder in seinem Inneren versunken. Dem westlichen Reisenden fällt auf, dass die Dorfbewohner ihn viel eher „in Ruhe lassen" als die Städter. Der Landmensch ruht in sich selber und stürzt sich nicht gleich auf jede Gelegenheit zu leerem Geplapper. Der Städter dagegen spricht viel mehr auf Außenreize an: Ein vorbeilaufender Westler stachelt seine Neugier und sein Verlangen nach „Unterhaltung" – eher im Sinne von „entertainment" als von Konversation – unwiderstehlich an. Im Grundsatz verbreitet der Dorfbewohner eine Art bescheidene Würde, der Städter neugierige Geschäftigkeit.

Die statistische „Lebensqualität" auf dem Lande liegt unter der der Stadt. Einerseits verdient man weit weniger Geld, andererseits gibt es aber auch kaum

Möglichkeiten, Geld auszugeben. Gebietsweise mangelt es an Nahrungsmitteln. In manchen ländlichen Regionen hat man sich mit jahreszeitlichen Engpässen abzufinden. Dann gibt es vielleicht nur Reis, *Chapatis, Dal* und dazu ein paar Zwiebeln. Milch ist vielerorts eine Rarität. Das bisschen, das man bekommt, ist teuer und mit Wasser gestreckt. Man sieht Mütter, die mit einem Messingbecher zum *dudhwala,* Milchmann, gehen, um sich einen viertel Liter Milch zu holen. Für mehr reicht oft nicht das Geld.

Keine Milch in Dörfern
„The Week", September 1986

Einschneidende Veränderungen in der Organisation des Milchhandels in den letzten Jahren haben das Angebot von Milchprodukten in Dörfern vieler Landstriche erheblich verringert. Früher waren die Verteilersysteme schlecht, und in den Dörfern musste ein großer Teil der Milch zu Ghi verarbeitet werden. Chaach, Buttermilch, ein Nebenprodukt wurde umsonst an die Armen verteilt. Seit sich der Bedarf an Milch in den Städten drastisch erhöht hat, wird weitaus weniger Ghi in den Dörfern produziert, und eine erhebliche Menge von Milchproteinen geht der Dorfbevölkerung verloren.

Im Gegensatz dazu werden die Städte mit Schokolade und Eiskrem überschwemmt. Im Jahre 1982 wurden vom organisierten industriellen Sektor in Indien 9000 Tonnen Eiskrem und 2600 Tonnen Schokolade produziert. Eine ähnliche Verlagerung von Nahrungsmitteln zugunsten der Städte gibt es auch bei der Gerste, die im Sommer in armen Dörfern zum Backen von Chapatis verwendet wird. Da die Gerste nun zu Malz verarbeitet wird, ist sie (in den Dörfern) rar geworden.

Wer über geringe Einnahmen verfügt, lebt nicht allzu gesund. Das Essen ist einseitig, der Geldbeutel entscheidet über den Speiseplan. Wird der Dorfbewohner einmal krank, so findet er in seinem Dorf vielleicht nicht einmal einen Arzt. Die meisten jungen Arzte ziehen das Stadtleben vor, und so bleiben die ländlichen Distrikte medizinisch unterversorgt. Ein malariakranker Feldarbeiter, den ich in einem Bus der staatlichen Verkehrsbetriebe im Süden Gujerats getroffen hatte, brauchte eine Tagesreise bis zum nächsten Hospital. Viele Dorfbewohner greifen auf die altüberlieferte Heilkunde der *Ayurveda* zurück, die rein auf pflanzlicher bzw. mineralischer Basis beruht. Die ist ungemein billig und durchaus effektiv. Da aber manche Pflanzen, die in der *Ayurveda* verwendet werden, inzwischen selten geworden sind, behelfen sich die Sammler gelegentlich, indem sie statt der richtigen, ähnlich aussehende und leicht zu findende Kräuter abliefern. Das Resultat ist im günstigsten Fall die Wirkungslosigkeit der Medizin, im schlimmsten Fall hat das fatale Folgen.

Was an Materiellem im Dorf fehlt, wird durch Menschlichkeit wettgemacht. Nachbarschaftshilfe wird groß geschrieben. Ist eine Hausfrau krank, so wird deren Nachbarin ihre Familie mitversorgen. Man hält zusammen, schließlich sind viele der Bewohner eines Dorfes miteinander verwandt, oder aber man kennt sich schon von klein auf. Kommt es einmal zu Streitigkeiten, werden die vom traditionellen *Panchayat* (Fünferrat) geregelt. Ernstere Auseinandersetzungen entstehen zumeist aus Landdisputen oder Eifersucht.

Die Dorfjugend zieht es – wie überall auf der Welt – in die Stadt. Außer der Arbeit gibt es auf dem Lande nichts zu „tun", Möglichkeiten, sich mit Mitgliedern des anderen Geschlechtes zu treffen, sind nicht existent. Für amouröse Abenteuer bleibt nur die Flucht ins nächstgelegene Zuckerrohrfeld. Die strengen Moralvorstellungen machen ein ungezwungenes, freundschaftliches Verhältnis zwischen einem jungen Burschen und einem Mädchen unmöglich. In traditionellen Haushalten bekommt der Gast die weiblichen Familienangehörigen vielleicht gar nicht zu sehen, es sei denn als ins Zimmer huschende Gestalten, die das Essen servieren. Das Ansprechen einer unbekannten weiblichen Person im heiratsfähigen Alter kann als Affront betrachtet werden. Die Frau selber wird – je nach Naturell – entweder kindlich – albern kichern oder mit abweisender Mine ihres Weges gehen.

In der **Stadt** geht es da schon „lockerer" zu. Zwar gibt es kaum Lokale, in denen sich Jungen und Mädchen treffen können, aber schließlich geht man zusammen in die Schule oder auf's College, und ein Treffen in der Dunkelheit des Kinos tut's auch. In den großen Metropolen gibt es auch Diskotheken, die sind aber im Allgemeinen so teuer, dass sich die „normalen" Jugendlichen einen Besuch nicht leisten können. In der relativen Anonymität der Stadt lassen sich aber immer Möglichkeiten zu einem heimlichen Rendez-vous schaffen. Die Einla-

---

Zwei Tote nach Gebrauch von „Tonikum"
New Delhi, 22. September 1986 (Times of India News Service)

Zwei Personen starben und eine weitere wurde schwerst in Mitleidenschaft gezogen, nachdem sie „Sura", ein ayurvedisches Tonikum mit hohem Alkoholgehalt konsumiert hatten. Das Unglück ereignete sich am Freitag in der Nähe von Sarai Rohilla. Die Toten wurden als ein gewisser Ramesh bzw. Narinder identifiziert. Ihre Leichen wurden zur Obduktion freigegeben. Eine andere Person, ebenfalls namens Ramesh, wurde ins Hindu Rao Krankenhaus eingeliefert, wo man seinen Zustand als „ernst" bezeichnete. Alle drei, in der Altersgruppe von 20-25 Jahren, hatten das „Sura" von einem örtlichen Drogisten gekauft. Drei leere Flaschen wurden bei ihnen gefunden. Die Polizei verhaftete später Rajinder Goel, einen der Hersteller des Tonikums.

dung zum Kino ist die üblichste Art der Anmache. In zahlreichen Dörfern aber gibt es keine Kinos!

Diese Dörfer werden dann von *mobile cinemas* versorgt, mobilen Kinos: irgend wo auf dem Dorfplatz wird eine Leinwand aufgestellt. Und trotzdem: Im Dorf, wo jeder jeden kennt, wird kein Annäherungsversuch unentdeckt bleiben. Jede Begegnung zwischen Personen verschiedenen Geschlechts – es sei denn, sie gehören derselben Familie an – wird aufmerksam beobachtet.

Wie wohl überall, begegnen auch die indischen Städter ihren Landsleuten „von draußen" mit einer gehörigen Portion Arroganz. Ein Dorfbewohner, der sich in der Stadt ein wenig daneben benimmt, wird als „ghati" (einer aus den *Ghats* = Tölpel), „*jangli*" (Dschungelmensch) oder schlicht „*gaowala*" (Dorfbewohner; Assoziation: Trottel) bezeichnet. Es mangelt an Verständnis für die „andere" Kultur. Die materielle Einfachheit des Dorflebens wird gleichgesetzt mit geistiger Primitivität.

Und das haben wir Westler ihnen wohl so beigebracht.

Xenophobie:
Die Angst des Inders vor'm fremden Mann

*„Hüte Dich davor,
Dich an ein Land zu binden,
das nicht Dein eigenes ist,
oder einem Herren zu dienen,
der nicht von diesem Lande ist!"*

Aus den Niti Slokas

Ausländer waren den Indern von je her etwas suspekt. In ihren Augen waren sie *mleccha*, d. h. unreine Fremde oder Barbaren. Schließlich brachen die Fremdlinge andauernd die strengen Regeln, die sich die Inder, vor allem die Hindus, selbst auferlegt hatten. Sie aßen das Fleisch der heiligen Kuh – ein Frevel, der durch keine Selbstkasteiung wieder bereinigt werden kann, und sie tranken offen und ungeniert Alkohol – ein weiteres unentschuldbares Vergehen. Die Frauen der Fremden parlierten „schamlos" mit allen möglichen Männern und ließen sich beim Tanz von ihnen sogar anfassen. Dieses machte die Europäerin in indischen Augen zu einer billigen Konkubine. Der soziale Kontakt zwischen den Weißen und Einheimischen war zumeist ein Dienstverhältnis. *Abbé Dubois* berichtet davon, dass ihm überall, wo die „Weißen" noch unbekannt waren, herzliche Gastfreundschaft zuteil wurde. Hatten sich die „Un-Sitten" der Ausländer erst herumgesprochen, fürchteten sich die Einheimischen, durch den Umgang

mit den *mleccha*, selbst rituell „unrein" zu werden. Wenn schon der Schatten eines Kastenlosen einen Brahmanen so sehr beschmutzen konnte, dass der sich dann rigorosen Reinigungsriten zu unterziehen hatte, war da nicht auch der soziale Umgang mit den Fremden zu meiden, so gut es ging?

Heute ängstigt sich kein Inder mehr vor der Verunreinigung durch einen Reisenden oder im Lande wohnenden Europäer. Die strengen Vorstellungen von ritueller Verunreinigung sind auf der Strecke geblieben. Aber es gibt immer noch eine Vielzahl von „Reinhalte"-Regeln, die regional oder von Kaste zu Kaste verschieden sind. So dürfen z. B. die Frauen bestimmter Kasten oder regionaler Landsmannschaften während ihrer Regel nicht kochen. Im Allgemeinen aber sind die Vorstellungen von ritueller Reinheit dermaßen abgemildert, dass der Ausländer davon unbetroffen bleibt.

Dennoch hat sich eine Reihe von Vorurteilen dem (vor allem weißen) Fremden gegenüber erhalten bzw. entwickelt. Diese möchte ich in zwei Gruppen zusammenfassen:

1) Alle Ausländer sind unmoralisch!

Gemessen an den strengen Moralvorstellungen des Inders, ist der Westmensch zwangsläufig ein sittenloses Geschöpf. Wie immer bei Vorurteilen zeigt sich auch hier ein etwas übertriebenes oder verzerrtes Bild. So glauben viele Inder, dass alle Westler dem Alkohol zusprechen, zwanghaft rauchen und sexbesesse-ne Monster sind. Zu diesem Bild tragen die auch in Indien zu sehenden ameri-kanischen Kinofilme und das Satelliten-Fernsehen nicht unerheblich bei. Das Klischee wird von der heimischen Filmindustrie dankbar aufgegriffen, und ein im Hindi-Film erscheinender Weißer steht mit Sicherheit auf der Seite des Bö-sen. Bier, so glaubt man, würde wie Wasser getrunken, und einer westlichen Frau ist jede Schamlosigkeit zuzutrauen. Dieses Vorurteil wird durch das Auftre-ten einiger „Negativ-Touristen" noch gefördert. Da viele Reisende lokale Tabus – bewusst oder unbewusst – brechen, fallen deren Fehltritte auf alle Westler kol-lektiv zurück. Jeder Reisende, der sich allzu locker oder nachlässig kleidet, wird als Hippie angesehen, und vom Drogen-Exzess bis zur Frauenschändung traut man ihm so ziemlich alles zu. Manche Inder fragen den Reisenden, ob er Dro-gen nimmt. Nicht, dass sie ihm etwas verkaufen wollen: Da in den 60er Jahren viele Westler hauptsächlich der Drogen wegen nach Indien kamen, glaubt man, jeder nehme Rauschmittel. Da sich westliche Frauen unindisch freizügig klei-den, nimmt man an, sie wären auf Anmache aus. Eine indische Frau, die sich so kleidet und vielleicht sogar Zigaretten raucht, ist häufig „käuflich". Selbst die Tatsache, dass Westfrauen mit jedem Mann gleich ein lockeres Gespräch führen, macht sie zu unmoralischen Erscheinungen. Eine indische Frau zeigt mit ihrem Sari zwar viel Bauch und Rücken – eine freie Schulter, die Beine vom Knöchel aufwärts und ein tiefer Ausschnitt sind aber tabu. Aufgrund der unter-stellten Unmoral des Westens, werden westliche Frauen gelegentlich herablas-send behandelt: ein Kniff in den Hintern hier, ein Griff zwischen die Beine dort. Im Westen, so nimmt man an, ist das nichts Besonderes. Die Verwunderung ist zumeist groß, wenn die so „Betatschte" sich heftig wehrt.

2) Alle Ausländer sind potentielle Landesverräter!

Der Inder sieht sich umgeben von einer Vielzahl von Feinden. Diese, so glaubt er, untergrüben seine geliebten traditionellen Werte und seine hart erkämpfte politische Unabhängigkeit. Zu Recht ist er stolz auf seine jahrtausendealte Zivi-lisation und die Demokratie. Innere Mängel aber, der Wurm im eigenen Gebälk, wird weniger der eigenen Unvollkommenheit angelastet, als einer nebulösen fremden Macht. Die Zeitungen sind voll von der schon sprichwörtlich geworde-nen *foreign hand,* der „fremden Hand", die in Indiens Angelegenheiten herum-wühlt und Aufruhr schafft. Von Fall zu Fall mögen sie damit sogar richtig liegen – im Allgemeinen aber ist die *foreign hand* der schnell herbeizitierte Buhmann. Der Inder sieht sich politisch und moralisch isoliert – in seinen Augen ist Indien das moralischste Land der Welt. Man erwartet einen neuerlichen Krieg mit Paki-stan, und die Presse schürt die Angst zur Paranoia hoch. Als ein amerikanischer Flugzeugträger im pakistanischen Karachi Halt machte, fragte ein Boulevard-

Blatt hysterisch: „Wieder Krieg mit Pakistan?" Auf der pakistanischen Seite habe ich mich davon überzeugen können, dass die Pakistanis zu einer ähnlichen Hysterie neigen, dort wird allzeit ein Angriff Indiens erwartet. Der CIA ist vielen Indern ein Begriff, und manchem Ausländer mag er die Verbindung zu Spionagenetzen zutrauen. Besondere Abneigung hat er gegen Amerika, denn das versorgt den Erzfeind Pakistan mit Waffen. Verbringt ein Ausländer „zu lange" Zeit an einem Ort, der nicht von „touristischem Interesse" ist, so mag der eine oder andere Inder sich den Kopf zerbrechen, was der wohl im Schilde führt. Ganz allgemein traut man Fremden allerlei Schandtaten zu: Spionage und Drogenschmuggel sind die am häufigsten befürchteten Verbrechen. Möglicherweise hat die schon erwähnte *Arthashastra* Mitschuld an der Spitzel-Paranoia. Die *Arthashastra* empfahl den konsequenten Einsatz von Spionen an allen Stellen im Staat, um landesfeindliche Umtriebe rechtzeitig entdecken zu können. Die Spitzel waren mit die wichtigsten Leute im Staat. Daraus mag sich bis heute eine erhöhte „Spionagefurcht" erhalten haben.

Seit der Liberalisierung der Wirtschaft im Jahre 1991, seit ausländische Firmen im großen Maße in Indien investieren, hat der xenophobe Inder ein neues Schreckgespenst entdeckt: die multinationalen Großunternehmen, die Indien angeblich mit nutzlosen Produkten überschwemmen, es finanziell ausbeuten und kulturell unterwandern.

Wenn Xenophobie in Xenophilie umschlägt...:

Dem deutschen Reisenden wird auffallen (und aufstoßen!), dass viele Inder eine Faszination für den „Guru der Deutschen", *Adolf Hitler*, hegen. Zum einen danken sie ihm, dass er ihren Beherrschern, den Engländern das Fürchten lehrte, zum anderen bewundern sie den „Mut" des kleinen Deutschland, sich mit der ganzen Welt anzulegen. Inder sind – von den Sikhs und einigen Kriegerkasten einmal abgesehen – keine Kämpfer und gehen der Gewalt möglichst aus dem Weg. Unterbewusst hegen sie aber Bewunderung für einen kleinen, großmäuligen Mann, der „Deutschland in der Welt erst groß machte". Ein Kellner, der mich um eine Kopie von „Mein Kampf" bat, war schockiert, als er hörte, das Buch sei in Deutschland verboten. Wie gehe das an, so fragte er, Hitler sei der größte Mann, den Deutschland je hervorgebracht habe! Da sich die meisten Inder den *Ariern* zugehörig fühlen, die Hitler ja zur Über-Rasse stilisiert hatte, sind sie stolz, dazu zu gehören. Und: Das Hakenkreuz ist ursprünglich das indische Zeichen für Glück. Der Inder nennt es *swastik*. Man sieht es an Tempeln und auf Saris. Die Nazis hatten das Hakenkreuz allerdings umgekehrt: Das *swastik* hat seine Haken links herum, das Hakenkreuz seine nach rechts. Indische Mystiker behaupten, dass sich dadurch „Glück" in Unglück verkehrte.

Alles, was aus dem Ausland kommt, weckt die Neugier des Inders. Kaum einer kann selber das Ausland besuchen, vielen fehlt schon das Geld, ein paar Hundert Kilometer weit Verwandte zu besuchen. Nur der Oberschicht sind Besuche in Europa oder den USA möglich, England beispielsweise lockt derzeit etwa 150.000 indische Touristen pro Jahr an (Die anscheinend hohe Zahl macht sich bei der riesigen indischen Gesamtbevölkerung prozentual allerdings kaum bemerkbar). Alles, was von „draußen" kommt, wird als *foreign* bezeichnet – das eigentliche Land wird dabei oft gar nicht spezifiziert. Indien ist Indien, und Ausland ist Ausland. Die geographisch isolierte Lage Indiens – im Norden Hochgebirge, im Westen Wüste, im Osten Dschungel und rundum Meer – mag zu diesem „Die-und Wir-Denken" beigetragen haben.

Die **Produkte der westlichen Welt** und Japans finden reißenden Absatz. Den Erzeugnissen der eigenen Wirtschaft traut man nicht so recht, die seien zwar billig, aber auch „Schrott".

Es gab Zeiten, da verkauften clevere Touristen Jeans-Etiketten westlicher Marken zu Wucherpreisen, und indische Jugendliche nähten sich die Etiketten dann auf die erschwinglicheren Jeans aus dem eigenen Lande. Coca-Cola, die lange Zeit in Indien nicht erhältlich war, wurde von manchem Fanatiker teuer bezahlt, und die Dose wurde nicht etwa ausgetrunken, sondern wie eine Ikone auf's heimische Regal gestellt.

Bis 1991 betrieb Indien eine vom Sozialismus geprägte protektionistische Wirtschaftspolitik, die zum Ergebnis hatte, dass die schwer erhältlichen ausländischen Waren in höherem Ansehen gehalten wurden, als sie vielleicht verdienten. In die Marktlücke sprangen Abertausende von Schmugglern, die Schiffsladungen von ausländischen Kameras oder Videogeräten ins Land brachten, sowie Fälscher, die die Auslandsprodukte mehr oder weniger gut imitierten. Viele Schmuggler brachten es zu riesigen Vermögen, manche sogar zu sozialem Ansehen – so z. B. *Haji Mastan* aus Mumbai, der nach seinem Tode 1994 als „Gentleman-Gangster" in die lokale Folklore einging. Hätte Indien keine restriktiven Importgesetze gehabt, hätte es auch den Schmuggler und Volkshelden *Haji Mastan* nie gegeben.

Millionen Inder träumen heute davon, ins **Ausland** zu gehen, um dort Geld zu verdienen. Die Vorstellungen vom „goldenen" Westen sind oft erheblich übersteigert. In früheren Jahrhunderten war es den Hindus verboten, in fremde Länder zu fahren, da sie sich verunreinigt hätten. Heute, angestachelt von Werbung und Kino, will jeder raus. Gut eingespielte Menschenschmuggler-Netze in Delhi, Kathmandu, Bangkok und Singapur versprechen auch denjenigen Erfolg, die nicht auf legalem Wege die Fahrt antreten können.

Mir ist häufig passiert, dass mir Inder anboten, mit mir nach Deutschland zu fliegen, um dort zu arbeiten. Da ich ein Deutscher wäre, so sagten sie, solle ich ihnen einfach ein Visum ausstellen.

Der Alltag des Reisenden

Auf der Straße: „What's your name?"

*„Der Haß und der Abscheu, den sie
gegen alle Fremden
und besonders Europäer hegen...,
bildet eine Barriere...,
die fast nicht überwunden werden kann."*

Abbé Dubois, 1770-1884

Blödsinn, Monsieur Dubois! Es gibt wohl kaum ein Volk, das so kontaktfreudig Ausländern gegenüber wäre, wie die Inder. Seit dem Ende der Fremdherrschaft und mit der weitgehenden Aufgabe der Vorstellungen von ritueller „Reinheit" hat sich einiges geändert. Der Inder ist extrem neugierig auf den Ausländer. Schlendert man die Straße entlang, drehen sich zahllose Hälse in Richtung *angrez,* was soviel wie „Engländer" bedeutet, aber auch für Leute anderer Nationalitäten benutzt wird. Viele Inder schauen einem mit offenem Blick ins Gesicht, in der Hoffnung, dass der Fremde vielleicht **Kontakt** aufnehmen wird – sie selber trauen sich nicht immer. Das starre Geradeaus-Schauen wie auf den Straßen der Westwelt, das Vermeiden von Blickkontakt ist dem Inder – den Göttern sei Dank – völlig fremd. Zeigt man auch nur den Ansatz eines Grinsens oder Lächelns, wird das Gesicht des Inders zu leuchten beginnen wie die Mittagssonne. So einfach ist das: Lächle, und man lächelt zurück! Im Süden Indiens gilt dies mehr als im etwa raubeinigen Norden. In der westlichen Welt würde man – beim Versuch, wildfremde Menschen auf der Straße anzulachen – wahrscheinlich als verrückt, pervers oder mit üblen Absichten behaftet angesehen. Nicht so im kontaktfreudigen Indien.

Zumeist aber ist es der Inder, der den Reisenden anspricht – umgekehrt, wohl nur, wenn ein konkreter „Grund" vorliegt. Was soll man erzählen, wenn man sein Gegenüber überhaupt nicht kennt? Der Inder umgeht das Problem und stellt Fragen: Die erste Frage ist zumeist die nach der Herkunft des Ausländers. Da es sich kaum ein Inder erlauben kann, ins Ausland zu reisen, möchte er etwas vom Land des Reisenden hören. Ein Superschnellkurs in Geographie sozusagen. Das westliche Ausland erfreut sich höchster Bewunderung bei den Indern, was es seinen technischen Errungenschaften, seinem Wohlstand und zum Teil seiner sexuellen Freizügigkeit zu verdanken hat. Außerdem sind mit Sicherheit noch Reste eines „Herren- und Diener-Denkens" vorhanden: Die weiße Rasse wird als überlegen betrachtet, der weiße Mann ist immer noch der alte *„Sahib".* In Geschäften oder an Schaltern passiert es nicht selten, dass der zuletzt gekommene Ausländer allen Einheimischen vorgezogen und als erster bedient wird.

Die zweite Frage wird die nach dem Namen sein. *„What is your name?"* dürfte der Satz sein, mit dem der Indien-Reisende seinen Aufenthalt in Hindustan (Indien) nachträglich assoziiert. Die für uns merkwürdige Frage nach dem im Grunde unwichtigen **Namen** einer Person ist für den Inder gar nicht so unsinnig. Wie in Kapitel „Die Kasten" erwähnt, kann man aus indischen Namen einiges herauslesen: Die Religionszugehörigkeit, die Kaste und möglicherweise die Herkunft innerhalb des Landes. Dass das bei uns <u>nicht</u> so ist, kann der Inder nicht wissen. Gelegentlich wird sogar die Frage nach dem Namen des Vaters gestellt, selbst die Antragsformulare der indischen Botschaft für ein Visum weisen diese Rubrik auf. Da die Familienverhältnisse äußerst wichtig sind, möchte der Frager auch den Vaternamen wissen. Zudem haben viele Inder ihren Vaternamen in ihren Papieren, an der Haustür etc. Sieht man das Namensschild „V.K. Mehta", so steht das zweite Initial „K." für den Vaternamen. Auch Frauen führen den Vaternamen in ihrem *full name,* wie der Inder sagt. Im Süden des Landes wird es mit der Namensgebung besonders kompliziert. Teilweise ist nicht zu unterscheiden, was Vor- oder Nachname ist, und in Kerala gibt es sogar eine Reihe von „Mr. Baby"s. In einigen Gebieten steht das erste Initial für das Geburtsdorf, das zweite für den eigentlichen Vornamen und der „Nachname" ist die Kastenbezeichnung. Im Lichte dieser Ausführungen mag der Reisende möglicherweise die Frage nach dem Namen für gar nicht so überflüssig erachten.

Oft ist sie aber auch nichts weiter, als der Versuch, Kontakt aufzunehmen. Die Englischkenntnisse einfacher Leute sind verständlicherweise recht bescheiden, und was bietet sich da besser zur Kontaktaufnahme an, als der erste Satz des Englischunterrichts! Verglichen mit anderen Ländern der Welt ist die englische Sprache ziemlich weit verbreitet. Dieses ist zumindest ein angenehmes Überbleibsel der Kolonialzeit: Durch Englisch kann sich auch der Panjabi aus dem hohen Norden mit dem Tamilen aus dem Süden unterhalten. Ansonsten sind sich deren Muttersprachen nämlich so fremd, dass keine Konversation möglich wäre. Englisch, neben Hindi offizielle Landessprache, verbindet ein durch Hunderte von Sprachen zerteiltes Land. Zwar braucht man eine gewisse Zeit, um sich an den indischen Akzent zu gewöhnen, doch was soll's, mit der Zeit klappt es schon. Die Grammatik und die Ausdrucksform stimmen auch nicht immer, doch das führt oft zu amüsanten Wortspielereien. In einer Tageszeitung sah ich eine Annonce, die

für Produkte warb, die aus *„Original imitation plastic leather!"* hergestellt waren. Mit anderen Worten aus „Echt Imitations-Plastikleder"! Zu deutsch, das Zeug war aus stinknormalem Plastik. In einem Kino in Bangalore stand ein Schild am Ausgang, das besagte, *„We hope you have pleasured yourselves!"* Einem alten Kolonial-Briten hätte es da die Schamesröte ins viktorianische Antlitz gejagt.

Indien ist voll von **Menschen ohne Beschäftigung.** Dieses ist nicht unbedingt im Sinne von Arbeit oder Anstellung gemeint. Auf jeder Mauer, unter jedem Baum, in jeder Nische hockt irgend wer – ohne einer offensichtlichen Tätigkeit nachzugehen. Man schaut in die Gegend und harrt der Dinge, die da kommen oder auch nicht. Keinem dieser Lebenskünstler wird es möglich sein, die Ankunft eines Reisenden zu ignorieren. Spricht man ihn zwar nicht direkt an, so kann man sich auf der anderen Seite aber ein paar Bemerkungen nicht verkneifen. Diese beziehen sich möglicherweise auf die ungewohnte Kleidung oder sein fremdartiges Aussehen. Vielleicht auch auf dessen un-indische, eilige Gangart. Selbst der bengalische Schriftsteller *Niradh C. Chaudhuri* beklagte sich darüber, dass sich die Straßenbengel seines Heimatortes über seinen ungewöhnlich schnellen Schritt mokierten und ihm *„Johnny Walker!"* nachriefen.

„He Johnny" wird auch der Reisende häufig gerufen, der wie *John Wayne* die Dorfallee auf- und abflaniert. Nicht nur um 12 Uhr mittags.

Ausländische Frauen rufen selbstverständlich (?) ganz besondere Reaktionen hervor. Passiert eine Reisende eine Gruppe Halbwüchsiger auf der Straße, machen diese ihren aufgestauten Energien durch unflätige Bemerkungen Luft oder lachen und kichern albern. Die westliche Frau ist das Sinnbild ungezügelter Erotik, und ihr Anblick lässt verborgene Fantasien wach werden. Die unangenehmste Reaktion der Öffentlichkeit ist das *„Eve-teasing".* „Das Necken von Eva'" ist die euphemistische Bezeichnung für das Kneifen in den Po, das Greifen zwischen die Beine und ähnliche „Nettigkeiten". Besonders die Herrenwelt von Delhi hat sich für diese Freizeitaktivität einen zweifelhaften Ruf zugezogen. Aufgrund der Kampagnen von Frauenorganisationen werden *„Eve-teaser"* mittlerweile sogar „verhaftet". Das behauptete jedenfalls eine Zeitung. Im allgemeinen dürften dererlei Vergehen im fröhlichen Chaos des indischen Alltagslebens untergehen.

Besonders in abgelegenen Dörfern ist die Ankunft eines Weißen ein Jahresereignis. Ein unvermeidlicher, lärmender Tross von Kindern und Jugendlichen

wird den Reisenden verfolgen und auf seinen Wegen begleiten. Es kommt auch vor, dass die neugierige Meute durch's Zimmerfenster lugt oder durch den Spaltbreit, um den sich die Klotür nicht schließen lässt. Dem Westler sollte dabei bewusst sein, dass das Anstarren von Personen, selbst im privatesten Bereich, keine Verletzung der persönlichen

Würde darstellt, so wie daheim. Viele Europäer können sich nicht an das **Angestarrtwerden** gewöhnen und reagieren aggressiv. Dem Inder wird diese Reaktion unverständlich sein. Eventuell hält er sie sogar für lachhaft. Das beste ist, unbeteiligt zu bleiben, interessiert und dennoch distanziert zurückstarren und abwarten. Völliges Ignorieren ist auch nicht schlecht. Die Starrer verziehen sich oft, wenn man durch sie hindurchsieht.

In Indien existiert viel weniger Privatleben als bei uns. Das basiert auf der Enge der Wohnverhältnisse und der sozialen Struktur in der Kleinstadt oder im Dorf. Der Inder besitzt daher eine weitaus höhere Toleranzschwelle für Einmischungen in seinen privaten Bereich. Ein bisschen muss sich der Reisende darauf einstellen und sich „entprivatisieren".

Es ist nicht ungewöhnlich, von wildfremden Menschen, von der Straße weg zum Tee in ein Restaurant oder nach Hause eingeladen zu werden. Solche **Einladungen** sind durchweg gut gemeint, trotzdem sollte vernünftige Vorsicht walten! Schließlich kann es unter tausend Einladungen vielleicht eine geben, die nicht so ganz uneigennützig gedacht ist.

Trotzdem, die meisten Einladungen, die auf der Straße ausgesprochen werden, kommen von Herzen. Folgt man ihr, so sollte die Überraschung aber nicht zu groß sein, wenn der „Gastgeber" nach einer hastigen Tasse Tee aufsteht, sich verabschiedet und davonmacht. Das Treffen endet so schnell wie es begonnen hat. Oft geht es nämlich bei den Einladungen nur um die Erfüllung der Formalität. Man will sich als guter Gastgeber zeigen, dem Gast soll eine kleine Freundlichkeit erwiesen werden. Solche Treffen führen nur selten zu länger-währenden Freundschaften. Manchmal werden Ausländer nur deshalb angesprochen, weil sich der „Ansprecher" gerade tödlich langweilt. Besonders in kleineren Orten hat das Erscheinen eines Menschen „von draußen" einen erheblichen Unterhaltungswert: Der Fremde als Kino-Ersatz sozusagen. Die Ankunft eines Ausländers spricht sich in Kleinstädten oder Dörfern flugs herum, und jeder Einheimische möchte mit ihm plaudern. Ein wenig **Statusdenken** dürfte ebenfalls mit im Spiel sein. Man stelle sich vor: Ein schläfriges, hitzestarrendes Dorf, in dem sich nichts bewegt. Plötzlich trottet ein weißer Mann mit Rucksack die Dorfstraße entlang (noch auffallender wäre eine Frau!). Nachbar *Deshpande,* der an diesem Tag wieder nichts zu tun hat, spricht den Fremdling an. Eine gute Viertelstunde unterhält er sich mit ihm – manche behaupten im Nachhinein, es wäre eine geschlagene halbe Stunde gewesen! Beide, *Deshpande* und der weiße Fremdling, lachen amüsiert, gestikulieren, scheinen ein interessantes Gespräch zu führen. Plötzlich verabschiedet sich der Gast aus fernen Landen und zieht seines Weges. Das ganze Dorf wird sich nun um den stolzen *Deshpande* scharen. Schließlich ist der nun ein wichtiger Informationsträger geworden: Er weiß, wo der Fremde herkommt, wie er heißt und möglicherweise seinen Beruf und ein paar andere Details zu dessen Person. *Deshpande* ist ein kleiner Dorf-Held an diesem Tage.

In der Gesellschaft von Ausländern (in erster Linie <u>weißen</u> Ausländern) gesehen zu werden, hat Statuswert. Wenn sich der Fremde mit unserer Beispielsperson *Deshpande* angeregt unterhält, kann das sogar zu heimlichem Neid führen. Da der Ausländer selber bewundert oder um sein „sorgenfreies" Leben beneidet wird, fällt ein Teil der Bewunderung für Personen, die in engem Kontakt mit ihm stehen, ab. Diese extreme Art *Xenophilie*, der Liebe zum Fremden, schlägt bei einigen, nationalistisch gesinnten Indern ins Gegenteil um: Diese verachten alle Aspekte westlicher Kultur und sehen das Heil Indiens einzig und allein in der Rückbesinnung auf die traditionellen Werte ihrer Gesellschaft. Diese Haltung, die man allerdings bei nicht allzu vielen Indern antrifft, mag ein Überbleibsel von *Mahatma Gandhis* Freiheitsbewegung sein, die sehr von Ablehnung fremder Werte und der Betonung der eigenen Tradition geprägt war.

Ein Großteil indischen Lebens spielt sich auf der Straße ab, und es ist nicht verwunderlich, wenn der Reisende miteinbezogen wird. **Straßenleben** ist nun einmal öffentlich und nicht privat. Unterhält man sich mit jemandem auf der Straße, so schart sich in kürzester Zeit ein interessierter Hörerkreis dazu, und gelegentlich bildet sich daraus eine angeregte Diskussionsrunde. Inder lieben Diskussionen, seien sie politischer, sozialer oder religiöser Natur und besonders Diskussionen über ihr eigenes Land. Ebenso lieben sie den spontanen Humor, und manche Gesprächsrunde artet in eine schlagfertige Posse aus. Man nimmt sich gegenseitig auf den Arm, wischt sich mit Wortspielereien eins aus. Der Inder ist kein Kind von Traurigkeit, im Gegenteil.

Eine Grundmaxime indischen Lebens lautet: „Iss, trink, hab' Spaß!"

Missverständnisse:
Die Wurzeln des Konfliktes

"Nun, ich frage Euch,
ist es nicht die Pflicht
eines wohlmeinendes Menschen,
die Vorstellungen, Gefühle
und Gebräuche eines Volkes
... wenigstens nicht offen zu verletzen,
auch wenn er diese
nicht respektieren sollte,
und gleichgültig wie seltsam
und lächerlich sie ihm erscheinen mögen."

Abbé Dubois, 1770-1848

Andere Länder, andere **Gesten.** Die erste Quelle möglicher Missverständnisse ist die indische Art der Bejahung bzw. Verneinung, die schon manchen Ausländer zur Verzweiflung getrieben hat. Meint der Inder „Ja", so schlenkert er seinen Kopf mehrmals seitwärts, als wolle er die Ohren in Richtung Schulter bringen. Zumeist sieht diese Geste aus, als säße der Kopf etwas locker auf dem Hals, und leider ist sie unserem Kopfschütteln zum „Nein" allzu ähnlich. Dieses Kopfschlenkern gibt es – je nach Grad der Zustimmung – in verschiedenen Abstufungen: Manchmal wird der Kopf rigoros von links nach rechts gerollt, das andere Mal deutet nur ein kleines Zucken seitwärts die Zustimmung an. Das indische „Nein" ist der letzteren Variante leider auch recht ähnlich: Es wird nur kurz mit dem Kopf gezuckt, so als wolle man eine lästige Fliege von der Nasenspitze verjagen. Diese knappe Geste wird zumeist durch ein abfälliges Schnalzen der Zunge oder durch eine abfällige Handbewegung unterstützt. Das Unterscheiden indischen „Jas" und „Neins" erfordert eine gute Beobachtung, doch nach ein paar Wochen im Lande wird's klappen. Am Anfang des Aufenthaltes kann man die Schwierigkeiten umgehen, indem man Fragen vermeidet, die bejaht oder verneint werden müssen. Statt „Gibt es in diesem Hotel auch was zu essen?" kann man fragen „<u>Wann</u> gibt es hier was zu essen?". Die meisten Fragen werden sich auf diese Weise ummodeln lassen. Statt „Haben Sie Wechselgeld" kann man den Geldschein einfach auf die Theke legen und die Geste des „Zerhackens" oder „Teilens" machen: Man hacke mit der Handkante der rechten Hand auf der Handfläche der linken Hand herum, als wolle man etwas in Scheiben schneiden. Die Geste wird in Verbindung mit dem angebotenen Geldschein als Bitte um Wechselgeld verstanden. Die gleiche Geste kann in anderem Zusammenhang das Zerteilen und Verspeisen von Fleisch oder Fisch bedeuten. Wird diese Geste angewendet und anschließend die rechte Hand in Essmanier zum Mund geführt, bedeutet das: Fleisch oder Fisch essen! Wahrscheinlich beruht diese Geste darauf, dass das Gemüse, das der Inder verzehrt, leichtens zerkleinert werden kann, auf dem Fleisch muss schon etwas kräftiger rumgehackt werden, bis es in Stücke geht.

Ballt der Inder eine Faust, in der nur der Daumen oben herausragt, und führt er diese Faust in Kippbewegung zum Mund, bedeutet das „Trinken". Will er sagen „Schnaps trinken", so macht er die gleiche Geste, führt danach aber mit dem Oberkörper torkelnde Bewegungen aus. Dazu kann er noch mit dem Zeigefinger um die Schläfe herum eine kreisende Bewegung ausführen, was soviel wie „Birne voll" oder „Schwindelgefühl" bedeuten kann. Ist ihm nach dem Trinkgenuss übel, so beugt er sich mit halboffenem Mund leicht vornüber und deutet mit einer in Brusthöhe aufwärts fahrenden Hand an: Jetzt kommt's gleich oben raus, alle Mann in Deckung!

Hat der Reisende Durchfall, und fällt ihm die Aussprache des englischen „diarrhoea" zu schwer oder das entsprechende Hindi-Wort (sangrahni) gar nicht erst ein, hilft die Gestik: Eine Hand, die in Hinternhöhe mehrmals eine ausschüttelnde Bewegung macht, signalisiert „hinten kommt's raus!" Die gleiche Geste kann angewendet werden, um anzudeuten, dass man dringend eine Toilette benö-

tigt. Denselben Effekt erreicht das Zeigen eines gekrümmten Zeigefingers oder eines abgespreizten kleinen Fingers. Das bedeutet dann logischerweise: muss pinkeln! Weibliche Reisende sollten diese Geste unbedingt vermeiden, da sie Lachsalven herausfordern wird!

In ihrer Kunst, alles „anrüchige" zu umschreiben, bezeichnen die Inder das Pinkeln als „Nummer Eins" (Hindi: ek namber) und den Stuhlgang als „Nummer Zwei" (Hindi: do namber). Und wenn wir schon einmal beim „Anrüchigen" sind: Das leichte Küssen der Innenseite der Fingerspitzen der rechten Hand bedeutet „Küssen, Abknutschen". Das Küssen ist in Indien, das muss gesagt sein, bei weitem nicht so verbreitet wie im Westen und hat etwas vom Hauch des Sündigen, Verbotenen an sich. Geht man einen Schritt weiter, so bedeutet eine zusammengeballte Faust, die mit der Unterseite nach vorn, kräftige, schlagende Bewegungen ausführt, „Bumsen" – na klar! Diese Geste kann durch einen lechzenden Gesichtsausdruck oder eine zwischen den Zähnen leicht vorgeschobene Zunge – als Zeichen für „Anstrengung" – unterstützt werden. Seltsamerweise kann diese Geste in anderem Zusammenhang auch bedeuten: Jemanden auf übelste Art reinlegen, linken, fertigmachen. (Übrigens kann ja das englische „to fuck somebody", wie auch das deutsche Äquivalent in der gleichen Bedeutung benutzt werden!)

Eine offene Hand, die der Frager mit der Handfläche nach oben ein paar Mal vor dem Körper hin- und herfahren lässt, heißt „Was läuft, wie sieht's aus?" etc. Diese Geste wird zumeist durch einen „fragenden" Blick unterstützt. Soll die

Antwort sein „Okay, alles klar!", macht der Antworter eine beschwichtigende Bewegung mit der Hand, wobei die Handfläche offen nach vorne zeigt und mehrmals leicht vor- und zurückgezogen wird. Ist die Antwort „Alles Mist, beschissen!", so wird mit der Hand eine schlackernde Bewegung ausgeführt, als wolle man etwas davon abschütteln.

Der Inder macht bei alltäglichen Dingen viel weniger Worte als wir, und darin liegt schon eine Quelle für potentielle Missverständnisse: Wir unterstreichen zur Sicherheit viele unserer Gesten mit erläuternden Floskeln, der Inder nicht. So sind die Gesten der Inder nicht immer leicht zu „lesen".

Mancher Geschäftsinhaber, der einem das Wechselgeld wortlos auf die Theke wirft, ist gar nicht unfreundlich, wie wir vielleicht denken könnten. Erstens sind Floskeln wie „Bitteschön" oder „Dankeschön" vollkommen landes-unüblich; zweitens ist Geld nach alter Hindu-Auffassung unrein, weil es durch zahllose Hände wandert. Also wird das Geldstück so locker und distanziert wie möglich gehandhabt und auf den Tresen geschleudert. Dabei ist die Vorstellung vom „unreinen" Geld heute nicht mehr „bewusst" in den Köpfen vorhanden – sie hat sich vielmehr im Laufe der Jahrhunderte verinnerlicht und zu Handlungsweisen wie der oben beschriebenen geführt.

Wie gesagt: Der Inder macht sich nichts aus einem höflich gemeinten „Danke" oder „Bitte". Zwar verfügt das Hindi über zwei Begriffe für „Danke" (*shukriya, dhanyavad)*, doch werden diese nur selten benutzt. Das englische „thank you" ist da schon gebräuchlicher, aber das wird auch oft in unpassenden Situationen angewandt – schließlich ist dem Inder der rechte Gebrauch dieses Wortes fremd.

Ist der Reisende durch eigenes Verschulden in eine unangenehme Situation geraten, so kann er sich der indischen Geste für „Scham" oder „Au-weia-ist-das-peinlich!" bedienen: Dazu schiebe man die Zunge leicht zwischen den Zähnen hervor, mache einen erschrockenen Gesichtsausdruck und schlackere eine Hand, als habe man sie sich verbrannt und wolle sie kühlen. In einer zweiten Variante wird die Zunge ebenfalls wie beschrieben zwischen den Zähnen hervorgeschoben, doch ergreife man mit Daumen und Zeigefinger jeder Hand das entsprechende Ohrläppchen. Das ist so eine Art Hinweis auf vor Scham errötete Ohren!

Je näher man Personen steht, desto unangenehmer sind **Missverständnisse.** Sitzt man mit indischen Freunden beisammen, so kann es vorkommen, dass der eine immer wieder fragt „Soll ich jetzt gehen?" Diese Frage ist nicht etwa der Ausdruck eines Minderwertigkeitskomplexes des Fragers, der glaubt unerwünscht zu sein. Für den Inder wäre es einfach unhöflich und respektlos, aufzustehen und davon zu gehen. Er bittet durch seine Frage um die *Erlaubnis,* gehen zu dürfen. Ebenso bedeutet die Frage „Soll ich morgen vorbeikommen?" nicht, dass der Frager unbedingt auf eine Visite scharf wäre, sondern die höfliche Anfrage, ob der Befragte ihn morgen zu sehen <u>wünsche</u>! Falls dem so ist, würde der Frager – aus Respekt für den ausländischen Gast – auf jeden Fall erscheinen. Auch wenn er selber was Besseres zu tun hätte!

Mir ist ein Fall zu Ohren gekommen, in dem ein derartiges Missverständnis fast in einer Schlägerei endete. Auf die wiederholte Frage eines Einheimischen „Soll ich jetzt gehen?" antwortete dessen ausländischer Gesprächspartner immer wieder mit „Ist mir egal, kannst ruhig bleiben!" Diese Antwort, die nicht schlecht gemeint war, aber einer Ignorierung oder Missachtung der Person des anderen gleichkommt, brachte den Frager zum Siedepunkt. Es ist empfehlenswert, klar auszudrücken, ob man sein Gegenüber noch bei sich wünscht oder nicht. Die Aufforderung „Du kannst jetzt gehen!" wird von Indern so verstanden, wie sie gemeint ist, und nicht etwa als „Rausschmiss" betrachtet.

Bittet man **auf der Straße** um eine Auskunft und erhält man als Antwort nur ein abfälliges Schnalzen und eine abweisende Handbewegung, ist das nicht unbedingt als Unhöflichkeit zu werten. Nicht alle Inder sprechen Englisch, und das Hindi des Reisenden ist unter Umständen auch nicht das verständlichste. So will der Befragte lediglich potentiellen Sprach- und Verständigungsproblemen aus dem Wege gehen. Als männlicher Reisender empfiehlt es sich nicht, Frauen auf der Straße anzusprechen – es sei denn, sie vermitteln den Eindruck westlich-orientierter Emanzipation. Das Ansprechen von Frauen kommt einer „Anmache" gleich, und die meisten der Angesprochenen werden starren Geradeaus-Blickes weiterschreiten. Auf der Straße ansprechen lassen sich nach indischer Auffassung nur unmoralisch – lockere Lebedamen. Diese Regel gilt nicht für weibliche Personen *vor* oder *nach* dem empfängnisfähigen Alter: Diese befinden sich, davon geht man aus, nicht in „Gefahr".

Westliche Frauen können jederzeit Inderinnen ansprechen. Letztere sind ungeheuer neugierig, wie ihre Schwestern aus dem Westen so leben, wie sie aussehen und wie sie sich kleiden. Mir ist aufgefallen, dass indische Frauen westlichen Frauen nachblicken, aber nur selten westlichen Männern! Letzteres würde von den Mitmenschen als „Angebot" verstanden.

Bei Spaziergängen kommt es vor, dass plötzlich wildfremde Gestalten, zumeist im Halbwüchsigenalter, mit der Frage „What do you want?" auf den Westler zuschießen. Dieses „Was willst du?", dass zudem noch im übertriebenen pseudo-amerikanischen Akzent gesprochen wird, ist weder die Aufforderung abzuhauen, noch die Einladung zu einer Schlägerei: Es ist der ungelenke Versuch, den Westler auf sich aufmerksam zu machen, und das mit dem vielleicht einzigen Englisch-Satz, der vorrätig ist.

Nicht missverstehen sollte man auch, wenn man bei seinen Rundgängen berührt und bezupft wird. Häufig soll so die Aufmerksamkeit geweckt werden, vor allem für Leute mit einem kommerziellen Interesse, Händler, Bettler etc. Körperliche Berührungen asexueller Natur (auch zwischen fremden Personen) sind nicht verpönt – wiederum ein Ergebnis der engen Wohnverhältnisse und der Völle indischer Städte. Dabei ist zu beachten, dass Händlerfrauen oder Bettlerinnen im besten Alter auch Männer anfassen, „Mann" sollte dieses aber nie umkehren!

In einem indischen Fernexpress machte ich besondere Erfahrungen mit dem Mangel an körperlichen Berührungsängsten. Ich hatte mich auf einer der *sleeping berths* zur Ruhe gebettet, als ich plötzlich durch übermäßigen Druck auf meinem Körper aus dem Schlaf geholt wurde. Ein Mit-Passagier hatte sich – da er noch ein paar freie Zentimeter entdeckt zu haben glaubte – zu mir bzw. halb auf mich gelegt. Es bedurfte lautstarker Argumente, bis er kapierte, dass ich meinen Platz allein in Anspruch zu nehmen gedachte.

Alleine sein zu wollen – das zu verstehen, fällt dem Inder schwer. Er ist ein Gruppenmensch, der in seiner Familie einen festen Platz einnimmt, und *die Beziehung gibt ihm Identität.* Mit höchster Bewunderung, aber auch mit etwas Unverständnis, wird er reagieren, wenn er alleinreisende Westler trifft. Du kommst von so weit, und das alleine? Inder reisen am liebsten in Cliquen, Familien oder ganzen Reisegruppen. Er wird auch nicht verstehen, wenn sich der Reisende auf eine einsame Parkbank zurückzieht, um in Ruhe etwas zu lesen oder die Land-

schaft zu genießen. Im Normalfall wird der Westler innerhalb von wenigen Minuten von Einheimischen umzingelt sein – es sei denn die Gegend ist absolut menschenleer. Was dem Reisenden als Belästigung aufstößt, ist häufig gut gemeint: Der rastende Mensch, der von so weit her kommt, braucht sicherlich jemanden zur Unterhaltung, jemanden, der ihm die Zeit vertreibt, denken sie. Inder langweilen sich, wenn sie alleine sind und gehen davon aus, dass andere auch so fühlen. Die indo-englische Vokabel *timepass,* was „Zeitvertreib" bedeuten soll, wird viel gebraucht. Selbst das Kauen eines Kaugummis oder Lutschen eines Bonbons wird als „Zeitvertreib" bezeichnet.

Will man partout mit niemandem reden, die geselligen Ansprecher aber auch nicht verletzen, kann man sich eines Tricks bedienen: Inder werden es immer akzeptieren, wenn man bestimmte Dinge nicht tut, weil sonst bestimmte religiöse Regeln verletzt würden. So könnte man klarzumachen versuchen, dass man an diesem Tage – aus religiösen Gründen – einen Schweigetag einlegt. Dieses sollte man allerdings <u>wortlos</u> klarmachen! Zur Not helfen auch medizinische Ausreden, wie „Mein Arzt hat mir verboten..." etc.

Die Religion kann – im Notfall – auch hinzugezogen werden, wenn man von unerwünschten oder zweifelhaften Personen zum **Essen** eingeladen werden soll. So kann man mitteilen, „gerade heute" aus religiösen Gründen zu fasten. Diesen Einwand wird der Gastgeber akzeptieren, und ich halte diese Methode – bei Leuten, zu denen man eh keinen großen Draht hat – für besser, als eine Absage ins Gesicht. Das könnte als arge Verletzung betrachtet werden.

Kann man bei Einladungen eine bestimmte Speise beim besten Willen nicht herunterwürgen, so bleibt der Vorwand: „Meine Religion erlaubt es nicht, dieses oder jenes zu verspeisen!" Die Gastgeber werden sich zwar mächtig wundern, was das für ein seltsamer Glaube ist, der beispielsweise Spinat verschmäht, doch wird man es akzeptieren.

Die Jains z. B. (der Jainismus kann als Ableger des Hinduismus betrachtet werden) dürfen nichts essen, was in der Erde wächst. Also keine Kartoffeln, Möhren oder Zwiebeln etc. Der Grund liegt in der perfekt zu verwirklichenden Idee von *ahimsa*, dem Nichtverletzen oder -töten von Lebewesen. Beim Herausziehen der Gemüse aus der Erde würden unzählige Kleinstlebewesen verletzt bzw. getötet. Die Jains legen ebenfalls großen Wert auf periodisches Fasten. Hat der Reisende partout kein Interesse an der Einladung einer unerwünschten Person, hilft der Satz: „Faste heute, bin Jain!"

„One rupee, please!": Bettler, Schnorrer & Ganoven

*„Die (Diebe), die auf frischer Tat
ertappt worden sind und dabei
schwer verletzt wurden,
oder die, die von den Magistraten
Nase, Ohren oder rechte Hand
abgeschnitten bekamen,
zeigen ihre Narben
und Verstümmelungen voll Stolz,
als Beweis ihres Mutes und ihrer
Unerschütterlichkeit ..."*

Abbé Dubois, 1770-1848

Bettler. Die halbe Welt assoziiert Indien mit den zerlumpten Gestalten, die die Hand ausstrecken. Nicht zum Gruß, sondern zum Empfang von milder Gabe. Indien, die Bettelschale? Ein Loch ohne Ende?

Die Inder sind zutiefst empört und verletzt, wenn dieses Bild ihres Landes im Westen gezeichnet wird. Sie fragen sich, warum nicht die positiven Aspekte stärker hervorgehoben werden, von Indiens Leistungen berichtet wird. Die Zeit der Hungersnöte ist, generell gesprochen, vorbei. Seit einigen Jahren kann Indien sich selbst ernähren, die Landwirtschaft erzielt sogar Überschüsse, die exportiert werden. Woran es mangelt, ist die gerechte Verteilung des Wohlstandes. Wie erwähnt, existieren 40 % der Bevölkerung unter der offiziellen Armutsgrenze. Dieser Teil der Bevölkerung „verhungert" zwar nur in den seltensten Fällen, doch herrscht chronische Unterernährung. Fälle, wie der der Tribal-Frau aus Orissa, die ihre Schwester für 15 Rupien als Sklavin „verkauft" haben soll, wie Ende 1986 bekannt wurde, sind jedoch die Ausnahme. Indien ist was den statistischen Durchschnitt angeht zwar arm, die These „Indien gleich Hungertod" ist heute aber in der Regel völlig überholt.

Der Westmensch, das ist klar, wirkt wie ein Magnet auf die, die weniger haben als er. Ein Sparschwein auf zwei Beinen, man hört es direkt klimpern. So hängt sich ein Tross von Bettlern an seine Fersen. Diese Bettler lassen sich in mehrere Gruppen unterteilen:

1) *Die Profis.* Ganovensyndikate schicken Horden von „Bettlern" aus, die auf bestimmte Gebiete verteilt werden. Diese müssen ihre Einkünfte allabendlich abgeben, dafür erhalten sie „Unterkunft und Verpflegung". Wie hoch der Gewinn der Syndikatbosse ist, weiß niemand.

2) *Die Halbprofis.* Zahlreiche Frauen werden von ihren Männern zur Bettelei angetrieben, obwohl letztere einer geregelten Arbeit nachgehen. Das Geld wird größtenteils für Alkohol oder Glücksspiel ausgegeben. Zur Emotionalisierung des Erscheinungsbildes treten die Bettlerinnen mit einem oder mehreren Kindern auf.

3) *Die Amateure.* Das Erscheinen eines Westlers lässt manch Bettelhand zum Vorschein kommen, die ansonsten einem regelmäßigen „Handwerk" nachgeht. Die Aussicht auf ein Zusatzeinkommen macht manchen rechtschaffenen, aber armen Bürger zum Gelegenheitsbettler.

4) *Die Kinder.* Diese werden von ihren Eltern ausgeschickt, das Gewerbe von klein auf zu lernen. Häufig betteln sie recht halbherzig, da ihnen vielleicht eher nach spielen zumute wäre.

5) *Die Krüppel.* Indien beherbergt Legionen von Krüppeln. Diese können in den meisten Fällen nicht arbeiten und sind auf Almosen angewiesen. Allerdings: Verbrecherbanden oder sogar Eltern verstümmeln Kinder, um durch sie eine mitleiderregende Einnahmequelle zu haben.

6) *Die „klassischen" Bettler.* Die Städte ziehen Abertausende von Landbewohnern an, die sich in ihrer Heimat nicht ernähren konnten. Alte, Witwen oder Waisen, die keine Familie mehr haben, erbetteln sich ihr Überleben. Menschen, die ihre Arbeit verloren haben oder krank wurden und ihren Besitz verkaufen mussten, sowie andere „Sozialfälle" kommen dazu.

Ich möchte hier keine Empfehlungen abgeben, ob der Reisende *bakshis* geben soll oder nicht. Dieses möge jeder selber entscheiden, von Fall zu Fall, und nicht generell.

Die Inder sind bei diesem Problem ebenso gespalten wie wohl die Reisenden. Die einen geben kategorisch keinen *paisa,* um das „Übel der Bettelei" nicht am Leben zu erhalten bzw. zu perpetuieren. Die anderen fühlen sich der Mildtätigkeit verpflichtet und spenden regelmäßig kleine Summen. Außerhalb der großen Masse stehen die verwöhnten und gelangweilten Frauen der High-Society-Elite, die in caritativen Organisationen mitwirken. Um das soziale Gewissen zu beruhigen?

Neben den Bettlern, die lediglich die Hand aufhalten und einen vielleicht eine Strecke verfolgen, gibt es die **Schnorrer.** Diese haben zumeist irgend eine rührselige Geschichte zu erzählen – „Mutter daheim sehr krank, kein Geld für Arzt" etc. Glauben sollte man den Erzählungen, wie originell sie auch sein mögen, nicht. Ich habe bettelnde Kinder erlebt, die etwas von „no mummy, no daddy" jammerten, während ihre durchaus lebendigen Eltern aus dem Hintergrund beobachteten, wie viel ihre Sprösslinge einnahmen. Der dreisteste Schnorrer, der mir unterkam, beklagte, dass er neun Kinder zu versorgen hätte. Ich soll ihm doch, bitt-rechtschön, fünfzig Dollar (!) entrichten.

Ein „Blinder", der tagein, tagaus eine Hauptstraße im Süden Mumbais auf- und abflanierte, dabei den frommen Ruf „Allah, Allah!" ausstieß, erwies sich als äußerst scharfsichtig: Einer Frau, die einen 20-Rupienschein zum Wechseln in der Hand hielt, entriss er diesen und spurtete davon.

Indien fordert seine Bewohner zu einem ständigen Überlebenskampf heraus, und so muss manch Zeitgenosse sich was einfallen lassen, nicht unterzugehen. Und dennoch: Die **Kriminalität** ist bei weitem nicht so hoch, wie man erwarten könnte. Der Norden des Landes, vor allem die Bundesstaaten Uttar Pradesh, Bihar und Westbengalen, sind wahrscheinlich die „gefährdetsten" Regionen. Es ist wohl kein Zufall, dass in diesen Gebieten auch die Bevölkerungsdichte am größten ist. In Uttar Pradesh oder Bihar ist es ein leichtes, sich auf dem Schwarzmarkt eine *katta* zu besorgen, eine in einer illegalen Waffenschiede hergestellte Pistole. Diese Waffen, auch *deshi pistaul* genannt, etwa „Dorf-Pistolen", sehen zwar primitiv und „unprofessionell" aus, tun aber ihre Wirkung. Der Süden ist im allgemeinen friedlicher, die Bevölkerung weniger aggressiv. Blutige Kastenfehden oder Auseinandersetzungen zwischen Hindus und Moslems, wie sie im Norden relativ häufig vorkommen, sind im Süden sehr selten.

Die Zeitungen berichten zwar über Serien von Bus- oder Zugüberfällen in den obengenannten Bundesstaaten, die Wahrscheinlichkeit in Indien überfallen zu werden, ist aber geringer als im Westen. Inder sind im Allgemeinen keine Gewaltmenschen, selbst die Ganoven verdienen lieber ihren Reis durch List und Tücke als durch tumbes Draufhauen.

In der Vergangenheit hat es merkwürdige „Kulte" gegeben: So berichten Geschichtsschreiber von Ganovenbanden, die umherzogen und nichtsahnende Bürger zu Rätselspielen einluden. Konnten diese das ihnen gestellte Rätsel enthüllen, ließ man sie ihres Weges ziehen. Wenn nicht, wurden sie beraubt und ermordet.

Einige der Nachfahren, die geistigen Erben der Rätselmörder, versuchen in den Metropolen, Touristen zu „Glücksspielen" zu überreden. Selbst wenn der Reisende zunächst gewinnt – alles ist gut vorgeplant, und am Ende steht er mit Sicherheit geldlos da. Glücklicherweise werden die Opfer nur zur Kasse gebeten, nicht „beseitigt".

Vorsicht ist selbstverständlich auch vor **Taschendieben** geboten. Es gilt, Geld und Papiere so zu verstauen, dass niemand dran kann. Selbst der Verlust von Traveller-Schecks kann in Indien unangenehm sein, da es Tage oder Wochen dauern kann, bis man Ersatz erhält. Bei Notüberweisungen von Deutschland nach Indien sollte das Geld immer an eine indische „Verbindungsbank" der heimischen Bank geschickt werden, das geht recht flott. Daher sollte man sich schon zu Hause bei seiner Bank erkundigen, welche „Verbindungsbanken" in den wichtigsten Städten bestehen. Zumeist gibt es in Städten wie Mumbai und Delhi gleich eine ganze Reihe dieser *connecting banks*. Am besten, man sucht sich eine ausländische aus, die sind meistens schneller.

Nach Absprache mit einem deutschen Konsulat oder der Botschaft kann das Geld auch von Deutschland aus auf ein Konto des Auswärtigen Amts in Bonn gezahlt werden. Sobald die Zahlung dort eingegangen ist, zahlt die deutsche Vertretung in Indien die Summe aus (allerdings in Rupien!).

Der Ausländer ist beliebtes Opfer für vielerlei Händler, die ihre Waren zum Überpreis losschlagen wollen. Eine Grundregel, wie viel man vom vorgeschlagenen Preis wirklich zahlen sollte, gibt es – leider! – nicht. Genug ehrenwerte

Händler bieten gleich den „reellen" Preis, den auch ein Einheimischer zahlen würde. ln Touristenorten, in denen es jede Menge Shops für Souvenirs etc. gibt, ist besondere Vorsicht geboten. Die Händler wissen mittlerweile, wie viel Geld ein Ausländer mit sich rumschleppt und bemessen die Preise dementsprechend. Einige dieser **Geschäftemacher** locken oder zerren einen fast in die Geschäfte – bei solch aufdringlichen Spezimen der Gattung Homo commercialis ist äußerste Vorsicht angebracht. In den Orten, wo sich keine oder kaum Touristen einfinden, ist die Bevölkerung liebenswert unvoreingenommen und versucht viel seltener, das Maximum herauszuschinden. In Dörfern oder Kleinstädten habe ich Leute erlebt, die mir hastenderweise ein vergessenes Handtuch hinterherbrachten oder eine Uhr. Gäbe es bei uns viele Leute, die das täten?

Die Inder selber bezeichnen sie gelegentlich als „*highway-men*", Wegelagerer. Viele Reisende bekommen Ärger mit ihnen. Gemeint sind die indischen Leihwagen-Desperados mit ihren schwarz-gelben Taxis (Dach gelb, der Rest schwarz!). Oder aber ihre „kleinen Brüder", die Motorriksha-Fahrer. Indische Taxis oder Motorrikshas haben zwar Taxometer, doch häufig weigern sich deren Lenker, diese anzustellen. In manchen Gegenden muss der Preis auf dem Anzeiger durch Multiplikation erhöht werden, da sich die Taxometer nicht ändern lassen, sich aber der Sprit- und Beförderungspreis geändert hat. Zu diesem Zwecke haben die Taxifahrer Multiplikationstabellen, in denen der zu zahlende Preis abzulesen ist. Ab und zu zeigen sie die Karte erst gar nicht und verlangen einen Wucherpreis. An schlechten Tagen weigern sie sich, Wechselgeld zurückzugeben. Zu Kurzstreckenfahrten sind die *taxi-walas* oft nicht zu bewegen, oder sie nehmen einen Wahnsinnspreis. Im Monsun, ja da haben sie ihre große Zeit, da will jeder schnell ins Trockene kommen. Dann können sie sich ihre Kunden bequem aussuchen und kassieren einen inoffiziellen Regenbonus. Manchmal jammern sie auch um ein Trinkgeld.

Die Beschwerdeliste gegen die **Taxi-** und **Motorrikshafahrer** ist in der Tat recht lang. Nicht ganz zu Unrecht. Eine Menge verkrachter Existenzen versucht sich als Taxipilot, da der Job ein sicheres Einkommen bringt und – außer Fahr-„Künsten" – keine besonderen Voraussetzungen verlangt. Zahlreiche wüst-wilde Landburschen träumen von einer Karriere als *taxi-wala* in Mumbai, da wo die meiste Kohle sitzt. Delhis Taxifahrer, darunter viele baumlange Sikhs, sind wohl die gefürchtetsten. Danach kommen die *bhayas,* die Typen aus Uttar Pradesh und Bihar, die sich übers ganze Land verteilt haben und fahren wie die Berserker.

Was tun also? Immer darauf bestehen, dass der *meter* eingeschaltet wird, sonst nicht fahren. Trinkgelder sind nicht üblich. Auf Diskussionen, wie teuer das Benzin geworden ist oder dass der Vergaser repariert werden muss, nicht einlassen. Ignorieren. So fies es vielleicht klingt: außer der Anweisung, wo's langgeht, „unter Umständen" gar nicht mit dem Fahrer reden! Die Taxifahrer sind wahre Psychologen und nehmen einen „in die Zange", wenn man nicht aufpasst. Ohne Gespräch ist kein Ansatzpunkt dazu da.

Und auf die Gefahr hin, gänzlich mies zu klingen: im Notfall, in Bedrängnis, „auf großer Herr" (bzw. Dame) machen. Inder sind strenge Hierarchien gewöhnt und lassen sich so – *aber bitte nur, wenn's nicht anders geht!* einschüchtern. Das gilt für alle Krisensituationen, innerhalb oder außerhalb des Taxis.

Der originellste Versuch eines Taximenschen mich „zur Ziege zu machen" (so sagt der Hindi-Sprecher; heißt: verarschen), war der eines *bhaya* in Mumbai: Nachdem ich dem Fahrer einen Geldschein gegeben hatte, um die Fahrt zu zahlen, wartete ich auf mein Wechselgeld. Und wartete. Und wartete. Nach zwei Minuten blickte der Fahrer auf seine Armbanduhr und sagte: „Sorry Sir, jetzt ist die Kasse geschlossen. Kann nicht mehr auszahlen!"

Bei ernsten **Straftaten,** wenn eine Anzeige bei der Polizei erstattet werden soll – aufgepasst! Weigern sich die Beamten, eine Anzeige aufzunehmen, kann das eine diskrete Forderung nach *bakshish* sein (Mehr dazu im Kapitel „Korruption"). Wird die Anzeige aufgenommen, ist zu überprüfen, ob der Sachverhalt im Protokoll „tatsachendeckend" beschrieben wird. Bei Diebstahlmeldungen muss darauf geachtet werden, dass die Beamten statt „gestohlen" nicht „verloren" schreiben. Der „Verlust" eines Gegenstandes stellt nämlich keinen „Fall" dar, und so ist keine Weiterarbeit zu befürchten. Der Beamten-Schlendrian weiß sich halt zu helfen. Ebenso muss darauf geachtet werden, dass das Protokoll eine Registriernummer hat, unter der zur Not nachgehakt werden kann. Ansonsten auch hier: keine Nummer – kein Fall!

Die Unsensibilität des Gastes:
Was tun? Was nicht?

„... zeigen sie (die Hindus)
Verachtung für alle fremden Nationen
und besonders für die Europäer,
die im allgemeinen kaum
die Gebräuche und Gedanken
des Landes kennen
und sie permanent verletzen."

Abbé Dubois, 1770-1848

Der Reisende, der einen ihm fremden Kulturkreis betritt, tapst zwangsläufig von einer Peinlichkeit in die nächste. Die Spielregeln, die in dem Reiseland gelten, die kennt er nicht. So handelt er dann – wohl oder übel nach den Regeln, die ihm von zu Hause her vertraut sind und ist damit oft ganz und gar „fehl am Platze". Zwischen den Regeln seiner Heimat und denen des Reiselandes liegen Welten. Und genau das ist „Kulturschock": Nicht zu wissen, nach welchen Mustern man sich verhalten soll. Das altvertraute Wertesystem bricht zusammen, das neue muss mühselig erlernt werden. Gelingt einem das nicht, so kommt es zum Konflikt. Dann war die Reise – sorry! – vergebens.

Es gilt also, eine gewisse Sensibilität zu entwickeln, was man in dem Reiseland seiner Wahl tun sollte und was nicht. Dabei ist es natürlich unmöglich, <u>alles</u> richtig zu machen – dafür müsste man im Lande geboren sein oder zumindest Jahre dort verbracht haben. Die wichtigsten Spielregeln aber sollten beherrscht werden, *Mr./Mrs. Traveller!*

Fotografieren

Benares (Varanasi) und seine *murda ghats*. Die „Leichenverbrennungsstätten" am Ufer des Ganges faszinieren westliche Reisende wie eh und je. Mit jedem Scheiterhaufen, der aufgeschichtet wird, finden sich auch Schaulustige ein. Fotografieren ist verboten, doch so mancher versucht ein Erinnerungsbild mit versteckter Kamera, will ein Souvenir mit Leiche drauf. Die Gefühle der Familie des Verstorbenen werden kaltschnäuzig ignoriert. Man will dabei gewesen sein, will sein Foto.

Man stelle sich vor: Bei einer Beerdigung auf einem deutschen Friedhof tauchen plötzlich Touristen auf. Fremdländische Gestalten, die nur eins im Kopf haben: ein Foto vom offenen Sarg mit Leiche drin.

Was würde wohl passieren? Richtig. Man würde die Fremden unter Schimpf und Schande verjagen. Nicht einmal <u>ohne</u> Kamera wären sie geduldet.

Die Inder sind tolerant genug, Fremde bei den Verbrennungen ihrer Toten zu akzeptieren, auch wenn die Zaungäste anderen Glaubens sind. Befragt man Einheimische nach den Riten, die vollführt werden, so werden sie diese geduldig erklären, das macht man gern. Weiter sollte die Toleranz der Inder in diesem Falle nicht strapaziert werden: Keine Fotos – auch wenn einige korrupte Zeitgenossen gegen ein Entgelt Fotos ermöglichen wollen!

Bei allen anderen religiösen Riten ist Fotografieren in der Regel erlaubt. Zumeist sind Inder sogar stolz, fotografiert zu werden. Man bittet regelrecht darum, auf Film verewigt zu werden. Lehnt der Reisende diese Bitte eines Einheimischen ab, fühlt dieser sich gekränkt, in seinem Stolz verletzt. Inder lieben das Posieren, und auf Fotos werden sie starr und ernst dreinblicken wie gewichtige Maharajas bzw. Maharanis. Die Zeitungen drucken häufig Bilder von ertappten Dieben oder Schmugglern, flankiert von einer bierernst bis sinister blickenden Truppe von Polizisten, die sie einfing. Da Technologie in Indien nicht so selbstverständlich ist wie bei uns, hat ein Foto einen sehr hohen Stellenwert. Manchmal werden Fotos von befreundeten Ausländern gehegt als seien es kleine Heiligtümer. Es kommt vor, dass Wildfremde den Reisenden um ein „Souvenir" in Form eines Passbildes oder dergleichen bitten, oder um die Adresse. In den wenigsten Fällen wird der Inder schreiben, vielmehr wird er die Adresse stolz seinen Freunden zeigen und sagen: „Seht her, das ist mein guter Freund aus ..."

Ansonsten sollte man vor dem Fotografieren seine „Opfer" fragen, ob sie damit einverstanden sind. Nicht alle sind das, in den weitaus meisten Fällen aber wird es keine Probleme geben. Besondere Vorsicht gilt in Kalkutta: Die Einwohner der Stadt sind sich darüber bewusst, welches schlechte Image Kalkutta im Ausland hat. Fotografiert man „Elendsszenerien", sollte man das möglichst schnell und diskret abwickeln. In einigen Fällen sind Kalkutta-Leute gegen fotografierende Ausländer handgreiflich geworden, da man sich durch die Publikation von „Hungerbildern" verletzt fühlte.

Kritik

Dass mancher Traveller am Reiseland etwas auszusetzen hat, ist nicht verwerflich. Man sollte sich aber davor hüten, gegenüber Indern zu kritisch mit ihrem Land umzugehen. Untereinander schimpfen sie andauernd über die Zustände in ihrem Land und lassen kaum ein gutes Haar daran. Man flucht über die Korruption, den Dreck, die Bettelei etc. Der Ausländer allerdings sollte lediglich bei dezent höflicher Kritik bleiben, wenn überhaupt. Aufgrund der ökonomischen Lage und Indiens Platzierung unter den ärmsten Ländern der Welt, haben Inder eine Art Minderwertigkeitskomplex den „entwickelten" Staaten gegenüber. Den sollte man nicht noch fördern. Inder treten dem Ausländer im Allgemeinen mit großem Wohlwollen entgegen, und das sollte auch von der anderen Seite erwidert werden.

Vorsichtig sein sollte man auch mit kritischen Bemerkungen über die verschiedenen Glaubensrichtungen, regionalen Landsmannschaften, Kasten, politischen Parteien etc. Inder hegen extrem starke Loyalitäten und können durch eine leichtfertig gemachte Bemerkung schwer verletzt werden. Im indischen Film gibt es so gut wie keinen Humor, der auf die Eigenarten bestimmter regionaler Gruppen, Kasten, Religionen etc. abzielt (vergl. Ostfriesen-Witze), sondern nur albernste Clownereien und Grimassenschneiderei. Der Grund: Verletzte man die Loyalität bestimmter Kreise, würde das einen Sturm der Entrüstung auslösen.

Allzu starke Parteinahme in der Politik ist dem Reisenden ebenfalls nicht zu empfehlen. Viele Inder verehren „ihre" Partei und deren Köpfe und reagieren empfindlich auf Kritik. Bei politischen Diskussionen in der Öffentlichkeit (Lokal,

Tee-Shop etc.) wird der Inder erst vorsichtig über die Schulter schauen, bevor er sich zu einer negativen Äußerung über einen Politiker hinreißen lässt.

Die öffentliche Kritik an heimischen Politikern ist aber immerhin häufiger als im benachbarten Pakistan. In einem Restaurant in Karachi entdeckte ich folgenden Aufdruck auf der Speisekarte: „Politische Diskussionen sind in unserem Lokal nicht gestattet. VERSCHWENDEN SIE NICHT IHRE ZEIT!"

Kleidung

Die westliche Frau sollte darauf achten, nicht zu viel Haut preiszugeben. Ein nacktes Bein oder ein tiefer Ausschnitt wirkt ungemein provozierend auf die indische Herrenwelt, deren Frauen sich niemals so „unzüchtig" zeigen würden. Indische Frauen legen selbst beim Meeresbaden ihren Sari nicht ab – vollbekleidet sitzen sie in der Brandung und lassen das Wasser an ihren Körper klatschen. Das Nacktbaden von Westlern an den Stränden Goas wird zwar nicht gerade scharf verfolgt, dem Inder ist es jedoch unverständlich, dass Menschen, die er für „zivilisiert" gehalten hat, sich in aller Öffentlichkeit nackt zeigen. Goas Nacktbaderei ist dermaßen „berühmt" in Indien, dass indische Touristen von weit her gereist kommen, die splitternackten „Hippies" zu sehen. Frauen, die nackt baden, müssen mit massiver Anmache oder zumindest mit „Anstarre" rechnen. Einige Einheimische setzen sich direkt vor ihr nacktes Opfer hin und glotzen sich die Seele aus dem Leib – doch wer könnte es ihnen verdenken! In ihrem eigenen Land werden sie einem Kulturschock ausgesetzt, mit dem sie nicht so ohne weiteres fertigwerden.

Selbst fernab des Strandes mag der Inder keine schludrig gekleideten Westler. Bei Einladungen von „besseren" Kreisen sollte man sich leger aber ordentlich kleiden. Er wird es nicht verstehen, wenn ein „reicher" Westler daherkommt und in den „Klamotten armer Leute" rumschlurft. Die indische Landestracht von *kurta* (Baumwollhemd) und *pajama* (lockere Baumwollhosen) ist okay auf dem Lande, in den Städten muss man damit rechnen, als „Hippie" angesehen zu werden. Mit dem Wort „Hippie" assoziieren die Inder jedwede Schlechtigkeit, die der dekadente Aspekt des Westens hervorgebracht hat – vom Drogenexzess bis zum Gruppensex und alles, was dazwischen liegt.

Alkohol

Der Genuss von alkoholischen Getränken jeder Art ist grundsätzlich verpönt. Was nicht heißt, dass keiner trinkt! Reichlich Leute zechen, doch nicht so öffentlich wie bei uns, und die Zecher werden etwas schief angesehen. Nur wenige Restaurants haben eine Lizenz, Alkohol auszuschenken, und der ist dort meistens teuer. Man sollte niemals auf der Straße Alkohol trinken, das würde einen

zu einer respektsunwürdigen Person degradieren, zu einem Nichtsnutz sondergleichen. Indien produziert – trotz allem – ein breites Spektrum von Alkoholika: Von Wein und Bier bis hin zum landeseigenen Whisky und Champagner made in Goa, gibt es so ziemlich alles. Außer an den sogenannten *dry days,* den trockenen Tagen, an denen kein Alkohol ausgeschenkt werden darf. Diese *dry days* werden so gelegt, dass sie auf die Lohnzahltage fallen. Somit soll verhindert werden, dass die arbeitende Bevölkerung ihr ganzes Monatseinkommen verjubelt. Einige indische Biermarken sind extrem stark – je stärker, desto besser lautet die Devise. Die Marken „Hayward 2000", „Guru" oder „Khajuraho" schmecken zudem auch noch. Ein in Mysore produziertes Bier zeigt auf dem Label zwei Boxer, von denen einer gerade per K.O. zu Boden geht. Das Bier heißt vielversprechend „Knock-Out"!

Schuhe

Die Schuhe sind das „unterste" am Menschen, und da sie mit dem Schmutz der Straße in Berührung kommen, unrein. Zudem sind sie aus Leder hergestellt, sind also Teil eines toten Tieres. Bei Tempeln und Moscheen hat das Schuhwerk unbedingt vor der Schwelle zu bleiben, ebenso bei den meisten Privathäusern. Lediglich einige moderne Familien machen sich nichts daraus, wenn ihr Haus samt Schuhen betreten wird.

Das Gerben von Leder und das Herstellen und Putzen von Schuhen kommt nur den untersten Kasten bzw. den Kastenlosen zu. Will ein zorniger Inder im Streit drohen, zieht er sich den Schlappen von der Sohle und gibt vor, seinem Gegner damit ins Gesicht zu schlagen. Schlägt er wirklich damit zu, kommt das einer bodenlosen Erniedrigung gleich. Bei <u>extrem</u> aufdringlichen Bettlern oder anderen Zeitgenossen kann der Westler zu derselben Drohgebärde greifen, *aber bitte nur im Notfall!* Und *nur im* allerhöchsten Notfall wirklich mit dem Latschen schlagen! Der Latschen-im-Gesicht ist eine dermaßen schlimme Beleidigung, dass man nicht unbedacht dazu greifen sollte.

Die indische Version des Spießrutenlaufes ist übrigens, jemandem einen Kranz aus Schuhen *(juta mala)* umzuhängen und ihn mit dem Gesicht nach hinten auf einen Esel zu binden!

1997 kam es in einer Slum-Siedlung in Mumbai zu einem Aufstand, nachdem jemand einer Büste des „Vaters der Unberührbaren", *Dr. Bhimrao Ambedkar,* einen Kranz aus Schuhen umgehängt hatte. Die Polizei konnte die zornigen *harijans,* deren Schutzpatron beleidigt worden war, nur mit Waffengewalt kontrollieren. Es starben elf Menschen.

Berührungen

Westliche Paare, die eng umschlungen einher spazieren, werden von vielen Augenpaaren verfolgt und von manch spitzer Zunge verhöhnt werden. Vom öffentlichen Küssen wollen wir daher erst gar nicht reden. Zärtlichkeiten zwischen Personen unterschiedlichen Geschlechts sind in der Öffentlichkeit nicht statthaft. In den großen Städten sieht man zwar gelegentlich indische Paare, die händchenhaltend spazierengehen, doch sie sind die Ausnahme und sich sehr bewusst, welche Aufmerksamkeit sie damit erregen. Eine westliche Frau, die sich auf der Straße zärtlich zeigt, riskiert, als Hure angesehen zu werden. Und damit fordert sie dreiste Annäherungsversuche geradezu heraus. Im günstigsten Falle provozieren öffentliche Zärtlichkeiten kindlich albernes Gelächter, da die Beobachter nicht wissen, wie sie auf das „verbotene" Geschehen reagieren sollen. Auf der Straße sollte eine westliche Reisende keinem Mann gerade in die Augen schauen – selbst das wird als Einladung betrachtet. Wird eine indische Frau von einem Mann fixiert, so senkt sie schamhaft den Kopf und blickt zur Seite. Das Idealbild einer frisch verheirateten Hindu-Braut ist das von einer zarten Jungfer, die sich ziert, ihrem Angetrauten in die Augen zu schauen und stattdessen tugendhaft errötet.

Händchenhalten zwischen männlichen Freunden ist durchaus statthaft, und man sieht zahlreiche Freundespaare Hand in Hand und sogar umschlungen spazierengehen. Das heißt <u>nicht</u>, dass die Betreffenden homosexuell sind!

Geduld contra Ungeduld

Es ist wahr: Inder können das größte Elend, die schlimmsten Naturkatastrophen oder Schicksalsschläge ertragen, ohne sich über ihr Los zu beklagen. *„Jo ho, so ho",* sagen sie: „Was sein soll, das soll sein." Dieselben Inder, die das übelste Schicksal zu meistern verstehen, drehen aber durch, wenn es darum geht, den Zug oder Bus zu besteigen. Oder überhaupt die Fahrkarten zu kaufen. Alles rennt, stürmt, drückt, schiebt und mogelt sich vor, als stünde der Untergang der Welt bevor. Von Geduld keine Spur. Der Ausländer, der es gewohnt ist, in der Warteschlange zu stehen, bis er endlich dran ist, ist so gut wie verloren. Indien hält nichts vom höflich-englischen System des „Schlangestehens". Wer zuletzt kommt, kommt mit Ellbogenglück als erster dran. Der Reisende wird sich – wohl oder übel – dieser Methode anpassen müssen und mitmogeln. Ist das Chaos nicht ganz so schlimm, und nur vereinzelte Personen drängeln sich vor, kann man diese ruhig auf ihr Vergehen aufmerksam machen. Die betreffende Person wird sich – mit einem schuldbewussten Grinsen im Gesicht – ohne großes Murren auf ihren rechtmäßigen Platz zurückbegeben. Wahrscheinlich entschuldigt sie sich noch dazu für ihr voreiliges Drängen.

Ansonsten ist „Indian-style queuing" der Moment, in dem man einen Teil seiner Sensibilität <u>drangeben</u> sollte. Sonst geht's nicht voran!

Die Anzeige einer Kinobesitzer-Vereinigung, die ich in *Madhur Kathaen* vom September 1986 fand, unterstreicht deutlich die notorische Ungeduld der Inder bei „kleinen" Dingen. Der Text lautete:

> „Eine Bitte an das Publikum:
> 1. Bitte legen Sie die Füße nicht auf die Sitze!
> 2. Bitte verschmutzen Sie nicht den Saal!
> 3. Rauchen ist im Saal verboten!
> 4. Wenn der Strom ausfällt, reißen Sie bitte nicht die Sitze auseinander!"

Die indische Hygiene:
Der wunde Punkt?

*„Ihre Hütten, ein Haufen Dreck
und voll von Insekten und Ungeziefer,
sind,
falls überhaupt möglich,
noch verabscheuungswürdiger
als sie (die Kastenlosen) selber."*

Abbé Dubois, 1770-1848

Kein Reisender, der eine halbwegs realistische Vorstellung von der „Dritten Welt" hat, wird dort die gleichen keimfreien Zustände erwarten, wie daheim. Ein hoher Standard an Hygiene setzt Wohlstand und Schulbildung voraus – Voraussetzungen, die ärmere Länder nicht erfüllen können.

Indien hat seine spezifischen Probleme. Wie gezeigt, ist die indische Gesellschaft in erster Linie eine ländliche Gesellschaft, und auf dem Lande gelten andere Regeln als in der Stadt. Auf dem Dorf geht es durchaus an, sich an den Wegesrand zu hocken und seine **Notdurft** zu verrichten. Die Natur wird den „Dünger" dankbar aufnehmen und in kürzester Zeit verwerten. Nicht so in der Stadt. Der Exkrementhaufen auf dem Pflasterstein wird solange vor sich hin faulen, bis er von Fliegen oder Ratten abgetragen wurde. Die vielen Städter, die sich zur Verrichtung ihrer Notdurft an Indiens Straßenrändern niederhocken, sind nichts weiter als „geistige" Landmenschen. Man hat sich der städtischen Kultur noch nicht anpassen können und verhält sich wie daheim auf der Scholle. Das Bewusstsein, dass die öffentliche Darmentleerung zu epidemischen Krankheiten führen könnte, fehlt – selbst in der alten indischen Heilkunde der *Ayurveda* finden Bakterien oder Viren keinerlei Erwähnung.

Dabei hatten die alten Hindu-Schriften bezüglich Hygiene einen pedantischen Regelkatalog zur Verrichtung des Stuhlgangs aufgestellt. Insgesamt waren dem Brahmanen seiner Zeit 23 kleinliche Regeln vorgeschrieben. Regel Nummer 3 sagte klar, welche Orte zur Darmentleerung vermieden werden mussten:

Das Gelände eines Tempels, das Ufer eines Flusses, ein Teich oder Brunnen, öffentliche Wege oder Plätze, helle Erde (wahrscheinlich, um den Kot nicht sichtbar werden zu lassen), die Nähe eines heiligen Banyan-Baumes oder irgend eines anderen heiligen Baumes.

Eine 23-Punkte-Stuhlgang-Regelung ist heute absolut unpraktikabel, und es mag bezweifelt werden, ob man sich in früheren Zeiten immer daran hielt. Selbst das Reglement zum Zähnereinigen umfasste 9 Punkte. Die Reinlichkeit wurde als eine heilige Pflicht betrachtet, und nicht umsonst sagen die Inder „Sauberkeit kommt gleich nach Göttlichkeit".

Hiermit wurde angedeutet, womit der Reisende rechnen muss: Die Notdurft wird größtenteils auf der Straße verrichtet. Öffentliche Toiletten sind Raritäten, und die wenigen, die tatsächlich existieren, sind in einem so desolaten Zustand, dass ihnen der Asphalt vorzuziehen ist. Den Millionen Straßen- oder Slumbewohnern bleibt ohnehin nichts anderes übrig: Ihr Leben spielt sich mehr oder weniger in der Öffentlichkeit ab. Dabei ist die Toilette noch das geringste Problem. Wichtiger ist, erst mal etwas zu essen zu bekommen!

Restaurants

Die Inder lieben Beschönigungen. Viele ihrer Restaurants tragen hochtrabende Namen wie z. B. „Tempel der Glückseligkeit" *(Anand Bhavan)*, „Goldener Tempel" *(Suvarna Mandir)* oder „Der Traum" *(Sapna)*. Die Restaurants mit den tollsten Betitelungen sind nicht unbedingt die besten, das versteht sich von selbst. Häufig ist das Innenleben des Speiselokals sogar gänzlich anders als der Name erwarten ließe. Aber man findet auch viele hervorragende einfache Lokale, die sauber sind – in manchen teureren Restaurants wird dagegen die Hygiene permanent vergewaltigt.

Zahlreiche Restaurants besitzen keine **Toilette,** und wenn, dann ist die zumeist drei Klassen unter dem Standard des Speiseraumes. Das natürliche Bedürfnis, von den Indern *„the call of nature"* genannt, „der Ruf der Natur", wird weitgehend ignoriert. Für die Toilette ist das Schlechteste gerade gut genug. Selbst blitze-blank gewienerte Restaurants weisen selten adäquate Toiletten auf. In vielen Restaurants liegt die Toilette gleich neben der Küche – und ich habe Toiletten gesehen, die direkt *in* der Küche gelegen waren. Mein Tipp: Um herauszufinden, wie gut und sauber ein Restaurant ist, zuerst das Klo begutachten!

Stuhlgang

Will der Inder urinieren, so hockt er sich dabei wie zum Stuhlgang nieder und winkelt die Beine so an, dass nichts zu sehen ist. Die alten Hygiene-Regeln besagen nämlich, dass man sich zu jedweder Entleerung so tief wie möglich zum Boden hocken sollte. Ein Westler, der stolz-aufrecht im Stehen Wasser lässt, wird befremdetete Blicke dafür ernten. Es ist schon passiert, dass Westler zur Rede gestellt wurden, wenn sie – wie die Einheimischen auch – in der Öffentlichkeit Wasser ließen: Manche Inder empfinden es als eine Beleidigung, wenn der Westmensch, von dem sie annehmen, dass er das zu Hause nicht täte, so einfach an ihre Straßenecken pinkelt. Sie sehen darin so eine Haltung wie: „Na ja, hier ist ja eh alles dreckig, da kann ich ja auch pinkeln!" Man möchte von Ausländern nicht als Toiletten-Land betrachtet werden.

Müll

Zur Ablage des **Hausmülls** muss ebenfalls die Straße herhalten. Der Müll wird einfach auf Haufen geschmissen. Manchmal landet er auch in den kleinen Abfluss-Rinnsalen, die längs der Gassen entlangplätschern. Mülltonnen oder Papierkörbe sind kaum existent. Ich erinnere mich, dass ich bei meinem ersten Indien-Besuch verzweifelt nach einem Papierkorb suchte, um eine Bananenschale darin zu deponieren. Es kostete Überwindung, den Abfall schließlich auf die

Straße zu werfen. Das Schuldgefühl, etwas zu „verdrecken", legt sich aber nach einiger Zeit: Zumeist wird der organische Müll sogleich von den Krähen oder anderen Tieren aufgepickt, die so etwas wie eine natürliche Müllabfuhr darstellen. In vielen ländlichen Gebieten ist das Hausschwein der Müllmann. Nicht selten sieht man Kühe, die genüsslich Platiktüten zerkauen, was der Milch wohl einen ganz besonderen Beigeschmack verleiht.

Wasser

Manche Reisende werden sich vor dem indischen **Trinkwasser** hüten, wie vor dem Leibhaftigen. Das ist vollkommen in Ordnung, doch sollte man sich auch im klaren darüber sein, dass man häufig Wasser „untergejubelt" bekommt, ohne es zu merken: Milchgetränke, Fruchtsäfte etc. werden mit Wasser gestreckt. Bei Soda ist zu beachten, dass billige, namenlose Produkte oft nichts anderes sind als Leitungswasser, dem Kohlensäure zugesetzt wurde. Wer sicher sein will, „sauberes" Sodawasser zu bekommen, sollte sich an Markenprodukte halten (*Bisleri, Acqua* etc.). Das Leitungswasser in den Städten ist mehr oder weniger chloriert, und im Monsun, wenn viele Leitungen bersten und sich Schmutz einmischt, werden Extradosen Chlor hinzugesetzt. Das Wasser, das einem zu den Mahlzeiten auf den Tisch gestellt wird, ist im Normalfall einfaches Leitungswasser. Nur in sehr guten (und teuren!) Restaurants wird das Wasser abgekocht, in anderen wird es durch einen Filter gezapft und so zumindest teilweise gereinigt.

Wird einem in Dörfern Wasser aus dem örtlichen Brunnen gereicht, kann die Ablehnung dessen als Kränkung angesehen werden. Die Dorfbewohner, die nichts von westlicher Bakterio-Phoebie wissen, würden glauben, der Reisende sei sich „zu gut" für ihr bescheidenes Wässerchen. Ähnliches gilt auch für andere Getränke oder Speisen. Man sollte beachten, dass Wasser – vor allem in der trocken-heißen Zeit vor dem Monsun – das kostbarste Gut sein kann. Eine Ablehnung dessen sollte äußerst diplomatisch bewerkstelligt werden, keinesfalls schroff, als sähe man schon Tod, Teufel und Typhus im Glas.

Das beste ist, auf den Bauch zu zeigen, eine Art Kugel mit der Hand formen und damit andeuten, dass der Magen voll ist! Bei Brunnen ist zu bedenken, dass die offenen Schöpfbrunnen natürlicherweise recht verschmutzt sein können; das Wasser, das durch einen Pumpbrunnen nach oben gefördert wird, ist – da es direkt aus der Erde kommt – sauberer.

Wem das Wasser nicht geheuer ist, der sollte sich auch **Eis** verkneifen. Das Eis wird in großen Blöcken angeliefert, die zur Isolierung mit einer Schicht Sägespäne behaftet und mit Jutelappen umwickelt sind. Manchmal werden die Blöcke auch blank – ohne die sie umgebenden Sägespäne – über die Straße zu ihrem Bestimmungsort geschleift. Danach landet es zur Kühlung in Fruchtsaft oder Soda!

Jeder sollte selber entscheiden, ob er zum Wasser greifen will oder nicht. Ich habe mich immer für ersteres entschieden und bin nach einer einzigen (!) Bazillen-Ruhr nie wieder krank geworden (Das scheint die Abwehrkräfte zu mobilisieren!). Wer jedoch nur ein paar Wochen im Land verbringt (und nicht Monate) sollte vielleicht lieber auf das Wasser verzichten!

Spucken

Nächtigt man in hellhörigen Hotels, wird man morgens vielleicht von beängstigenden Geräuschen geweckt: Es klingt, als müssten sich die Zimmernachbarn übergeben, als würgten sie sich ihre Seelen aus dem Hals. Doch niemand ist in Not: Der Inder glaubt, dass der Schleim, der sich auf Zunge und Hals bildet, beseitigt werden muss. Dieses geschieht durch ein lautstarkes Würgen mit anschließendem Ausspucken. Ebenso wird die Nase gereinigt, die aufgrund der scharfen Speisen und dem starken Wechsel von heißem Tag/kühler Nacht, zu vermehrter Schleimbildung neigt. Dazu werden Daumen und Zeigefinger an die Nase geführt, ein Nasenloch zugedrückt und das andere kräftigst ausgeblasen. Es gibt nicht gerade ein amüsantes Bild, wenn sich jemand so die Nase ausbläst und die an der Hand hängengebliebenen Schleimreste im Vorbeigehen an Hauswände oder Pfeiler schmiert.

In Indien wird auch auf der Straße reichlich **gespuckt.** Es gehört schon ein äußerst gutes *karma* dazu, nicht irgend wann von einer Salve erwischt zu werden. Die Gründe für den vermehrten Speichelfluss sind u. a. in der Schärfe der Speisen zu suchen, hinzu kommt das weitverbreitete Kauen der Betelnuss, das die Sekretbildung ungemein fördert. Der Speichel färbt sich blutrot und wird auf die Straße gespuckt. Blutähnliche Flecken auf Indiens Bürgersteigen deuten also keineswegs auf frisch vorangegangene Scharmützel hin!

Mahlzeiten/Spucken

Bei **Mahlzeiten** ist darauf zu achten, dass nur die rechte Hand benutzt wird, denn die linke ist für alles unterhalb der Gürtellinie zuständig. Vor und nach einer Mahlzeit hat man sich die Finger zu waschen, denn die traditionelle Art ist, nur mit den Fingern zu essen. In vielen Restaurants oder Haushalten wird aber auch Besteck benutzt. In besseren Restaurants erhält man nach der Mahlzeit eine *finger bowl,* d. h. eine Schale mit heißem Wasser und einem Stück Limone. Damit soll man sich die Hände reinigen. Ein opulentes Mahl kann durchaus durch einen lauten Rülpser beschlossen werden, einige Könner bringen es auf die Lautstärke von ausgewachsenen Wasserbüffeln! Da durch die Schärfe der Speisen die Sekrete wieder in Fluss gekommen sind, wird auch gespuckt oder die Nase ausgeblasen. Dafür gibt es Waschbecken, die als Spucknapf dienen.

Der westliche Reisende wird sich erst daran gewöhnen müssen, eine köstliche Speise zu genießen, während ein paar andere Gäste lauthals speien. Mit der Zeit empfindet man die Spuckgeräusche aber als dermaßen „normal", dass man sie kaum noch wahrnimmt. Auch in Bussen, Zügen oder Kinos wird gelegentlich gespuckt, obwohl das natürlich „verboten" ist. In den Kinos werden in den Vorprogrammen „Aufklärungsfilme" gezeigt, die den öffentlichen Speier als tumben Krankheitsverbreiter darstellen. Die Stadtverwaltung von Mumbai hatte vor einigen Jahren erwogen, das öffentliche Spucken unter Strafe zu stellen. Man musste aber schließlich einsehen, dass dem Problem nicht durch Verordnungen beizukommen ist.

Es ist in der Tat bemerkenswert: In der Öffentlichkeit zeigt der Inder keine übermäßigen Anstrengungen, seine Umgebung sauber zu halten. Viele gebildete Inder gestehen ein, dass es ihren Mitbürgern an einer gesunden Portion *civic sense* mangelt. Dieser fehlende „Sinn fürs Allgemeinwohl" wird auch immer wieder in Leserbriefen beklagt, die in indischen Zeitungen abgedruckt werden.

In den eigenen vier Wänden jedoch ist man penibel und ordentlich. Ess- und Kochgeschirr sind spiegelblank geputzt, die Kleidung absolut sauber und fein ordentlich gefaltet und verstaut. Trotz der nachteiligen Wohnverhältnisse, sowie sporadischen Wassermangels und die hohen Preise für Toilettenartikel, nimmt man es mit der persönlichen Hygiene sehr genau. Das morgendliche und abendliche Bad gehört zum festen Bestandteil des Tages und wird mit religiöser Hingabe zelebriert. Ich habe Bettler beobachtet, die sich zwei Stunden lang ihrer Morgentoilette hingaben. Alles wurde doppelt und dreifach eingeseift, wieder und wieder gespült. Und das alles mitten auf der Straße.

Insbesondere öffentlich badende Frauen achten darauf, dass sie während ihrer Reinigungsorgien keinen Fetzen Haut preisgeben, der „intim" wäre. Sie waschen sich während sie die betreffenden Körperpartien geschickt mit dem Sari abdecken. Die Haare werden mit Kokosöl eingefettet, um sie vor der austrocknenden Wirkung der Sonne zu schützen. Der Körper wird mit Talkum-Puder bestäubt, um die Schweißbildung möglichst gering zu halten. In der heißen Jahreszeit wird man sich unter Umständen mehr als zwei mal am Tag gründlich säubern. Ich habe Westler in Indien erlebt, die es mit der Hygiene weitaus lockerer nahmen.

Der Inder wird es nicht verstehen, wie sich die Westler nach der **Toilette** das Hinterteil mit kratzigem Papier reinigen können. In seinen Augen ist das schmutzig, denn nichts reinigt so gut wie Wasser! In Gegenden, wo das Wasser knapp ist, behilft man sich – notgedrungen! – mit großen Blättern oder in ganz kargen Gebieten mit flachen Steinen oder Sand. Toilettenpapier ist ein teurer Luxusartikel, zu dem nur die westlich-orientierte Oberschicht greift. Zur **Zahnpflege** benutzt die ärmere Bevölkerung einen Zweig des *Nim-Baumes,* mit dem man sich – wie mit der Zahnbürste – die Zähne scheuert. Durchaus erschwinglich ist für diese Kreise auch das ayurvedische Zahnpulver, das aus mehreren Kräuterpulvern besteht, und wie Zahnpasta benutzt wird. Statt Shampoo, das auch relativ teuer ist, benutzt man ein aus der *Shikakai-Pflanze* gewonnenes Pulver, oder eine Mischung verschiedener Kräuterpulver, die es unter dem Namen „Silkesha" in ayurvedischen Drogerien zu kaufen gibt (der Name ist ein Wortspiel aus dem engl. *„silk",* Seide, und Sanskrit *„kesha",* Haar). In den letzten Jahren hat es bei den ayurvedischen Kosmetika einen wahren Boom gegeben, und mittlerweile erhält man ein großes Sortiment ayurvedischer Seifen, Zahnpastas, Cremes etc. Eine dieser Zahnpastas, *Vicco Vajradanti,* wird mit gutem Erfolg in westliche Länder exportiert, in geringem Maße auch in die BRD. „Vicco *Vajradanti"* heißt soviel wie *„Vicco Blitzezahn!"* Eine neuere, und besonders „gutschmeckende" ayurvedische Zahnpaste ist *„Meswak",* hergestellt unter anderem aus einem Extrakt der Miswak-Pflanze.

Der Speichel einer anderen Person gilt als unrein, und so ist es nicht verwunderlich, wenn das Küssen einen so niedrigen Stellenwert besitzt. Nach den alten Reinlichkeitsregeln sollten auch die Finger, die ja mit allem möglichen in Berührung kommen, nicht in den Mund geführt werden. Darauf achtet man heute nicht immer: Es gibt Zeitgenossen, die sich ihre Finger nach einer Mahlzeit genüsslich abschlecken.

Ein unbewusstes Überbleibsel der alten Regel zeigt sich aber in der indischen Methode, Erdnüsse zu essen: Damit die Finger nicht den Mund berühren, werden die Erdnüsse aus 30 cm Entfernung oder mehr in den Mund geworfen!

Korruption & Bürokratie:
Eine Brüderschaft der Mogelei?

*„Seit Menschengedenken
unter der Herrschaft despotischer Prinzen,
die kein Gesetz achteten
als ihren eigenen freien Willen
und ihr Vergnügen,
hat sich Indien an eine Form
von Gerichtsbarkeit gewöhnt,
die so unverwechselbar eigen ist."*

Abbé Dubois, 1770-1848

Armut fördert Korruption. Wer wollte es einem unterbezahlten Beamten, der zudem keinerlei Aussicht auf Beförderung hat, verdenken, wenn er seine Position für „Nebeneinkünfte" nutzt? Wie würde man selber an seiner Stelle handeln? Sauber bleiben?

Als im September 1979 ein Brand in Mumbais Santa Cruz Airport ausbrach, hatte die anrückende Feuerwehr zunächst Besseres zu tun, als Feuer zu löschen. Zu allererst stürmte sie das Flughafen-Restaurant. Mit 250 Flaschen Bier löschte sie ihren Durst. Sandwiches wurden verzehrt. Dann zog man zu den Wechselstuben und den Duty-free-Shops. Wie viel fehlte, wusste im Nachhinein niemand zu sagen. Als die wackeren Feuerwehrmänner nach der Plünderei ans Feuerbekämpfen gingen, war der Brand schon so weit fortgeschritten, dass es zu erheblichen Schäden gekommen war. Der Flugzeugverkehr lag fast eine Woche lahm.

Böse Zungen behaupten, die indischen Feuerwehrmänner legten selber Brände, um während der Löscharbeiten plündern zu können. Beweise dafür sind mir nicht bekannt. Dennoch: Indiens Korruption ist legendär, das gesamte Staatsgefüge ist davon durchzogen wie morsches Gebälk vom Gewürm.

Die Armut ist vielleicht nicht ausschließlich schuld daran. Indiens Gesellschaft beruht auf strengen Hierarchien, und wer endlich „oben" ist, am Drücker sitzt, versucht, das Beste aus seiner Position zu machen. Man lässt die anderen auf Knien rutschen. Die Macht verleitet.

In diesem Lichte sollte man die indischen Beamten sehen. Mancher musste dafür teuer zahlen, dass er überhaupt seinen Posten bekam. Was liegt da näher, als sich das Geld von anderen zurückzuholen? Indische Zollbeamte, die tagtäglich mit Tausenden von Rupien geschmiert werden, mussten erst einmal Unsummen abdrücken, um den Posten überhaupt zu bekommen.

Mir ist ein Fall bekannt, in dem eine junge Frau 10.000 Rupien dafür zahlen sollte, um bei einer Stadtverwaltung als Sekretärin angestellt zu werden. Ihr zu erwartendes Monatsgehalt: etwa 700 Rupien. Das eingenommene Schmiergeld sollte dann als Wahlkampfgeld einer politischen Partei zugute kommen.

Geld macht gefügig. Die „richtigen" Verbindungen zu haben, jemanden auf hohem Posten zu kennen, ist lebenswichtig. Nicht umsonst wird in vielen Heiratsangeboten in den Zeitungen betont, dass die Familie der/des zu Verheiratenden über „Kontakte zu den höchsten Stellen" verfügt. Wer die „richtigen" Leute kennt, hat einen Freischein, kriegt so ziemlich alles, was er will. Ohne connections oder auf Hindi „pahunch" (etwa „Reichweite") ist ein Fortkommen kaum möglich. Dieses ist der Hauptgrund, wenn Inder vor Amtspersonen zu buckeln scheinen: Man will sich nichts verscherzen, der Mann auf dem Bürosessel hat die Macht eines Potentaten.

Hat man einen Verwandten irgend wo in einer Schlüsselposition, ist das natürlich besser. Dann kosten die Gefälligkeiten nichts. Indische Familien, auch entfernte Verwandte, zeigen die Loyalität einer Blutsbrüderschaft. Ist die Schlüsselperson kein Verwandter, „kauft" man ihn halt ein. Es scheint, als könne man sich die gleiche Loyalität von Beamten „erkaufen", die man ansonsten nur innerhalb einer Familie vorfindet. Eine Bruderschaft der Mogelei?

Doch wie ist der Reisende von alledem betroffen? Die Beamten, mit denen man am ehesten zu tun haben wird, sind die Leute vom *C.I.D.* (für Visumsverlängerungen) und normale Polizisten (bei Verlustmeldungen, Anzeigen etc.).

In vielen Fällen werden die Beamten schnippisch sagen, dass es „absolut unmöglich" ist, den Wunsch des Reisenden zu erfüllen. Visaverlängerung? Gibt's gar nicht! Verlustmeldung? Not possible! Damit soll entweder die eigene Macht unterstrichen werden, man will den Bittsteller auf die Knie zwingen. Oder man will *hapta,* Bestechungsgeld. Oder eine Kombination von beidem. Der Reisende sollte stets höflich bleiben, egal wie brüsk er abgewiesen wird. Ruhig weiterreden und noch einmal fragen. Niemals aufbrausen und auf die indische Bürokratie und ihre Schergen fluchen! Erstens macht man sich damit lächerlich, und zweitens ist dann der letzte Hoffnungsschimmer dahin. Höflich bleiben und rauszufinden versuchen, worum es geht: Machtgehabe oder Schmiergeld?

Es macht sich gut, nach dem Namen des vor einem sitzenden Beamten zu fragen, Zigaretten anzubieten und einfach nett zu sein. Ganz nebenbei kann man ja mal nach dem Namen des Vorgesetzten fragen. In welchem Zimmer sitzt der denn? Aha, nebenan, vielleicht sollte ich da mal ... In vielen Fällen schüchtert das etwas ein, und der störrische Beamte gibt nach. Ansonsten? Das Anbieten von Bestechungsgeld – manche Beamte nennen es euphemistisch „ein Geschenk" – birgt Gefahren: Einige Beamte, die ansonsten die inkarnierte Korruption sind, wollen sich vor westlichen Ausländern keine Blöße geben und werden entrüstet reagieren. Dann ist der Ofen aus. Nichts geht mehr. In anderen Fällen wird es gut gehen. Man sollte also mit viel Fingerspitzengefühl entscheiden, wie man handelt. Anstatt Geld anzubieten, was halt dem Beamten signalisiert, dass er „eingekauft" werden soll, sind Sachgeschenke oft besser. Inder lieben teure Kugelschreiber, Feuerzeuge etc., und wenn man damit ein bisschen herumspielt, wird man wahrscheinlich gefragt werden, was das denn für ein schöner Kuli sei ... Dann am besten das Ding gleich rüberreichen!

Egal welcher psychologische Kampf zwischen Beamten und Bittsteller vorher ablief – ist die Sache erledigt, dann ist alles eitel Sonnenschein. Inder können mühelos von übelster Grantigkeit zu herzlichster Freundlichkeit wechseln. Man scheidet als Freunde, und beim nächsten Gang zur selben Behörde wird man von freundlichen Gesichtern empfangen werden.

Die gleichen Verhaltensregeln wie oben gelten auch in anderen Situationen. z. B. auf der Post, wenn ein Ferngespräch schnell durchkommen soll, und der zuständige Beamte behauptet, dass „eine Verbindung nach Deutschland nicht vor morgen" zu kriegen ist. Oder bei der Reservierung von Zugfahrkarten, wenn angeblich „auf Wochen alles ausgebucht" ist. Häufig sind solche Bemerkungen aber auch nichts weiter als Faulheit, man hat einfach keine Lust, ein Ticket zu verkaufen. Fragt man in Büros nach einem Mr. Soundso, passiert es allzu oft, dass man die Antwort erhält, der sei gerade „beim Tee" oder „out of station", was alles mögliche heißen kann: außer Haus, auf Urlaub oder einfach nicht da. Indische Beamte lieben die ruhige Kugel, und man braucht viel Geduld, überhaupt die zuständige Person ausfindig zu machen. Häufig weiß niemand so recht, wer denn nun zuständig ist, und da hilft nur Penetranz und Insistieren. Viel Zeit ist allerdings bei allen Amtsgängen mitzubringen. So chaotisch es in indischen *government offices* auch zugeht – irgend wie ist doch Ordnung drin: Zwar sehen die durch Bindfäden zusammengehaltenen Aktenordner aus, als würden sie sich jederzeit in ihre Einzelblätter auflösen, doch finden sich alle Papiere wieder. Bei jeder meiner Visumsverlängerungen wurde mir gesagt, ach ja, Sie waren im Jahre Sowieso schon mal hier ... Alle Akten werden sorgsam gehütet!

Im Oktober 1986 machte ein Zwischenfall in Indien Furore, der sich in einem Telefon-Amt in Neu-Delhi zugetragen hatte: *P.C. Sethi,* ein ehemaliger Innenminister, der allerdings von niemandem erkannt worden war, hatte ein Ferngespräch gebucht. Das Gespräch kam nicht durch. Wütend auf die zuständigen Beamten, denen er Schlamperei unterstellte, zog der Ex-Minister eine Pistole und bedrohte die Beamten. Der Fall Sethi machte Schlagzeilen, und Indien diskutierte über die negativen Aspekte seines Beamtentums. In Leserbriefen an *India Today,* Indiens führendes Nachrichtenmagazin, gab man *P.C. Sethi* seine moralische Unterstützung. Ein Leser aus Kalkutta schrieb: „Wenn ich der Ex-Innenminister gewesen wäre, hätte ich glatt eine Maschinenpistole genommen, um mich bei den Telefon-Beamten zu beschweren. Großes Geschütz ist die einzige Sprache, die sie verstehen!"

Guru-Shopping:
Die Suche nach dem Meister

*„Hindus sind zu solchen Tiefen
erniedrigt worden,
ihre Frauen oder Kinder zu verkaufen,
um das Geld zu besorgen,
... das ihre Gurus erbarmungslos
von ihnen forderten."*

Abbé Dubois, 1770-1848

Ich traf einen Amerikaner, der gerade tief-enttäuscht von einer Audienz bei *Bhagwan Shri Rajneesh* gekommen war. *Rajneesh* (mittlerweile verstorben), nämlich hatte ihm unmissverständlich zu verstehen gegeben, dass er bei ihm fehl am Platze sei. Er, der amerikanische Sucher nach Wahrheit, sei sein eigener Guru, er brauche keinen anderen, weder einen *Rajneesh* noch irgend einen *Swami*. So hatte der Erleuchtete gesprochen.

Am nächsten Tag machte sich der Amerikaner zu einem anderen „Guru" auf, ging „guru-shopping". Dass er vielleicht tatsächlich niemanden brauchte, war ihm nicht in den Sinn gekommen. Er wollte seinen „Guru" – unbedingt!

Spätestens seit die *Beatles* Ende der 60er Jahre bei *Maharishi Mahesh Yogi* in Rishikesh um die Wette meditierten, hat der Guru-Boom begonnen. Tausende von Westlern strömten (und strömen) nach Indien, der Erleuchtung entgegen. Dabei musste mancher später einsehen, dass er einer Fata Morgana erlegen war. Bei näherem Hinsehen entpuppte sich manch Erleuchteter als trübe 20-Watt-Birne ohne Heiligenschein. Dennoch: Indiens Männer der Weisheit locken noch immer zahlreiche Westler gen Osten. Für die ganz Hartnäckigen, die einfach nicht von selber kommen, gibt es die Export-Gurus, die gen Westen jetten. Ehre sei dem Flugzeug! OM!

Die Inder stehen der ganzen Angelegenheit etwas hilflos gegenüber. Einerseits ist man stolz darauf, dass der Westen Gefallen an der indischen Geisteswelt findet, und man fühlt sich bestätigt, in dem was man schon immer wusste: Dass die indische Philosophie von tiefer Wahrheit durchdrungen sein muss – denn wenn sogar die kritischen Verstandesmenschen aus dem Westen sie akzeptieren, dann muss da ja was dran sein! Die Welt kommt nach Indien, um sich an seiner Spiritualität zu laben und zu genesen! Andererseits kann man sich eines schelmischen Grinsens nicht erwehren: Wenn nämlich weiße Männer in Hare-Krishna-Montur alte hinduistische Riten zelebrieren, ist das etwa so, als ob Inder in einem alpinen Trachtenverein ins Alphorn bliesen! Kultur ist nicht so wechselbar wie ein *Dhoti* oder eine Krachlederne.

Eine Inderin gestand mir, dass sie immer sehr verärgert sei, wenn sie weiße Hare-Krishna-Leute sähe, die bei Feierlichkeiten als Vorsänger die heiligen Gesänge anstimmten. Ihre Landsleute dagegen, aus deren Kultur dies doch eigentlich entspringe, dürften lediglich den Rhythmus dazu klatschen. Die zweite Geige wäre für den braunen Mann reserviert. Außerdem sei es komisch, dass Inder wieder die eigene Kultur zu entdecken begännen, nur weil der Westen daran Interesse fände.

Indien bekommt seine Kultur reexportiert – als trüben Aufguss!

Aus Stolz auf die eigene Tradition wird in Teilen der indischen Presse die Meditationslust des Westlers stark übertrieben. Viele Inder glauben daher, dass es in den USA Unmengen von Hare-Krishna-Anhängern gibt. Der überproportionale Anteil von Westlern in indischen *Ashrams* scheint den Übertreibungen aber Recht zu geben. Doch muss bedacht werden: Der Inder hat zu sehr mit den Problemen des Alltags zu kämpfen, als sich auf sein Seelenheil konzentrieren zu können. Der Westmensch hat die Zeit – und das Geld.

Das im Westen mit einem Hauch von Anrüchigkeit behaftete Wort **guru** heißt „Lehrmeister". Dabei muss nicht unbedingt ein spiritueller Lehrer gemeint sein. Ebenso wird so der Lehrer für indische Musik, Tanz, Sanskrit etc. bezeichnet, selbst eine Person, die jemandem als Vorbild dient. Die Vokabel *guru* lässt sich in zwei Silben aufspalten: „*gu*" bedeutet „Dunkelheit", „*ru*" „Licht". Ein *guru* ist somit jemand, der aus der Dunkelheit zum Licht führen soll. Nebenbei bedeutet es auch „gewichtig" oder „schwer". In Indien wird das Wort „*guru*" weit weniger für spirituelle Lehrer benutzt als bei uns. Wen wir *Guru* nennen, würde dort eher *Yogi, Swami, Baba* oder *Acharya* gerufen werden.

Der Inder hegt Bewunderung für die **Yogis,** die es im Westen zu Erfolg und Publizität gebracht haben. Erstens ist man stolz, dass die indische Tradition die Welt erobert, und zweitens bewundert man Landsleute, die den großen indischen Traum wahr gemacht haben: den Traum ins Ausland zu gehen und ein paar pralle Konten zu führen! Als *Bhagwan Shri Rajneesh* nach längerem USA-Aufenthalt nach Indien zurückkehrte, wurde er im Flughafen von Neu-Delhi von einheimischen Anhängern stürmisch begrüßt. „*Foreign-returned*" nennen die Inder Landsleute, die nach ein paar Jahren im Ausland in die Heimat zurückkehren. Dem „aus der Fremde Heimgekehrten" wird automatisch unterstellt, dass er es in der weiten Welt zu etwas gebracht haben muss. Auch bei der Begrüßung des heimgekehrten *Rajneesh* schien dieses Sentiment mitzuschwingen. Wie die Amerikaner sagen würden: *Old boy made good!* Unser alter Knabe hat's zu 'was gebracht dort drüben!

Rajneeshs Liebe für Statussymbole wie Brilliant-Uhr und Luxus-Auto wird von vielen Indern geteilt, die man als „neureich" bezeichnen könnte. Ende der 60er Jahre hatte sich der *Guru,* der sich kurz vor seinem Tod 1990 den japanischen Namen *Osho* zulegte, noch bieder-bescheiden „*Acharya*" genannt, was lediglich „Lehrer" bedeutet.

Indien hatte früher keine „Massengurus". Diese wurden erst durch Technologie möglich gemacht, denn die Presse erreicht ein Millionenpublikum, und das Flugzeug karrt Anhänger aus allen Erdteilen heran. Auf dem Lande ist es noch heute Tradition, einem lokalen heiligen Mann zu huldigen, ihn um Rat zu fragen, sich von ihm segnen zu lassen. Die meisten dieser Dorfweisen leben ein bescheidenes, gottgefälliges Dasein. Dabei gehört es zu der Tradition, dass die Dorfbevölkerung für den Lebensunterhalt des *Yogi* oder *Baba* aufkommt: Wann immer man ihn aufsucht, wird ein wenig Speise gebracht oder ein bisschen

Geld zurückgelassen. Heute stehen diese Lokalheiligen im Schatten der Massengurus falls diese überhaupt Schatten werfen!

Viele Inder unterscheiden zwischen den „Lehrmeistern", die ins Ausland gehen, und denen, die zu Hause bleiben. Die ersten werden zwar für ihren materiellen Erfolg und ihren „Ruhm" geachtet, doch sagt man den meisten nach, *bogus* zu sein: 'ne faule Nummer! Die anderen, die Daheimgebliebenen, werden spirituell höher geschätzt. Denn erstens brauche ein wahrer Meister keine Publicity und habe es nicht nötig, nach „Kunden" Ausschau zu halten. Zweitens sei ihm jeder Fleck auf Erden gleich teuer, und es treibe ihn nicht in die Ferne.

Die hervorragende indische Presse hat in den letzten Jahren immer wieder scheinheilige *Gurus* auf's Kreuz gelegt, gerade wenn sie so richtig absahnten. Das letzte Opfer war ein gewisser *Chandra Swami,* der es liebt, sich mit allen Größen aus Politik und Wirtschaft in trauter Kumpanei ablichten zu lassen. Einen Teil seiner Freizeit verbringt er auf den Luxusjachten seines Freundes *Adnan Kashoggi,* von dem er behauptet, ihn zum Vegetariertum bekehrt zu haben. 1996 landete *Chandra Swami* wegen eines Korruptionsskandals, in den auch der ehemalige Premierminister *Narasimha Rao* verwickelt war, erst einmal im Gefängnis. Viele gebildete Inder waren der Meinung, dass er dort schon lange

hingehörte. Ein anderer Heiliger, der seinen Schein verlor war ein gewisser *Swami Brahmachari.* „Brahmachari" heißt „der Enthaltsame", doch ließen Recherchen indischer Journalisten darauf schließen, dass er seinem Namen nicht immer Ehre machte. Ähnliches gilt für seinen inzwischen verstorbenen Namensvetter *Swami Dhirendra Brahmachari,* dem eine langjährige amouröse Beziehung zu *Indira Gandhi* nachgesagt wurde.

Doch wie gesagt, der eigentlich typische indische *Guru* lebt zurückgezogen, manchen kann es nicht einsam genug sein. Besonders die Stadt **Rishikesh** am Fuße des Himalaya und der Himalaya selber weisen große „Gurudichte" auf. Rishikesh, am Ganges gelegen, wird als heilige Stadt betrachtet, und in Restaurants darf weder Fisch noch Fleisch serviert werden. Die Stadt isst rein vegetarisch. Auf jeden der bekannten Jet-Set-Yogis kommen Tausende, die im Stillen agieren. Darunter findet man sowohl Männer tiefer spiritueller Einsicht, als auch schrullige Typen mit Einsiedler-Koller. Das Spektrum ist verwirrend breit. Manchmal ist es nicht klar, ob ein *Baba* oder *Swami* tatsächlich der Erleuchtung anheimgefallen oder schlichtweg verrückt ist. Beides liegt möglicherweise dicht beieinander: Das Hindi- und Sanskritwort *„divana"* („verrückt") ist mit dem englischen *„divine"* („göttlich") verwandt. Der auch im Westen bekannte Heilige *Meher Baba* nahm sich besonders ausgeflippten Gottessuchern an, die er für „gottbesessen" hielt. Ein Dorfheiliger, den ich kenne, ist an manchen Tagen Güte und Barmherzigkeit in Person, an anderen Tagen flucht er die ganze Welt zum Teufel. Wer ihm dann unter die Augen kommt, hat nichts zu lachen. Der Heilige nennt sich bescheiden *Hari Kaka,* „Onkel Hari".

Im weitesten Sinne kann man auch die **Sadhus** zu den *Gurus* zählen. Die *Sadhus* sind asketische Wanderpilger oder Einsiedler, die sich mancherlei Kasteiungen unterwerfen. Dazu kann man strapaziöse Pilgerfahrten rechnen, die fast ausnahmslos zu Fuß bewältigt werden oder körperliche Strapazen wie z. B. wochen- oder monatelanges Stehen auf einem Bein und ähnliches. Die *Sadhus* unterteilen sich in viele Sekten, die alle ihre eigenen Traditionen pflegen. Gemeinsam ist ihnen jedoch die Vorliebe für *Ganja* (Marihuana), die heilige Pflanze ihres Gottes *Shiva.* Der Begriff *Sadhu* ist recht schwammig, und es gibt – genau wie bei den *Yogis* oder *Babas* etc. – keine konkrete „Checkliste", die jemanden als solchen ausweisen könnte. Nur wenige Westler haben sich den *Sadhus* angeschlossen: Die *Sadhus* sind eine auf ihre eigene Art „elitäre", verschworene Gemeinschaft, in die einzudringen recht schwierig ist. Zudem ist ihr Leben extrem entbehrungsreich und somit für die meisten „Zivilisationsmenschen" unattraktiv.

Yogis, die Schüler um sich geschart haben, leben und lehren häufig in **Ashrams** oder **Maths.** Dieses sind teils größere Häuser teils kleine Wohnkolonien. „Etablierte" Lehrmeister wie *Sathya Sai Baba* verfügen über *Ashrams,* die jederzeit einige Hundert Schüler aufnehmen können. In einigen ist der Aufenthalt kostenlos, da sie sich aus Spenden reicher Schüler finanzieren, in anderen muss er teuer erkauft werden. Und damit wären wir an einem springenden Punkt angelangt: Zahlreiche *Gurus* scheinen mehr an der weltlichen Bereicherung interessiert als am Heil ihrer Schüler. Die Erleuchtung wird zum Business wie alles andere auch. Geschäftüchtige und dazu skrupellose Inder wissen genau, was dem Westmenschen fehlt, und man verkauft ihnen das Seelenheil zu westlichen Preisen. Da die „Heiligkeit" eines *Gurus* nicht objektiv anfechtbar ist, kann man sie auch keines Verbrechens beschuldigen.

Zwei Punkte sollten bei der „Auswahl" eines Lehrers beachtet werden:

1) Will sich der *Guru* offensichtlich finanziell bereichern, oder werden die Ashramsbewohner anderweitig „ausgenutzt", raffe man seine Traveller-Schecks zusammen und gehe. Es ist klar, dass die Unterhaltung eines Ashrams Kosten aufwirft. Wenn aber die erhobenen Gebühren in keinem Verhältnis zu den „Leistungen" stehen, ist die Abreise angesagt. Gewisse „Meister" haben die durchaus göttliche Gabe, alles, auch den hirnrissigsten Humbug, zungenfertig zu rechtfertigen. Das Gehirn bitte bei Eintritt in das Ashram nicht an der Garderobe abgeben!

2) Soll der Ashramsbewohner „umgekrempelt" werden, und werden Anhänger anderer *Yogis* als Schwachköpfe, die gesamte „Außenwelt" als dem Satan anheimgefallen bezeichnet, ist auch dies ein Grund zu gehen! Echte Erleuchtete führen keine Hirnwäsche durch, bestenfalls eine sanfte Änderung von Innen. Und danach sollte man mit seiner Umwelt <u>harmonischer</u> leben als zuvor!

Als positives Gegenbeispiel möchte ich ein buddhistisches *Ashram* anführen, das sich etwa 150 km nordöstlich von Mumbai in dem Städtchen *Igatpuri* befindet. Niemand wird dort indoktriniert, es wird lediglich meditiert (nach der buddhistischen Vipassana-Methode). Die Meditationskurse, sowohl Kost und Logis sind umsonst. Wer will, kann bei Abreise eine Spende geben, muss aber nicht. Und das soll gelegentlich Westler anlocken, die weniger an der inneren Läuterung als an freien Mahlzeiten interessiert sind!

„Indian Standard Time":
Die Uhren gehen nach

„Er (der Gott Shiva)
ist (die Manifestation von) Tod
und Zeit, den Zerstörern aller Dinge."

A.L. Basham in
„The Wonder that was India", 1967

Schlägt man ein Hindi-Deutsch-Wörterbuch auf, so findet man unter der Eintragung *kal* unter anderem folgende Bedeutung: *gestern; morgen.*

Unter dem Stichwort *parson* erhält man die Übersetzung: *vorgestern; übermorgen.*

Die tatsächliche Bedeutung von *kal* und *parson* ist somit nur aus dem Satzzusammenhang zu erkennen – ansonsten besteht für den Inder kein Unterschied zwischen den Worten „morgen" und „gestern". Geht man davon aus, dass die Sprache eines Volkes auf dessen Mentalität und Denkweise hindeutet, so lebt der Inder in einem bewundernswerten Zustand von „Hier-und-Jetzt". Was nicht <u>jetzt</u> ist, ist entweder gestern (gewesen) oder aber morgen, und das ist ihm – im wahrsten Sinne des Wortes – gleich.

Das Leben eines Inders vom Lande wird vom Rhythmus der Natur geprägt. Der Sonnenaufgang, der von den überreichlich vorhandenen Krähen lauthals begrüßt wird, ist der beste Wecker; abends dann sinkt man – von der elektrizitätslosen Dunkelheit des Dorfes ermüdet – in einen tiefen Schlaf. Eine Uhr ist nicht nötig, um zu wissen, wann man müde ist. Wichtig sind nur noch die Jahreszeiten. Deren gibt es vier:

Der Monsun (Mitte Juni bis Anfang Oktober),
der Winter (November bis Januar),
der Frühling (Februar/ März) und
der Sommer (April bis Anfang Juni).

Regional sind die Perioden selbstverständlich etwas verschoben, im selben Gebiet jedoch wird der Monsun immer zur gleichen Zeit eintreffen. Es sei denn, die Götter haben sich verschworen, und er kommt zu früh oder zu spät. Oftmals kommt er auf den Tag genau.

Die wichtigen Festtage werden alle vom Mondkalender bestimmt, liegen entweder auf Neu- oder Vollmond oder eine bestimmt Anzahl Tage davor oder danach. Eine Uhr mit Datumsanzeige ist auch hierfür nicht nötig.

Dabei lieben die Inder Armbanduhren. Nicht, um die genaue Zeit abzulesen, sondern als Statussymbol! Uhren sind mit die beliebtesten Artikel, die man Westlern abzukaufen trachtet. Wer auf sich hält, trägt eine Uhr aus der Schweiz oder Japan. Nicht, dass die unbedingt funktionieren müsste! Millionen Inder tragen Armbanduhren, deren Zeiger sich schon seit Ewigkeiten nicht mehr bewegen. Nichts könnte die „Zeitlosigkeit" der Inder besser repräsentieren als die nutzlos gewordenen Armbanduhren, mit denen sie sich schmücken.

Fragt man Inder beispielsweise, wann ein Geschäft öffnet, oder wann man vorbeikommen soll, hört man vielleicht die Antwort: <u>Nach</u> 10! Nach 10 und nicht etwa <u>um</u> 10! Nach 10 kann heißen um 10 Uhr 30 oder um 11 oder ...? Inder hassen es, sich zeitlich exakt festzulegen. Vielleicht kommt ja was dazwischen, und dann fällt eh der ganze Zeitplan um!

Ich habe staatliche Programme zur Geburtenkontrolle erlebt, die auf 10 Uhr morgens angesetzt waren, und erst so gegen 11 trafen die ersten Offiziellen ein. Um 11 Uhr 30 etwa ging's dann los. Niemand im Publikum zeigte auch nur ein Anzeichen von Ungeduld oder fing gar an zu murren. Schließlich hatte man eh nichts zu verpassen und war zufrieden, einfach <u>da</u> <u>zu</u> <u>sein</u>. Der Inder <u>wartet</u> nicht und hofft nicht, dass die Zeit schnell vergehen möge: Der Inder <u>ist</u> einfach <u>da</u>, und das ist genug. Hier und jetzt!

Diese unkomplizierte Haltung bringt natürlicherweise Probleme mit sich, wenn feste Zeiten eingehalten werden <u>müssen</u>. Ein Eisenbahnnetz wäre absolut sinnlos, wenn die Züge <u>irgend</u> <u>wann</u> einträfen vielleicht heute, vielleicht morgen. Dasselbe gilt für die Kinovorstellung oder die Öffnungszeit eines Geschäftes.

Mumbai, September 1986 (Times of India)
„Ein Fünftel der Angestellten von Mantralaya* zu spät!!

Bei einer unangekündigten Stichprobe am Mittwoch morgen hat der Staatsminister für allgemeine Verwaltungsangelegenheiten, Shrikant Jichkar, entdecken müssen, daß etwa ein Fünftel von 5747 Angestellten, darunter hohe Beamte, zu spät zum Dienst erschienen. Gegen 10 Uhr morgens wurden bis auf 2 Tore alle Zugänge zum Mantralaya geschlossen und Mr. Jichkar ... überwachte persönlich das Eintreffen der Zuspätgekommenen und registrierte ihre Namen ... An den beiden Toren des Mantralaya bildeten sich lange Schlangen. Im Verlauf des Tages machte Mr. Jichkar einen Gang durch das Verwaltungsgebäude und drohte gewohnheitsmäßigen Nachzüglern harte Strafen an."

*Mantralaya ist der Name des Gebäudes in Mumbai, in dem die Regionalregierung des Bundesstaates Maharashtra ihren Sitz hat.

Immer, wenn feste Zeiten erwünscht sind, behilft sich der Inder mit seiner *I.S.T.*, der *Indian Standard Time*. Diese „inoffizielle" Zeit ist nichts als die selbst-ironische Kritik an Indiens chronischer Unpünktlichkeit: Kommt jemand zu spät zu einer Verabredung, so entschuldigt er sich scherzhaft mit der *I.S.T.* Die *Indian Standard Time* ist somit immer ein wenig eine Ausrede, zu spät kommen zu können. Die Inder wissen also sehr wohl um die eigene Schwäche, wenn es um das Einhalten von Terminen geht. Der Deutsche dagegen genießt auch in Indien den Ruf eines auf die Minute pünktlichen Ordnungsmenschen. Verspätet sich ein Deutscher, ist man direkt enttäuscht. Bricht er gar ein Versprechen, dann ist man restlos verunsichert. Ähnliches gilt für den Engländer, der den Ruf genießt, pünktlich, ehrlich und gerecht zu sein. Als Ausländer steckt man also in dem folgenden Dilemma: Einerseits wird von einem Pünktlichkeit erwartet, andererseits kommt man meistens zu früh, weil der indische Partner erst allmählich eintrudelt! Das Beste ist: eiskalt auf die *Indian Standard Time* einstellen und immer etwas zu spät kommen!

Das gilt aber hauptsächlich für private Treffen. Bei offiziellen Anlässen (Amtsbesuche etc.) sollte man schon pünktlich sein, das macht sich besser. Züge und Busse sind gelegentlich pünktlich, und so sollte man rechtzeitig zur Abfahrzeit an Ort und Stelle sein. Das gleiche gilt für die Flugzeuge der inner-indischen Fluglinie *Indian Airlines,* die manchmal 15 Minuten zu spät starten, was so gut wie pünktlich ist. Die *Indian Airlines* verfügen leider über zu wenig Flugzeuge, und das tägliche Flugnetz ist so ausgetüftelt, dass mit dem Minimum an Maschinen ein dichtes Flugnetz aufrecht erhalten werden kann. Fällt eine der Maschinen aus, bricht ein Großteil des Flugnetzes zusammen, da es kaum Ersatzmaschinen gibt, und es kommt zu erheblichen Verspätungen. Auf manchen Flughäfen, auf denen nur kleine Flugzeuge landen können, läuft dann für zwei oder drei Tage nichts, weil eine eventuelle größere Ersatzmaschine nicht auf der zu kurzen Landebahn aufsetzen kann (In diesem Fall erhält der Fluggast ein Hotelzimmer und Verpflegung auf Kosten der Airline!).

Auf dem Flughafen von Belgaum erlebte ich z. B. das folgende Flug-Dilemma: Eine kleine Maschine vom Typ *Avro* war gerade aus Mumbai kommend gelandet, um Passagiere aufzunehmen und zurück nach Mumbai zu fliegen. Nach der Landung wurde das Flugzeug für „defekt" befunden und durfte nicht mehr starten. Eine Ersatzmaschine einfliegen zu lassen, war nicht möglich: Eine weitere *Avro* stand nicht zur Verfügung, und größere Maschinen wären in der zu weichen Landebahn eingebrochen. Aus Hyderabad mussten nun Ersatzteile angefahren werden, einfliegen lassen konnte man ja nichts. Der zuständige Mechaniker musste aus Mumbai anreisen – Mindestfahrtdauer 13 Stunden. So dauerte es zwei Tage, bis die *Avro* wieder startklar war.

Der Inder nimmt Verspätungen gelassen – schließlich ist man nicht an eine so mechanische, entmenschlichte Pünktlichkeit gewöhnt wie wir. Während unsere Busfahrer womöglich für einen zu spät kommenden Fahrgast den schon rollenden Bus nicht mehr stoppen, halten Indiens Fahrer mitten auf der Strecke, um Passagiere aufzunehmen. Bei uns ist die Einhaltung des Fahrplans wichtig, in Indien das Fortkommen des Passagiers.

Der in Indien reisende Westler muss die uhrlose Geduld erst erlernen. Das Beste ist, wirklich die Uhr wegzustecken und nicht immer in Zeitabschnitten zu denken.

In den Nilgiri-Bergen in Südindien lebt der Stamm der *Todas*. Die *Todas* rechnen Zeit nicht in Minuten oder Stunden, sondern in der Zahl von Betelnüssen, die man in einer bestimmten Zeitspanne kauen kann. Auf die Frage, wann der Milchmann denn kommt, erhält man die Antwort: Nach fünf Betelnüssen!

„Bitte betet für uns!"

Aufschrift auf einem
indischen Überlandbus

Die erste indische **Eisenbahn** fuhr am 16. April 1853 von Mumbai nach Thana, eine Strecke von 34 Kilometern. Heute umfasst das Streckennetz der Indian Railways 60.000 Schienenkilometer und ist somit das größte Asiens und das viertgrößte der Welt. Täglich fahren bis zu 13 Millionen Menschen in indischen Zügen. Die Eisenbahn ist – vom Ochsenkarren einmal abgesehen – das billigste Verkehrsmittel und somit für jedermann erschwinglich. Das gilt zumindest für die 2. Klasse. Eine Fahrt von Kolkata nach Chennai (Madras) beispielsweise (1700 km) kostet in der 2. Klasse nur etwa 20 Euro. Die 1. Klasse würde etwa das Dreifache kosten. Außerdem gibt es noch die 1. Klasse mit Air-Conditioning (in Indien kurz A.C. genannt), die noch einmal teurer ist. Die „Qualität" der Züge kann erheblich variieren. Nicht jede Erste-Klasse-Fahrt ist auch wirklich komfortabler als eine Fahrt in der 2. Klasse.

Indiens Gleisnetz und der Fuhrpark sind recht überaltet, und die Züge sind dementsprechend langsam. Die schnellste Verbindung zwischen Kolkata und Madras erfordert 27 geduldige Stunden. Wenn nichts dazwischen kommt! Als ich die Strecke zum letzten Mal befuhr, hatte ich gerade noch den letzten Express erwischt, der „normal" fahren konnte: Der Express am nächsten Tag musste aufgrund von schweren Überschwemmungen in Andhra Pradesh umgeleitet werden und benötigte drei Tage! Danach musste der Zugverkehr für einige Tage gänzlich eingestellt werden. Bedenkt man all die Hemmnisse, die Indiens Geographie und das überalterte Streckennetz aufwerfen, ist es erstaunlich, wie gut doch alles noch klappt. Zugegeben: Indiens Bahnhöfe wirken oft wie ein apokalyptischer Alptraum: Berge von Gepäck, Menschen, die auf Bahnsteigen kochen, essen, schlafen, Geschrei und Durcheinander. Gestresste Beamte, die sich vor der Flut von Anfragen der Passagiere in Arroganz und Kaltschnäuzigkeit flüchten. Kommt der Zug, wird die Hektik zum totalen Chaos.

Indiens Züge sind meistens voll belegt, und so sollte man seinen Platz vorbuchen. Ohne Vorbuchung einen Sitzplatz zu erheischen, ist recht unwahrscheinlich! An den Bahnhöfen sind Buchungsschalter, die nach den Klassen und nach den verschiedenen Zügen und Reiserichtungen unterteilt sind. Davor stehen oft lange Schlangen, und in den Städten mit Tourismus finden sich dort auch kleine oder halbwüchsige Jungen, die dem Reisenden Hilfe anbieten. Die Hilfe besteht darin, seine Fahrkarte in Umgehung der langen Warteschlange zu besorgen oder auch noch einen Sitz in einem Zug zu ergattern, der als „ausgebucht" deklariert ist. Diese Hilfe soll selbstverständlich bezahlt werden, ist aber oft keine schlechte Investition. Die *touts* arbeiten mit dem Schalterbeamten zusammen, die für solche „Sonderfälle" immer ein paar Tickets in Reserve halten. Deklariert ein Schalterbeamter einen Zug als „ausgebucht", kann man auch selber versuchen, ihn vom Gegenteil zu überzeugen: 10, 20 oder 50 Rupien – je nach Fahrtpreis und Anzahl der Tickets – können Wunder wirken. Der „völlig ausgebuchte" Zug weist dann plötzlich ein paar leere Sitze auf! Manche Express-Züge sind aber tatsächlich auf Tage oder Wochen ausgebucht. Besonders vor und nach Festtagen sind Plätze schwer zu bekommen. Beliebt sind auch die *Superfast Trains,* die die schnellste Zugverbindung zwischen den großen Metropolen darstellen: so z. B. der *Gitanjali-Express* zwischen Mumbai und Kolkata, der *Rajdbani-Express* zwischen Mumbai und Delhi und der *Coromandel-Express* zwischen Kolkata und Chennai. Sind tatsächlich alle Plätze vergriffen, so besteht noch die Möglichkeit, ein Ticket aus der „Ausländer-Quote" zu erhalten. Indian Railways halten immer ein paar Tickets für Touristen zurück, und so sollte man auf diesen Service pochen.

Das Zugticket zu reservieren <u>kann</u> Stunden dauern, also sollte man immer rechtzeitig vor dem Schalter stehen. Häufig muss man Formulare ausfüllen, und die indische Bürokratie zeigt sich von ihrer langatmigsten Seite: ein Stück Papier hierfür, ein Kärtchen dafür. Bei Nachtfahrten sollte man es nicht versäumen, einen *sleeper* zu buchen. Im Abteil werden dann zur Nacht Holzpritschen heruntergeklappt, die als Schlaf- oder Liegeplätze dienen. Bettzeug ist nicht inbegriffen, und so sollte man schon eine Unterlage bereithaben, sowie irgend etwas, das sich als Kopfkissen verwenden ließe. In den Zügen der größeren Strecken wird Essen und Tee serviert. Die Speisen gibt es in den Kategorien *veg* (vegetarisch) und *non-veg* (nicht-vegetarisch) und werden in flugzeugmäßigen Alu-Packungen gereicht. Eine oder zwei Stunden vor der Mahlzeit geht ein Kellner durch die Abteile und nimmt die Bestellungen auf. Ein vegetarisches Essen kostet etwa 20 Rupien, ein fleischhaltiges ungefähr 30. Das Essen im Zug ist gar nicht übel, wem es aber nicht gut genug ist, der kann sich während der Stopps Zusatzproviant kaufen. Die Zwischenaufenthalte sind recht großzügig bemessen, und so kann man den angefahrenen Bahnhof nach Ess- oder Trinkbarem durchforsten. Dabei sollte natürlich auf's zurückgebliebene Gepäck geachtet werden! Reist man in Gruppen, ergibt sich da kein Problem; ein Einzelreisender sollte lieber sein Gepäck raus- und wieder reinschleppen, als es unbeaufsichtigt zu lassen! Züge sind beliebte Arbeitsplätze für Diebe, und man sollte immer ein Auge auf seine Wertsachen haben! Besonders nachts! Schläft man auf einer der Pritschen kann man seine Tasche mit den wichtigsten Papieren unter sich „begraben" oder die Wertsachen direkt am Körper tragen. Man

sollte nichts zu nah am Fenster aufbewahren, denn beim nächsten Stopp könnte sich ein Dieb vom Bahnsteig aus bedienen. Überfälle auf Züge sind nicht sehr häufig, die meisten passieren in den Bundesstaaten Uttar Pradesh und Bihar. Im Süden sind derlei Fälle so gut wie unbekannt.

Es wird kein Problem sein, mit seinen Mitreisenden ins Gespräch zu kommen. Inder langweilen sich auf langen Fahrten und lieben nichts mehr als einen ausgiebigen Schwatz mit einem Ausländer. Innerhalb von ein oder zwei Stunden kann man die ganze Lebensgeschichte eines Mitreisenden erfahren – Inder sind da keine großen Geheimniskrämer. Die Mitreisenden werden über Gott und die Welt plaudern – und über ihr Gehalt und ihre Sorgen mit dem Auskommen.

Inder lieben Snacks, und für eine längere Reise sind sie meist bestens ausgerüstet: In den *dabbas,* eine Art Henkelmann, schleppt man jede Menge Chapatis, Reis, Gemüse und Joghurt mit, und mit Sicherheit wird dem Mitreisenden etwas geboten – ja förmlich aufgedrängt. Die Inder legen eine umwerfende Gastfreundschaft an den Tag, und freuen sich, wenn's dem Gast mundet. Viele indische Passagiere machen von dem Essen-Service der Eisenbahnen keinen Gebrauch, da sie sehr sparsam mit ihrem Geld umgehen müssen. Mit dem Geld, das eine vierköpfige Familie für das Zug-Essen ausgeben müsste, kann sie sich einen Delikatess-Berg von Speisen selbst zubereiten. Die indische Mittelklasse verschwendet ihr Geld ungern, man ist Meister in der Kunst des Haushaltens.

Etwas teurer als die 2. Klasse der Eisenbahn sind die *S.T.-Busse,* die **Busse** der staatlichen Verkehrsbetriebe. *S.T.* steht für *State Transport.* Jeder Bundesstaat hat sein eigenes Streckennetz, auf dem fast nur die Busse der eigenen Betriebe fahren. Fast, weil in den Grenzgebieten zu den Nachbarstaaten auch deren Busse kursieren. Die *S.T.-Busse* sind preislich so billig gehalten, dass sich jedermann eine Reise erlauben kann. Dabei können die Fahrpreise pro Kilometer aber von Bundesstaat zu Bundesstaat erheblich variieren. Da das wichtigste Moment ist, preiswert zu sein, ist der Komfort natürlich recht mangelhaft. Die *S.T.-Busse* haben – wenn überhaupt – nur mäßig gepolsterte Sitze, und die Fahrgäste sitzen eng auf eng. Die meisten Busse sind überfüllt, doch bei größeren Strecken kann man auch hier Sitze vorbuchen. Gelegentlich wird der zuständige Schalterbeamte versichern, dass eine Reservierung für gerade diesen Bus nicht vonnöten sei, doch das beruht zumeist auf Faulheit: Er hat einfach keine Lust, ein Ticket auszustellen! Dank der Busse ist fast jedes Dorf mit der Außenwelt verbunden. Zum Teil besteht zwar nur eine einzige Verbindung pro Tag, und im Monsun, wenn die ungeteerten Straßen wegzuschwimmen scheinen, kann auch die schon mal ausfallen. Aber dennoch: Es gibt kaum einen Ort, der sich nicht mit dem staatlichen Vehikel erreichen ließe.

Reist man von einer größeren Stadt zur anderen, kann man sich etwas Komfortableres gönnen: Die **Luxusbusse** *(Luxury Bus)* oder die Semi-Luxusbusse

(Semi-Luxury Bus). Beide Arten werden üblicherweise von privaten Unternehmen betrieben, und die Busse sind besser in Schuss als die staatlichen, die keine Konkurrenz zu fürchten haben. Dafür sind die privaten aber auch teurer. Die Semi-Luxusbusse sind nur geringfügig besser als die *S.T.-Busse,* aber man hat mehr Platz, die Sitze sind fest vorgebucht, es gibt keine Stehplätze.

Das Beste, was Indiens Busunternehmer zu bieten haben, sind die Luxusbusse. Deren Sitze sind gut gepolstert und rücklehnbar (sehr wichtig bei langen Nachtfahrten!), und alle Plätze sind fest vorgebucht. Die Tickets werden in kleinen Büros verkauft, die sich auf Busreisen spezialisiert haben. In jeder größeren Stadt gibt es ein bestimmtes Viertel, in dem sich eine Reihe dieser Büros – oftmals direkt nebeneinander – befindet. Eine Fahrt über 500 Kilometer kostet vielleicht 10 Euro. Die Busse sind – vom Flugzeug abgesehen – die schnellste Art, von einer Stadt zur anderen zu gelangen.

Fahrten von zehn Stunden Dauer oder mehr werden zumeist

spätnachmittags oder abends begonnen, um frühmorgens am Zielort zu sein. Alle paar Stunden wird an einem Restaurant oder Teestand Halt gemacht. Diese „Raststätten" geben bei Nacht ein eindrucksvolles Bild ab, das man nicht verpassen sollte. Viele sind einmalig schäbig und heruntergekommen, haben aber jede Menge Atmosphäre: Indien bei Nacht, im Transit.

Viele Luxusbusse sind mit einer Musikanlage ausgestattet und berieseln die Passagiere mit Hindi-Filmmusik ohne Ende. Mancher Reisende hat danach nie wieder indische Musik hören wollen. Zu viel ist halt zu viel. In den letzten Jahren haben immer mehr Busunternehmen ihre Fahrzeuge mit Videoanlagen ausgestattet, auf denen indische Filmhits gezeigt werden. Für den, der sie mag, ist das ein köstlicher Zeitvertreib, für die anderen die Hölle. Der Ton ist zumeist schlecht aber dafür so laut eingestellt, dass an Schlaf oder Ruhe nicht zu denken ist. In einigen Bundesstaaten werden keine Filme vorgeführt, da diese Staaten eine Unterhaltungssteuer auf die Video-Darbietungen erheben. Auf einigen Hauptrouten kann der Reisende zwischen Bussen mit und ohne Video wählen.

Die indischen **Straßen** sind im Großen und Ganzen ziemlich schlecht, und das erst recht nach dem Monsun, wenn das Wasser Riesenlöcher in den Asphalt gerissen hat. Jeder Reisende sollte möglichst die hinterste Sitzreihe im Bus meiden, da dort die Schaukelei durch die Schlaglöcher am schlimmsten ist. Ich habe eine Fahrt auf einem dieser Foltersitze hinter mich bringen müssen, bei der ich fast bis an die Decke geschleudert wurde! Außerdem sollte man darauf achten, dass das Gepäck gut verstaut ist. Bei manchen Bussen wird es auf das Dach gebunden und kann bei Stopps gestohlen werden. Am besten selbst das Festmachen des Gepäckes überwachen! Hat man nur wenig Gepäck, so kann man das direkt im Bus, vor seinem Sitz unterbringen. Bei Stopps lassen indische Fahrgäste ihr Gepäck im Bus und nehmen nur die Wertsachen mit ins Restaurant. Im Allgemeinen ist kein Diebstahl zu fürchten, da immer ein paar Fahrgäste im Bus verbleiben und Obacht geben können.

Auf Busfahrten von Goa in benachbarte Bundesstaaten werden die Fahrgäste an Schlagbäumen von der Polizei durchsucht. Die Polizisten sind nicht etwa auf der Jagd nach Drogen, sondern nach *feni* (einer Goa-Spezialität aus Cachewoder Kokosnüssen) und anderen Alkoholika, die es in Goa besonders billig gibt. In den Nachbarstaaten sind alkoholische Getränke aufgrund hoher Steuern weitaus teurer, und so wird rege geschmuggelt. Will man *feni* oder andere Alkoholika aus Goa „exportieren", sollte man sich im Geschäft, wo man die Ware gekauft hat, eine „Lizenz" dafür ausstellen lassen. Mit diesem Papier kann der *feni* – in Mengen, die man als „zum persönlichen Gebrauch" bezeichnen kann – herausgebracht werden.

Ohne die Lizenz riskiert man, dass der Alkohol beschlagnahmt wird und danach – siehe unter „Korruption" – durch die Lebern der Beamten wandert!

Zu Gast:
„Iss, trink, hab' Spaß!"

*„Er (der Brahmane)
gießt ein wenig Wasser
in die hohle Hand und trinkt es
als Grundlage für seine Mahlzeit.
Er nimmt etwas Reis,
der in geklärter Butter gesotten wurde,
und spricht 'Ehre sei dem Wind,
der der Brust innewohnt!'
Mit dem zweiten Mundvoll (spricht er)
'Ehre sei dem Wind,
der dem Gesichte innewohnt!'
Beim dritten 'Ehre sei dem Wind,
der in der Kehle wohnt!'
Beim vierten 'Ehre sei den lauten Ausbrüchen,
die oben und unten entfahren!'"*

Abbé Dubois, 1770-1848

„Khao, pio, maja karo!" ist die oberste Lebensmaxime des Inders. Zu Deutsch: Iss, trink, hab' Spaß! oder in anderen Worten: Genieß' dein Leben, mach's beste draus!

Um das Dasein genießen zu können, braucht der Inder Gesellligkeit. Aus diesem Grunde steht eine indische Wohnung allzeit für Besuche von Freunden, Bekannten oder Nachbarn offen; eine Vorankündigung des Besuchers ist völlig überflüssig, im Gegensatz zu den Gepflogenheiten, die wir z.T. aus dem Westen kennen. Egal in welcher Arbeit der Besuchte gerade stecken sollte, so wird er immer Zeit für einen Besucher haben, ohne den Eindruck zu vermitteln, er fühle sich gestört. Möglicherweise wird der Gastgeber eine wichtige Arbeit versäumen oder eine Verabredung sausen lassen, um einen freundschaftlichen Plausch zu halten. Oft wird der Reisende von wildfremden Menschen auf der Straße angesprochen werden, die ihn zu sich nach Hause einladen.

Für die **Besuche indischer Familien** sollte man einige Grundregeln beachten:

Die formellen indischen Begrüßungsformeln lauten *namasté* und *namaskar.* Beide sind gleichbedeutend und können sowohl zur Begrüßung (Guten Tag; Seien Sie mir gegrüßt etc.) oder als Verabschiedung (Auf Wiedersehen; Leben Sie wohl etc.) gebraucht werden. Während dieses Grußes werden die Handflächen vor der Brust zusammengelegt und der Kopf ein wenig geneigt. Diese Grußform bezeugt Respekt und ist sehr formell.

Man sollte sie vor allem bei „Respektpersonen" anwenden. Diese können sein: der Gastgeber und dessen Familie, alte Menschen, ein Vorgesetzter, ein wichtiger Beamter oder eine andere wichtige Persönlichkeit, ein heiliger Mann oder der Guru.

Gute Freunde oder junge Leute begrüßen sich meist viel lockerer, z. B. mit einem englischen „Hello" oder „Good morning" etc. In vielen ländlichen Gebieten sagt man zum Gruß Götternamen auf, wie *„Ram, Ram!"* oder *„Hari Om!".* In den Städten sollte man diese Formeln jedoch vermeiden, da sie dort altmodisch und „dorftrampelig" wirken können. Je nach dem Respekt, den man einer Person entgegenbringt, wird auch die Beugung des Kopfes mehr oder weniger tief ausfallen. Bei besonderen Anlässen, wie einer innigen Bitte, einer Bitte um Vergebung oder zum Gruß eines großen Heiligen, wirft man sich vor dessen Füße. Dabei werden die Füße mit den Händen berührt, die man sich anschließend zur Stirn oder Brust führt. Da die Füße das „Niedrigste" einer Person darstellen, kommt diese Art der Begrüßung oder Bitte einer großen Ehrbezeugung gleich. Zur vollendeten „Selbsterniedrigung" kann man sich die Füße der anderen Person auf's eigene Haupt legen. Diese Form wird meistens von Personen angewandt, die sich eines schweren Vergehens schuldig gemacht haben und um Verzeihung bitten oder eine innige Bitte vorbringen. Eine andere Variante ist der *sashtanga,* das Berühren des gesamten Körpers mit dem Boden. Dazu streckt man sich mit ausgestreckten Armen und Beinen bäuchlings aus. Diese Form der Begrüßung oder Bittstellung ist heute rar und wird höchstens bei verehrten Heiligen verwandt. Als Variante des *sashtanga* könnte man die Selbstkasteiung auslegen, zu der sich manche Pilger bereiterklären: Diese kriechen bäuchlings zu bestimmten Tempeln, um der dort verehrten Gottheit ihre Ergebenheit zu demonstrieren.

Nach der Begrüßung ist es Ehrensache für den Gastgeber, seinem Gast Speise oder Trank zu servieren. Ist gerade kein Essen im Haus, so wird es zumindest eine Tasse Tee geben. Ein Gast, der nichts von alledem gereicht bekommt, sollte sich fragen, ob er wirklich erwünscht ist, denn das Verweigern von "essbarer" Gastfreundschaft kommt einer Ignorierung des Gastes gleich. Im Allgemeinen kann jede indische Hausfrau innerhalb von Minuten irgend einen Imbiss hervorzaubern. In traditionellen Haushalten werden die Frauen (Mutter, Schwiegertöchter, Töchter etc.) zuerst den Männern das Essen servieren und danach selber speisen. Fragen wie "Warum isst Ihre Frau denn nichts?" sollte man sich verkneifen, sie würden nicht so verstanden, wie sie gemeint sind. Überhaupt sollte der männliche Gast sehr zurückhaltend im Ansprechen der weiblichen Familienmitglieder sein. In vielen traditionellen Haushalten gilt es als unschicklich, wenn die Frauen mit nicht verwandten Männern sprechen. Selbst allzu bohrende Fragen bezüglich der Frauen des Haushaltes an den Gastgeber können als eine Art "unstatthaftes Interesse" gewertet werden. Ein weiblicher Gast unterliegt diesen Beschränkungen selbstverständlich nicht.

Ist man in einem wohlhabenden Haushalt zu Gast, wird man von einem/einer *servant* bedient. Der **"Diener"** oder die "Dienerin" gehört ganz selbstverständlich zu einem "besseren" Haus, und der Reisende sollte sich Fragen nach dessen "Behandlung" etc. verbeißen. Dem Westler mag das Herr- und Diener-Verhältnis gegen den Strich gehen, in Indien ist es jedoch in keiner Weise tadelungswürdig. Manche *servants,* die bei einem reichen und geachteten Herren dienen, äußern sich sogar mit Stolz und Zufriedenheit, bei einer so hohen Persönlichkeit arbeiten zu können. Es ist klar, dass Indiens strenge Hierarchien bis in den Haushalt reichen, und so gibt es auch hier Herren und Beherrschte. Ich habe bei einem Essen in einem wohlhabenden Haus erlebt, dass der Diener während der gemeinsamen Mahlzeit auf dem Boden hockte, während alle anderen zu Tische saßen. Niemand – weder die Familie des Hauses noch der Diener- dachte sich etwas dabei. Die meisten Inder fänden die Frage, warum der Diener denn nicht auch am Tisch säße, absolut befremdend: Aufgrund der alten Kastenregeln, die noch immer tief in der indischen Psyche verankert sind, wird ein "Oben" und "Unten" als gottgewollt akzeptiert. Ein Infragestellen dessen würde zu einer fruchtlosen Diskussion führen. Bei guten Freunden kann man das Thema durchaus anschneiden, ansonsten ist Vorsicht geboten!

Indiens *servants* (auf Hindi *naukar,* weibl. Form *naukrani*) werden in der Tat recht knapp gehalten – sowohl was deren Bezahlung als auch deren Freiheiten betrifft. Im Allgemeinen ist der *servant* „normal" unterbezahlt, was unter anderem im überreichen Angebot von Arbeitskräften begründet ist.

Einige *servants,* die fast ihr ganzes Leben bei ein- und derselben Familie gearbeitet haben, werden von dieser wie einer der Ihren behandelt, solche Fälle sind allerdings nicht sehr häufig.

Das Essen

Wenn ich keinen anderen Grund hätte, nach Indien zu fahren, so würde ich es schon allein des Essens wegen tun. Die **indische Küche** ist aufgrund der verschiedenen regionalen Traditionen und der reichhaltigen Vegetation extrem abwechslungsreich. Gemeinsam ist allen Speisen allerdings die brennende Schärfe. Es dauert seine Zeit bis der Reisende daran gewöhnt ist und wirklich genießen kann, ohne jeden Bissen mit einem Liter Flüssigkeit „entschärfen" zu müssen. Ohnehin sind Getränke zur „Kühlung" nicht sehr zu empfehlen; das Brennen lässt kaum nach. Das beste Mittel ist der Joghurt! Die Küche des Nordens ist im Allgemeinen milder als die des Südens, in der mit Chillis nicht gegeizt wird. Besonders in den Bundesstaaten Karnataka und Andhra Pradesh werden Zunge, Gaumen und Kehle auf eine harte Probe gestellt. Die vielen Gewürze erfüllen natürlich einen Zweck: Erstens wird die Verdauung angeregt, was sehr sinnvoll ist, denn der Inder sorgt sich immer um seinen gesunden Stuhlgang, der als einer der Grundpfeiler des Wohlbefindens gilt. Guter Schlaf und eine gute Verdauung finden schon in der *Ayurveda* besondere Beachtung. Der Stuhlgang soll natürlich auch die vielen Bakterien problemlos abführen, die in einem tropischen Land nun mal vermehrt vorhanden sind. Außerdem machen die scharfen Gewürze „klar" im Kopf: Wer durch die Mittagsglut niedergestreckt zu einer scharfen Speise greift, wird merken, wie der Kreislauf angeregt wird, und das Blut wieder das Hirn durchströmt.

In den Familien wird meistens nicht so scharf gekocht wie in den Restaurants. Viele Inder wissen, dass allzu extreme Schärfe der Gesundheit eher abträglich sein kann. Zudem ist die hausgemachte Nahrung meistens auch besser. Da in vielen Haushalten gleich mehrere Frauen wohnen, die kochen können, gibt es eine Unzahl verschiedener Speisen zu den Hauptmahlzeiten. Die eine Frau macht vielleicht nur die Chapatis, eine andere den Reis, und wieder andere schneiden die Gemüse etc. Man isst von einem großen runden Aluminiumteller (*thali,*) auf dem sich verschiedene kleine Gefäße mit Gemüse, Reis, Chapatis, Pickles und Joghurt befinden. Im Süden wird von Bananenblättern gegessen, die nach der Mahlzeit weggeworfen werden.

Es ist unmöglich, alle Gerichte aufzuzählen, die die indische Küche zu bieten hat – man benötigte ein eigenes Buch dafür. Das indische Standardgericht sollte jedoch nicht unerwähnt bleiben: Es ist der *dal,* eine Art Brei aus gelben oder schwarzen Linsen, der mit Reis oder Chapatis gegessen wird. Das Gericht ist sehr billig, überall erhältlich und ein guter Eiweißspender. Und köstlich dazu!

Im Süden wird mehr Reis gegessen als im Norden. Leider ist der Reis so gut wie immer polierter, weißer Reis, der zum großen Teil seiner Vitamine beraubt ist. Lediglich in Dörfern erhält man manchmal natürlichen braunen Reis, so z. B. in der Gegend um Mangalore, wo daraus eine Art Grütze *(ganji)* bereitet wird. Der überwiegende Teil der Bevölkerung glaubt, der weiße Reis sei besser, weil er eben weiß ist und damit „reiner" erscheint.

Nach dem Essen ist Tee fast obligatorisch, und er unterscheidet sich von unserem darin, dass alle Bestandteile – Teeblätter, Milch und Zucker – zusammen aufgekocht werden. In einigen Landesteilen wie in Grujerat werden dazu Gewürze wie Ingwer, Kardamom, Zimt etc. gegeben.

Kaum, dass der Gast zu Ende gegessen hat, wird ihm das Geschirr fast aus der Hand gerissen: Inder essen recht unformell und schnell, und sobald die Hausfrau den Gast am Ende seiner Mahlzeit wähnt, sammelt sie das Geschirr ein. Dieses ist keine Unhöflichkeit, sondern es zeigt den Wunsch, besonders perfekt bedienen zu wollen. Viele Inder verspüren nach einer Mahlzeit das Verlangen nach einem Mittagsschlaf und ziehen sich für eine Stunde zurück. Aus Rücksicht auf den Gast wird man sich das vielleicht verkneifen. Wenn der Gast jedoch bemerkt, dass sein Gastgeber plötzlich seine Augen nicht mehr aufhalten kann, und das Gespräch zähflüssiger wird, sollte er von selber gehen. Kein indischer Gastgeber würde seinem Gast andeuten, dass er nun unerwünscht sei. Manch Inder greift nach dem Essen zum *Betel,* das einerseits die Verdauung fördert, oder – mit Kautabak und Kalk gemischt – einen Energieschub gibt und wach macht. Das Reichen von Betel-Mixturen nach der Mahlzeit hat auch rituellen Charakter. Es bedeutet, dass etwas „besiegelt", abgeschlossen ist. Nach Vertragsabschlüssen wird deshalb ebenfalls *Betel* gekaut, und Indiens Unterwelt kennt sogar „Betelmorde" *(supari murders),* d. h. Morde, die zuvor „vertraglich" abgeschlossen und durch Betelkauen zur beschlossenen Sache werden.

Bei Einladungen sollte man sich auf keinen Fall dazu verpflichtet fühlen, ein **Gastgeschenk** mitzubringen. Dieses würde eher als Beleidigung angesehen; als eine Art Geschäft: Das Essen gegen ein Geschenk. Der Inder möchte seinen Gast mit seiner Gastfreundschaft überschütten, ohne eine Gegenleistung zu erwarten. Wohnt man eine längere Zeit bei einer Familie, oder war man sehr häufig bei derselben Familie zu Gast, kann man bei seiner Abreise ein Geschenk machen. Dieses sollte jedoch so bewerkstelligt werden, dass es nicht den Eindruck einer „Wiedergutmachung" erweckt. Auf gar keinen Fall sollte Geld gegeben werden! Wohnt man bei einer Familie, so kann man regelmäßig Nahrungsmittel besorgen, die sich die Familie nicht leisten kann, wie z. B. teures Obst oder Milchprodukte.

Die Inder sind daran gewöhnt, dass Gäste bei ihnen wohnen: Manchmal trudeln entfernte Verwandte ein, die gleich Wochen oder Monate bleiben, ein anderes Mal macht ein alter Freund einen Besuch, der wie ein Familienmitglied aufgenommen wird. Man ist unvergleichlich gastfreundlicher als der Westmensch, und so wird der ausländische Reisende vielleicht nicht immer bemerken, wenn er seinen Gastgebern zur Last wird. Es gilt: auf keinen Fall die Gastfreundschaft überstrapazieren! Lieber zu früh gehen, als zu spät!

Nach einem gemütlichen Beisammensein wird manch Gastgeber fragen, ob er denn zu einem Gegenbesuch in der Heimat des Gastes willkommen sei. Das soll nicht heißen, dass er wirklich eine West-Reise erwägt – die allerwenigsten Inder täten das – er möchte nur antesten, ob er für einen „Freund" des Gastes gehalten wird. Die Absage „Meine Wohnung ist leider zu klein … etc." wäre für ihn ein Tiefschlag, den er wahrlich nicht verdient hätte.

Bei der Verabschiedung betont der Gastgeber, dass der Gast doch bitte wiederkommen solle: „Please come again!" oder in Hindi *phir ao!"*. Das Gute ist, dass es meistens wirklich so gemeint ist.

Respekt: Das Schlüsselwort
für den täglichen Umgang

*„Schmeichle ihnen (den Hindus)
geschickt und fasse sie so an ihrem
schwachen Punkt,
und es gibt nichts,
das man nicht
von ihnen bekommen könnte."*

Abbé Dubois, 1770-1848

Zeitlebens hat der Inder Personen, zu denen er in tiefem Respekt aufsieht. Da sind die Eltern, die bis zu ihrem Tod innig verehrt werden, heilige Männer, gute Freunde, die Vorgesetzten und andere einflussreiche Personen. Die Geste des *namasté* oder *namaskar* drückt diese Respektierung bestens aus. Da der Inder die gegebenen Zustände als durch sein *karma* selbst verursacht oder gottgewollt betrachtet, fügt er sich klaglos in diese kosmische Ordnung ein. In gewisser Weise kommt die Huldigung, die er dem oben genannten Personenkreis entgegenbringt, einer Hommage an die göttliche Ordnung gleich. Der Reisende sollte sich bis zu einem gewissen Grade anpassen und bestimmten Personen Respekt oder zumindest Höflichkeit bezeugen.

Ist man bei einer Familie zu Gast, so ist für die alten Mitglieder des Haushaltes besonderer Respekt angebracht. Die Eltern des Gastgebers sollten mit *mataji* (verehrte Mutter) oder *pitaji* (verehrter Vater) angesprochen werden. Indem man sie quasi als seine eigenen „verehrten Eltern" bezeichnet, zollt man ihnen großen Respekt. Die so Angesprochenen werden den/die Reisende(n) dementsprechend *beta* (Sohn) oder *beti* (Tochter) rufen. Hat man seinerseits so Respekt und Achtung gegenüber den „Eltern" gezeigt, kann man erwarten, (fast) wie deren eigene Kinder behandelt zu werden.

Sind der Gastgeber und die Gastgeberin etwa im gleichen Alter wie der Reisende, sollten sie *bhai* (Bruder) bzw. *behn* (Schwester) gerufen werden. In indischen Familien werden Bruder und Schwester von ihren Geschwistern stets behütet und umsorgt. Bezeichnet man seine Gastgeber wie beschrieben, deutet man damit an, dass sie mit Hilfe und Fürsorge rechnen können. Zudem werden die so Angesprochenen stolz darauf sein, einen ausländischen „Bruder" zu haben, bzw. eine „Schwester".

Jedes Jahr im August oder September findet das Fest *Raksha Bandhan* statt. Zu diesem Anlass schmücken Frauen oder Mädchen jeweils einen Jungen oder Mann mit einem bunten Armband und bezeichnen ihn von nun an als ihren „Bruder". Danach sollten sich der Junge und das Mädchen wie echte Geschwister ehren und den gehörigen Respekt füreinander zeigen. Dem Jungen fällt zudem die Aufgabe zu, seine „Schwester" zu beschützen. *Raksha Bandhan* heißt soviel wie „Die Bande der Fürsorge". Ein Nebeneffekt dieses Festes ist aber auch, dass die beiden nun keinerlei amouröse Neigungen füreinander zeigen können, da sie ja „Geschwister" sind. Auf diese Art kann sich das Mädchen einen allzu aufdringlichen Freier vom Halse halten!

Kinder können vom Reisenden seinerseits mit *beta* (Sohn) oder *beti* (Tochter) gerufen werden. Dieses drückt Respekt für die Kinder aus, bezeichnet man sich doch dadurch selber als deren „Vater", bzw. „Mutter".

Die oben genannten respektvollen Anreden gelten nicht nur bei Freunden oder Bekannten, sondern auch bei Fremden auf der Straße.

Spricht man jemanden auf der Straße an, oder begrüßt man eine Amtsperson, so ist die Geste des *namasté* angebracht. Zwar erwarten die Inder keineswegs, dass sich der Westler ihren Gepflogenheiten anpasst, doch wird der Betreffende als höflicher und kultivierter Mensch angesehen werden, wenn er landesüblich Respekt bezeugt. Wird man dem Freund eines Freundes vorgestellt, so sollte man diesem dieselbe Achtung entgegenbringen, die man für den Freund selber hegt. Auch wenn man die vorgestellte Person partout nicht leiden kann, sollte man ihm gegenüber nicht abweisend sein: Eine Missachtung des Freundesfreundes käme einer Beleidigung des Freundes gleich!

Sehr häufig grenzt das Bezeugen von Respekt an eine Art „Ja-Sagertum" – dann nämlich, wenn Respekt gezeigt werden <u>muss</u>, um gewisse soziale Etikette zu wahren, und wenn man im Inneren das Gegenüber in der Luft zerreißen könnte. Der Inder ist mit einem extrem weitreichenden Netz von sozialen und familiären Verpflichtungen verknüpft, und <u>muss</u> gewissen Personen Ehrerbietung zeigen – tut er das nicht, riskiert er soziale Ächtung, was ganz handgreifliche Konsequenzen wie Arbeitsplatzverlust etc. mit sich bringen kann. Aufgrund seiner sozialen Abhängigkeiten ist es für den Inder ungemein schwieriger als für uns, seine Meinung offen heraus zu sagen. Seinem Vorgesetzten gegenüber wird der Inder immer allerhöchste Achtung zeigen, da er ihm ausgeliefert ist wie ein Untertan dem Tyrannen. Schmeichelei und Lobhudelei gehören somit zum indischen Alltag, da man sich mit bestimmten Personen gut stellen muss. Denn ohne gute Verbindungen ist ein Vorwärtskommen in der Gesellschaft kaum möglich.

Wann immer *Indira Gandhi* auf eine Auslandsreise ging, kamen alle möglichen Provinzminister aus ganz Indien nach Delhi geflogen, um sich von ihr zu „verabschieden". Der eigentliche Grund war: Man wollte der Ministerpräsidentin huldigen und durch die – teils vorgegaukelte, teils echte Respektsbezeugung – seinen Posten sichern. Nachdem am 2. Oktober 1986 ein Attentatsversuch auf *Rajiv Gandhi* in Delhi gescheitert war, konnten einige Mitbürger nicht umhin, ihm in Zeitungsannoncen ihre Ergebenheit zu beweisen. Der Text einer Annonce lautete z. B.:

> „MÖGE RAJIV GANDHI ÄONEN ÜBERDAUERN! Er ist der Auserwählte. Auserwählt von unserem Volk. Gott allein hat ihn vor allem Übel beschützt. Dafür, o Herr, neigen wir den Kopf in tiefem Dank."

Aus der Annonce ließe sich fast der Schluss ziehen, *Rajiv Gandhi* sei der Herrgott selber. Zum indischen Leben gehört es jedoch, immer wieder den Einflussreichen seine Loyalität zu bezeugen. Nach ihrem politischen Programm befragt, antworten zahlreiche indische Politiker mit der Phrase, dass sie dem Ministerpräsidenten absolut „loyal" seien. Die „Loyalität" ist wichtiger als eigene Ideen. *Rajiv Gandhi* kam 1991 bei einem Bomben-Attentat der *Tamil Tigers* ums Leben.

Diese Ergebenheit basiert hauptsächlich auf der hinduistischen Philosophie von *bhakti,* der vollkommenen „Hingabe" an einen spirituellen Lehrmeister, eine Gottheit o.ä. Diese Hingabe kann auch auf Personen wie die Eltern, hochgestellte Politiker etc. ausgeweitet werden, und verlangt widerspruchsloses Ausführen von Anweisungen oder Befehlen. Als Ausgleich kann der *bhakta* oder „sich Hingebende" sowohl mit spirituellem Gewinn als auch handfester Protektion seines Herrn und Meisters rechnen.

Der „Respekt", der in der indischen Gesellschaft gezollt wird, ist somit zweierlei Natur: Einerseits ist er „echt", eine tiefsinnige Form von Achtung des Mitmenschen – andererseits ist er Mittel zum Zweck. Der Reisende wird in viele Situationen geraten, in denen ihm Respekt dargebracht wird. Er steht vor der Aufgabe zu entschlüsseln, mit welcher der beiden Formen er es zu tun hat. Ist die Respektbezeugung nur Heuchelei, kann sie in Boshaftigkeit umschlagen, wenn deren Zweck am Ende nicht erfüllt wurde.

   Abbé Dubois berichtet von frommen Hindus, die tagein, tagaus einem Gotte huldigten, der ihnen einen Wunsch erfüllen sollte. Als nach vielen Stunden des Gebets der Wunsch unerfüllt geblieben war, rächten sich die Frommen an ihrem Gott: Sie schlossen den Tempel ab, damit niemand mehr darin beten konnte!

Freundschaften:
East meets West

*„Wenn immer sich
sehr gute Freunde
nach langer Trennung wiedersehen,
nehmen sie sich
gegenseitig in die Arme,
ergreifen des anderen Kinn
und vergießen Tränen der Freude."*

Abbé Dubois, 1770-1848

Wie wir gesehen haben, ist der Inder ein Mensch von Geselligkeit, der sich in einem Gruppenverband wie z. B. der Familie am geborgensten fühlt. Zu der Sicherheit, die die Familie gibt, kommt die eines loyalen Freundeskreises hinzu. Es existieren wohl nur wenige Völker, die so schnell Freundschaften zu schließen bereit wären, wie die Inder. Nach *Sudhir Kakar,* dem bekanntesten indischen Psychiater, begründet sich diese Verhaltensweise auf dem frühen Mutter-Kind-Verhältnis: Mehr als in jedem anderen Land umhegen die indischen Mütter ihre Kinder – und besonders die Söhne –, sie liebkosen sie eher wie einen Liebhaber, als wie ein Kind, und viele stillen ihre Kinder bis zum Alter von fünf Jahren. Dieses schaffe das Gefühl (besonders) im (männlichen) Kind, dass es liebenswert sei, da es ja geliebt werde. *Kakar* schließt daraus:

„Viele Charakterzüge, die man den Indern nachsagt, sind die Folge dieses speziellen Kindheitsschemas: vertrauensvolle Freundlichkeit mit einer spontanen Bereitschaft, Bindungen einzugehen, und intensive, wenn auch nur kurz andauernde Enttäuschungen, wenn freundliche Annäherungen nicht erwidert werden; die Bereitschaft, selbst in flüchtigen Bekanntschaften die intimsten Aspekte des eigenen Lebens offenzulegen und die Erwartungshaltung, dass das Gegenüber dieselben Annäherungen versuche."

In diesem Licht sind auch die Annäherungsversuche zu sehen, die der Inder gegenüber Reisenden macht. Häufig werden diese freundschaftlichen Zeichen von Ausländern missgedeutet und als „Belästigungen" betrachtet. Man will zwar das Land genießen, sich vor der Bevölkerung aber zurückziehen. In Situationen, wenn der Inder Freundschaft schließen will, der Reisende dagegen „seine Ruhe" sucht, kollidiert der Osten mit dem Westen: Das Verlangen des Westlers nach seinem „individuellen Leben" verträgt sich nicht mit dem Wunsch des Inders nach möglichst vielen freundschaftlichen Beziehungen, die aber auch Abhängigkeiten und Verpflichtungen mit sich bringen.

Oftmals wird der Reisende mit den Worten angesprochen: „Ich will mich mit Dir anfreunden!" Das klingt für westliche Ohren kindhaft naiv, ist aber in der Regel ehrlich gemeint. Inwieweit eine Freundschaft mit einem von Ort zu Ort reisenden Fremden, der vielleicht nur ein paar Tage bleibt und nie wieder kommt, überhaupt möglich ist, wird von dem „Anbieter" dabei nicht bedacht.

Hat man mit Indern Freundschaft geschlossen, kann man mit deren „Treue" rechnen. Da die persönliche Beziehung in Indien einen höheren Stellenwert genießt als bei uns, ist dem Inder einiges daran gelegen, die Beziehung aufrecht zu erhalten. Doch eine Warnung: In einigen Fällen kann es vorkommen, dass die „Freundschaft" nichts weiter ist als kühle Berechnung, um aus der Beziehung Kapital zu schlagen. Sei dies nun tatsächlich in zählbarer Münze oder in ideellen Werten wie Status etc. Es gilt also, den Instinkt wach zu halten, um beide Arten des Annäherungsversuchs auseinanderzuhalten.

Ein „echter" indischer Freund ist extrem loyal und wird manches Opfer auf sich nehmen, dem Westler das Leben in der Fremde so angenehm wie möglich zu gestalten. Allerdings wird dafür auch erwartet, dass der Reisende seinerseits „Treue" beweist. Sollte der indische Freund einen Gegenbesuch in der Heimat des Reisenden machen, wird er die gleiche Gastfreundschaft und Aufmerksamkeit, die er selber gezeigt hat, erwarten.

Komplizierter wird es bei zwischengeschlechtlichen Beziehungen. Es ist offensichtlich, dass es – aufgrund der Sexual-Tabus – für einen Westler nicht leicht sein wird, mit einer Inderin anzubandeln. Dabei wünschen sich wahrscheinlich Millionen junger Inderinnen, einen Ausländer zu ehelichen – vor allem, um durch eine solche Heirat ihrem Lande entfliehen zu können. Sollte es zu einer Verbindung zwischen **Westmann und Inderin** kommen, so muss der Mann sich folgendes klar machen: Geld spielt eine sehr wichtige Rolle bei der Auswahl des Ehepartners. Liebe – das beweisen die von den Eltern arrangierten Heiraten – spielt eine äußerst untergeordnete Rolle. Die ganze Kindheit und Jugend eines indischen Mädchens ist auf die spätere Heirat und das Kinderkriegen ausgerichtet. Ein indisches Mädchen möchte – krass ausgedrückt – nur das Eine: Schnell heiraten und möglichst einen „guten" Mann (d. h. einen, der sie nicht schlägt, nicht trinkt oder untreu ist etc.), der zudem noch betucht ist. Viele indische Mädchen wissen, mit welchem Paschatum sie nach der Heirat mit einem Inder zu kämpfen haben werden. Aus all diesen Gründen scheint die Ehe mit einem Ausländer eine verlockende Alternative, dessen sollte sich der Reisende bewusst sein. Sowohl Inder als auch Inderinnen sind im Umgang mit dem anderen Geschlecht äußerst berechnend: Es werden die Vor- und Nachteile einer Verbindung abgewogen, die Heirat als rein praktische Symbiose zwischen Mann und Frau betrachtet. Was natürlich nicht heißen soll, dass es keine uneigennützigen Beziehungen gibt! Hat sich eine Inderin ihren Mann erkoren, zieht sie alle Register. Indische Frauen sind nicht so direkt wie europäische und arbeiten mit einem Riesensortiment von List und Tücke.

Nur wenige indische Frauen sind sexuell „emanzipiert", und in dieser Beziehung bedarf es einer Menge Geduld seitens des westlichen Mannes. Egal, wie sehr die Inderin von allen Zwängen befreit sein will, die Erziehung und Tradition stecken tief in ihr und lassen sich nicht in Kürze in westliche Vorstellungen verwandeln. In Städten wie Mumbai, Bangalore oder Delhi gibt es eine Reihe von Inderinnen, die sich ihrer traditionellen Ketten entledigt haben und dadurch plötzlich ohne greifbares Wertesystem in der Luft hängen. Die Folge ist, dass diese Frauen – im Glauben „verwestlicht" zu sein – in ihrer Lockerheit den Westen übertreffen. Diese sind jedoch – das muss betont werden – eine verschwindend kleine Minderheit.

Die indische Umwelt reagiert auf den Anblick eines Westlers mit einer Inderin befremdet. In den Augen der meisten Mitbürger wird das Mädchen als eine Art Hure betrachtet werden, die sich dem Ausländer an den Hals schmeißt. Man wird sich die Münder heiß darüber reden, wie viel Geld der Mann ihr wohl zukommen lässt. Diese Denkweise beruht auf der Tatsache, dass sich weite Kreise der männlichen Bevölkerung ihre Sexualität erkaufen müssen. Dieses Schiefangesehenwerden fördert natürlich keineswegs die Bereitschaft der indischen Frau, mit ihrem Freund in der Öffentlichkeit gesehen zu werden. Die wenigsten Eltern werden eine Heirat mit einem Ausländer gutheißen – von einer vorehelichen Beziehung ganz zu schweigen, die ist ein Flecken auf dem „guten Namen" der Familie.

Die größten Hindernisse einer Freundschaft zwischen Inderin und Ausländer sind also a) der unterschiedliche kulturelle Background der beiden und b) die Widerstände der indischen Gesellschaft gegen eine solche Beziehung, besonders die vorherrschenden Sexual-Tabus.

Der umgekehrte Fall – eine Freundschaft zwischen einem **Inder und einer Reisenden –** bringt seine eigene Problematik mit sich. Die Westlerin gilt bei den indischen Männern als besonders freizügig, als sexueller Geheimtipp, was in Anbetracht der relativen Prüderie ihrer eigenen Kultur gerechtfertigt sein mag. Eine kleine Anzahl europäischer Prostituierter, die teils in Indien „hängengebliebene" Traveller sind, teils Junkies, profitiert von diesem Image. Diese Frauen können für ihre Dienste überhöhte Preise fordern, da es als besondere Gunst gilt, mit einer weißen Frau in die Horizontale zu gehen. Auch die „normale" Reisende wird sich ständig „Freundschaftsangeboten" ausgesetzt sehen. Aus den oben genannten Gründen sind ausländische Frauen in bestimmten Kreisen begehrter als einheimische. Viele Inder würde es mit Stolz erfüllen, von ihren Freunden mit einer weißen Frau gesehen zu werden. Zudem würde eine immerhin mögliche Heirat mit einer Frau aus dem Westen in den meisten Fällen eine finanzielle Verbesserung des Betreffenden bedeuten. Die Ausländerin ist also durchaus begehrt, und es ergibt sich die Gefahr, dass sie unter dem Deckmantel der Freundschaft ausgenutzt wird. Wie bei allen anderen Freundschaften auch, gilt es, mit gesunder Spürnase, echte und falsche Freunde voneinander zu unterscheiden. Dafür gibt es natürlich keinen allgemein gültigen Katalog von Kriterien. Wichtig ist, sich bewusst zu sein, dass es höchst eigennützige „Freunde" gibt, und stets zu prüfen ist, mit wem man zu tun hat.

Der Anblick einer Europäerin mit einem Inder in der Öffentlichkeit wird heftige Reaktionen hervorrufen. Man(n) wird sich den Kopf zerbrechen, wie der Landsmann es nur geschafft haben mag, eine Ausländerin „an Land zu ziehen". Der Frau wird man unterstellen, käuflich zu sein. Der Mann wird dennoch weithin beneidet werden. Auch falls die Beziehung nicht sexueller Natur ist, wird man sich den Mund zerreißen und alle möglichen erotischen Geschichten verbreiten. Für den Inder ist jedes Zusammensein zwischen Mann und Frau ein Zeichen sexueller Intimität. In *Abbé Dubois'* Worten: *„Kein Hindu kann von der Möglichkeit von freier und zugleich unschuldiger Zusammenkunft von Mann und Frau überzeugt werden"*. Dieser Satz hat heute ebenso seine Gültigkeit wie vor 200 Jahren. Aufgrund seiner starken sexuellen Unterdrückung denkt der Inder ständig an Sex und interpretiert ihn auch da hinein, wo er gar nicht ist.

Zeitlebens wird der indische Mann zu den Frauen auf Distanz gehalten, das System der „co-education" beispielsweise, die gemeinsame Schulausbildung von Jungen und Mädchen, ist noch heute umstritten. Daher fällt es ihm schwer, die Motivation in der Handlungsweise von Frauen zu erkennen: Er war den Frauen einfach nie nahe genug, um sich in sie hineinzudenken. Ein altes indisches Sprichwort behauptet:

„Es ist leichter, Blumen auf dem heiligen Feigenbaum zu entdecken, oder eine Krähe, die weiß ist, oder den Abdruck von Fischfüßen, als zu wissen, was eine Frau im Herzen hat!"

Auf dem Basar:
Handeln & Feilschen

*„Bei der Schöpfung der Menschheit
... entstanden die Vaishyas (Händler)
aus seinem (Brahmas) Magen
... Zumindest ist dies die Version,
der am meisten Glauben geschenkt wird."*

Abbé Dubois, 1770-1848

Es ist heute längst nicht mehr so, dass alle Händler oder Geschäftsinhaber *Vaishyas* sein müssen. Zahlreiche Mitglieder anderer Kasten versuchen sich heute im Geschäftsleben. Die *Vaishyas* tragen noch häufig Nachnamen, die an die Tätigkeit ihrer Ahnen erinnern: So bedeutet der in Gujerat geläufige Nachname *Kapadia* „Stoffhändler". *Attari* heißt soviel wie „Parfümmacher", und ein *Mr. Gandhi* ließe sich als „Herr Gemüsehändler" übersetzen. Viele *Vaishyas* üben noch immer die von ihren Vorfahren „geerbte" Tätigkeit aus – auch wenn es einige *Gandhis*, wie wir wissen, in die Politik verschlagen hat. Der Familienname *Gandhi* ist allerdings nicht nur bei den hinduistischen *Vaishyas* geläufig; im Falle *Indira Gandhis* (geb. *Nehru*) stammt er von ihrer Heirat mit einem Parsen, *Feroze Gandhi*.

Gemeinsam ist allen indischen Handelsleuten die Lust am **Feilschen.** Wer den zu Anfang des Verkaufsgesprächs genannten Preis zahlt, gilt als ausgemachter Dummkopf, der es nicht besser verdient. Zähes und beharrliches Handeln dagegen fordert den Verkäufern Respekt ab. Einige Stände oder Geschäfte stellen Schilder mit der Aufschrift *Fixed Price* auf. Der Hinweis auf den „Festpreis" ist aber manchmal nur ein psychologischer Trick, um seriös zu wirken. Versuchen zu handeln kann man hier trotzdem, und gelegentlich ist ein Preisnachlass drin. Eine Grundregel, wie viel vom vorgeschlagenen Preis wirklich bezahlt werden sollte, gibt es nicht. Da sind allzu viele Kriterien, nach denen ein Basarhändler seinen Preis veranschlagt: Das Aussehen des Kunden spielt eine Rolle, da man daran den Wohlstand erkennen kann. Im Falle des Ausländers aber wird automatisch vorausgesetzt, dass er wohlbetucht ist, auch wenn er in Sack und Asche daherkommt. Die Tageslaune des Händlers ist ebenso wichtig, denn, läuft das Geschäft gut, so wird er sich vielleicht mit einem kleineren Gewinn zufrieden geben. Dazu kommt die Art des Artikels, um den es geht: Auf eine Banane, die nur ein paar *Paisa* kostet, lässt sich nicht so viel aufschlagen wie etwa auf eine schwer zu schätzende Antiquität.

Alle diese Faktoren spielen also bei der ersten Preisveranschlagung eine Rolle. Erscheint einem der zuerst genannte Preis weit zu hoch, sollte man auf keinen Fall fluchtartig das Geschäft verlassen! Oft bekommt man seine Ware für ein Drittel des erst genannten Preises, wenn man es nur versucht. Bei Großeinkäufen sollte man das Geschäft nicht unbedingt an ein und demselben Tag abwickeln. Es ist oft besser, den Händler zappeln zu lassen und am nächsten Tag wiederzukommen, um dann den Preis zu drücken. Für größere Käufe sollte man viel Zeit mitbringen. Ist ein Preisnachlass drin, so wird man ihn irgend wann auch bekommen, denn jeder Händler macht lieber nur etwas Gewinn, als gar keinen! Eine wichtige Rolle spielt der Begriff **„morning business"** oder *„first business".* Macht ein Händler gerade das erste Geschäft des Tages, so sind besondere Preisnachlässe drin, da der erste Tagesumsatz Glück für den weiteren Geschäftstag bringen soll. Dann werden Waren auch mit geringerem Gewinn verkauft. Daher also früh aufstehen und gleich bei Geschäftsbeginn auf der Matte stehen! Gelegentlich wird das *morning business* aber auch missbraucht: wenn z. B. Händler dem Kunden vortäuschen wollen, dass er der erste Kunde des Tages ist, und ihm weismachen, er erhalte einen *special price*.

Es macht sich immer gut, wenn man beim Feilschen eine weltmännische Nonchalance an den Tag legt und auf gleichgültig macht. Nie sollte man zeigen, dass man irgend eine Ware dringend benötigt oder sie – koste was es wolle – in seinen Besitz zu bringen trachtet. Händler sind gute Psychologen und erkennen solche Ansinnen nur allzu leicht. Oft hilft es, zum Schein davonzulaufen, wobei es oft passiert, dass der Händler einen zurückholt, um dann doch noch ein besseres Angebot zu machen. In solchen Situationen hat der Kunde Oberwasser und kann das geschickt ausspielen.

Wichtig ist natürlich, von allen Artikeln zunächst eine grobe Preisvorstellung zu haben. Der frisch ins Land gekommene Reisende sollte darum den Einheimischen auf die Finger schauen, um herauszubekommen, was die so zahlen. Es ist hilfreich, die Zahlen in Hindi zu beherrschen, um abzulauschen, was die lokale Klientel zu zahlen bereit ist.

Eine besondere Erwähnung haben die geschäftstüchtigen *Kashmiris* verdient, die es wie kaum eine andere Landsmannschaft verstehen, ihre Kunden „einzuseifen". Auch wenn sie immer wieder beteuern, ihr Kunde wäre ihnen so lieb wie ihr eigener Bruder (bzw. Schwester), sollte die Börse nicht vorschnell gezückt werden. Reichlich Touristen sind in Kashmir zur Ader gelassen worden und haben wahre Horrorpreise gezahlt. Es lohnt sich, eine kühle Distanz zu den kashmirischen Händlern zu wahren, und sich nicht von deren Einlullversuchen einfangen zu lassen. Wer immer wieder betont, der Kunde sei doch „mein bester Freund" etc. macht sich schon verdächtig. Höchste Vorsicht ist

geboten. Der Grund für die Schlitzohrigkeit der kashmirischen Geschäftswelt liegt in der Denkweise, dass jeder Handel (wie unehrlich er auch sein mag) ein guter Handel ist: Das Geschäft ist die Pflicht eines Geschäftsmannes, und der muss ja auch seine Familie damit nähren. Also wird geleimt und geschleimt – auf Deibel komm heraus!

Der Handel um einen wertvollen Artikel ist eine langwierige Angelegenheit, die auch von Privatgesprächen unterbrochen wird. Dabei kann es trotz aller geschäftlichen Härte ausgesprochen fröhlich zugehen. Es gehört auch dabei zur indischen Gastfreundschaft, dem Kunden, der in gewisser Weise Gast des Hauses ist, mit Tee und Imbiss zu bewirten. Sicherlich fördert dieses Anbieten von kulinarischen Aufmerksamkeiten die freundschaftliche Einigung von Geschäftsmann und Kunde. Inwieweit die Bewirtung der psychologischen Beeinflussung dienen soll, mag von Fall zu Fall verschieden sein.

Indisches Feilschen kann eine harte Zerreißprobe sein, bei der den Beteiligten der Schweiß auf der Stirne steht. Ist der Handel aber perfekt, scheiden die beteiligten Parteien als beste Freunde. Beide Seiten sind froh, ein annehmbares Ergebnis erzielt zu haben und hegen den höchsten Respekt für die Geschäftstüchtigkeit des anderen.

In einigen Touristenzentren tummeln sich **„Schlepper",** die Reisende von der Straße weg in „ihre" Läden oder Kleinfabriken schleppen wollen, um ein Geschäft zu machen. Selbstverständlich sind die Shops nicht „ihre", sondern gehören jemandem, der vielleicht entfernt verwandt oder ein Bekannter ist. Der Schlepper erhält für jedes von ihm eingeleitete Geschäft seine Prozente, und manchmal bekommt er schon ein paar Rupien dafür, wenn er Touristen überhaupt in den Laden lockt – egal, ob die am Ende was kaufen oder nicht. Nach diesem Prinzip arbeitet eine Reihe von Rikshafahrern in Benares z. B., die ihre Passagiere zu bestimmten Läden bringen, obwohl die Fahrgäste ganz woanders hinwollten! Zumeist wird dann der „Irrtum" mit Verständigungsschwierigkeiten entschuldigt.

Wenn die Schlepper die Geschäfte ihres Arbeitgebers als die „ihren" bezeichnen, ist das nach indischer Auffassung nicht unbedingt eine Lüge: Der Inder fasst beispielsweise das Haus eines Verwandten als das „seine" auf, da in der Familie

oder im Clan alles allen zugute kommen soll. Diese großzügige Vorstellung von Eigentum kann auch auf die Besitztümer von Freunden oder guten Bekannten erweitert werden. Als Zeichen der Gastfreundschaft wird dem Reisenden oft das Haus des Gastgebers gezeigt und vermerkt, dass dieses Haus nun auch „das seinige" sei!

*„Wasser gibt Leben,
erhält (alles, was lebt)
und läßt (es) wachsen.
Aus diesem Grunde wurde (das Wasser)
als der göttliche Erhalter,
mit anderen Worten
Vishnu betrachtet."*

Abbé Dubois, 1770-1848

In den meisten Teilen Indiens fällt für acht oder neun Monate so gut wie kein Regen. Spätestens im April oder Mai wird der Boden rissig von der Trockenheit, und die Sonne glüht so heiß, dass jedermann den **Monsun** herbeisehnt. Der beginnt im Südwesten Indiens Anfang Juni, bewegt sich in Richtung Norden und ergießt sich über Mumbai vom 10. oder 12. Juni an. Dann setzten die regenschweren Wolken ihren Nordwärtslauf fort und erreichen zwei Wochen später das nördliche Indien. Natürlich kann sich der Beginn des Monsuns verfrühen oder verzögern, und diese Unpünktlichkeit macht den Bauern in den Dörfern keine Freude. Das richtige Maß an Regen und das richtige Timing ist wichtig für eine gute Ernte. In manchen Landesteilen, wie in Tamil Nadu, setzt der Monsun erst im August/September ein, und Kashmir gar liegt gänzlich außerhalb des großen Regens, da es von Bergketten abgeschirmt wird.

Für den Reisenden besteht kein Grund, nicht nach Indien zu fahren, weil gerade Monsun ist. Wie jede andere Jahreszeit hat auch diese ihren Reiz. Bei vielen Indern weckt der Monsun romantische Gefühle, da es kühler ist als sonst, und kühles Wetter die Liebeslust fördert. Nicht ohne Grund ist es der Traum eines jeden frisch getrauten Ehepaares, die Flitterwochen im relativ kühlen Kashmir zu verleben. Und viele Inder betrachten es als gemütlich, daheim zu sitzen und den herunterplatschenden Regen zu beobachten. Das Reisen ist während der nassen Jahreszeit zwar etwas schwieriger, da sich viele ungeteerte Straßen in Schlammpisten verwandelt haben und auch die Züge nicht so gut vorankommen, andererseits ist es aber auch viel einfacher, Plätze zu ergattern, da die meisten Inder im Monsun zu Hause bleiben und ihre Reisen auf später verschieben. Das hat Tradition: Seit Menschengedenken ruhte jedweder Verkehr zur Zeit des Monsuns, selbst Feldzüge wurden erst zu Anbeginn der Trockenheit unternommen. Gute alte Zeit!

Bevor der Monsun beginnt, werden die Dächer ausgebessert, und in einigen Städten wird Insektengift gespritzt, um die erwartete Moskitoschar gering zu halten. In den Dörfern wird das verbliebene Wasser aus den Brunnen gepumpt und deren Wände zur Desinfizierung mit Kalk abgerieben. Kurz vor dem Monsun grassiert in vielen Gebieten die *Konjunktivitis* (Bindehautentzündung), und man sieht zahlreiche Inder, die ihre tränenden, rot-entzündeten Augen hinter Sonnenbrillen verstecken. Mit Augentropfen lässt sich das Malheur in ein paar Tagen beheben. Mit dem Einsatz des Regens verschwinden dann die Augenentzündungen im Allgemeinen. Nun treten allerdings **Darmerkrankungen** wie *Gastro-Enteritis* und *Ruhr* vermehrt auf, da viele Wasserrohre bersten und somit allerlei Schmutz eindringen kann. Im Monsun ist das Leitungswasser häufig sandbraun gefärbt – ein Zeichen, dass die Leitungen nicht mehr die besten sind. Der gesundheitsbewusste Reisende sollte in der Regenzeit dementsprechende Maßnahmen treffen: Wasserentkeimungstabletten, eine *Hepatitis*- und *Thyphusimpfung* sind keine schlechte Investition. Auch treiben die **Moskitos** vermehrt ihr Unwesen, und wer in malariagefährdete Gebiete reist, kann sich mit vorbeugenden Tabletten schützen. Überall in Indien gibt es außerdem die *mosquito coils,* eine Art spiralenförmiges Räucherstäbchen, deren Geruch die Moskitos halb besinnungslos durch die Luft taumeln lässt und angriffsunfähig macht. Stellt man aber zu viele dieser *coils* nachts in seinem Zimmer auf, kann es passieren, dass man sich am anderen Morgen etwas verkatert fühlt. In Waldgebieten tummeln sich während und nach dem Monsun Millionen von **Blutegeln,** die sich auf jede freie Stelle Haut stürzen. Bei Wanderungen sollte man also zusehen, dass besonders die Füße und Beine voll bedeckt sind. Die Blutegel injizieren eine Flüssigkeit in das Blut, die verhindert, dass es sofort gerinnt, damit sie sich so richtig volltrinken können. Oft dauert es Stunden, bis das blutige Rinnsal zum Versiegen kommt. Hat sich ein Blutegel festgesogen, so kann man frische Zigarettenasche darauf rieseln lassen: Der Egel fällt sofort ab. Den Geruch von Tabak können diese Tierchen nicht vertragen, und so hilft vor Egelbefall auch, die unbedeckten Körperteile mit Tabak einzureiben. So machen es einheimische Waldbewohner, und es ist immer von Nutzen, deren Tricks abzuschauen. Blutegel sind nicht durch das Verursachen des Blutverlustes gefährlich (der ist gering), aber sie können Kleinparasiten ins Blut übertragen, die zu üblen Krankheiten führen.

Der Reisende sollte also besonderes während der Regenzeit etwas vorsichtiger als sonst sein, dann steht dem angenehmen Aufenthalt nichts im Wege.

Die Regenfälle sind nicht gleichmäßig über Indien verteilt – wer keinen Guss abbekommen möchte, kann sich in regenarme Gebiete flüchten. Wie gesagt erreicht der Monsun *Kashmir* nicht, dort gibt es nur ganz „normalen" Regen. Dementsprechend ist der nördlichste indische Bundesstaat von Juni bis September randvoll mit Touristen. Ähnlich sieht es im östlich davon gelegenen *Ladakh* aus, in dem Wasser meistens knapp ist. Die Gegend um Bangalore *(Karnataka)* ist relativ trocken, und die Landstriche um *Bijapur* und *Gulbarga* (beide in *Karnataka*) leiden oft unter Dürre. Die Region des *Kachch* im Bundesstaat Gujerat, an der pakistanischen Grenze, bekommt manchmal jahrelang keinen Regen, und die Bauern müssen mindestens 15 m tiefe Brunnen bohren, um Grundwasser zu finden. Dennoch ist der *Kachch* einer der touristisch interessantesten Gegenden Indiens, mit den vielleicht gastfreundlichsten Menschen des Landes. Wenn vielleicht auch kein Regen fällt, so ist der Himmel in der Monsunzeit meist grau-blau, mit schweren Wolken verhangen. Aufgrund der dicken Wolkendecke ist es nicht so heiß wie in der Jahreszeit davor. Wenn aber gerade ein deftiger Schauer herniedergeht, steigt die Luftfeuchtigkeit durch das verdampfende Wasser enorm an, und dann rinnt der Schweiß in Strömen. In den höher gelegenen Gebieten kann es während der Regenzeit empfindlich kühl werden. In den Bergen weht ein Wind, der kräftigst an Haus und Hütte rüttelt.

Kaum hat es ein paar Tage ordentlich geregnet, ergrünt die zuvor trocken- braune Natur. Die Zeit unmittelbar nach dem Monsun ist landschaftlich gesehen wahrscheinlich die schönste, da alles in ein sattes Grün getaucht ist und einem die wunderbarsten Gerüche um die Nase wehen. In den Dörfern liegt während der nassen Zeit die Arbeit lahm. Die Marktstände sind bei weitem nicht so voll wie in anderen Jahreszeiten, da nicht geerntet wird. Man lebt von Reis und *Chapatis, dal* und ein paar Standardgemüsen. In den Städten, die an ein ins ganze Land reichendes Verkehrsnetz angeschlossen sind, sieht die Versorgungslage besser aus.

Monsun bedeutet nicht, dass es immer nonstop regnet. Je nach Region gibt es manchmal mehrere Tage hintereinander, an denen sogar die Sonne scheint, und es nur ein wenig tröpfelt. In den Touristenorten wie z. B. in *Goa* fallen aber die Zimmerpreise erheblich, da sich kaum Reisende blicken lassen. Es gibt die günstigen „off-season"-Preise. Der Monsun in Goa ist, da an der Küste gelegen, einer der wasserreichsten des Landes, dennoch wechseln sich Sonne und Regen ab – wobei der letztere aber immer wieder „Oberwasser" gewinnt.

Cherrapunji (Bundesstaat *Meghalaya*) im fernen Nordosten des Landes ist der regenreichste Ort der Welt. Hier treffen zwei Monsunströme zusammen und prallen gegen eine Bergwand. Die Gegend um *Cherrapunji* ist aber auch aus anderen Gründen interessant: Hier wohnt der Stamm der *Khasis*. Die Khasi-Gesellschaft ist *matrilineal,* das heißt, aller Familienbesitz gehört der Frau, und diese vererbt ihn an ihre Töchter. Selbst das Eigentum, das der Mann vor seiner Ehe besessen hat, geht an die Frauen der Familie. Wie zu erwarten, sind die Khasi-Frauen auffallend selbstbewusst. Vor der Einreise nach *Meghalaya* oder andere Bundesstaaten des Nordostens muss jedoch eine Sondergenehmigung eingeholt werden. Diese Genehmigung sollte schon von Deutschland aus beantragt werden. Die Regelungen zur Erteilung einer Einreiseerlaubnis ändern sich von Zeit zu Zeit, und so sollte man sich rechtzeitig mit der indischen Auslandsvertretung in Verbindung setzen. Mir selber ist es passiert, dass mir die zuständigen Behörden in Mumbai versichert hatten, die Genehmigung ließe sich problemlos in *Meghalaya* selber einholen. Als ich nach teurem Flug dort eintraf, behaupteten die dortigen Behörden das Gegenteil und setzten mich in die nächste Maschine zurück! Ein paar Jahre zuvor hatte es die Aufenthaltsgenehmigungen – wirklich problemlos – in der Hauptstadt Meghalayas, *Shillong,* gegeben.

Der Reisende sollte mit seiner Ausrüstung auf die Wassermassen vorbereitet sein. Ein dünner Plastikregenmantel mit Kapuze und ein wasserdichter Rucksack sind unerlässlich. Die Schuhe sollten möglichst fest sein. Die beliebten indischen Gummislippers *(rubber chappals)* sind zwar bequem, spritzen aber allen Matsch in die Kniekehlen. Der Asphalt der Bürgersteige wird durch Regen gefährlich glatt, und mit den fast profillosen Gummilatschen legt man sich manches mal lang. Zu fast humorigen Unfällen kann es kommen, wenn Löcher von

Durchschnittlicher Regenfall (in Millimeter) für die Monsunmonate Juni bis Oktober:

	Juni	Juli	August	Sept.	Oktober
Agra	60,0	210,2	263,2	151,5	23,5
Ahmadabad	100,0	316,3	213,3	162,8	13,1
Bangalore	80,1	116,6	147,1	142,7	184,9
Mumbai	520,3	709,5	439,3	297,0	88,0
Kolkata	259,1	300,6	306,3	289,7	160,2
Darjeeling	522,3	712,9	572,5	418,5	116,1
Hyderabad	107,4	165,0	146,9	163,3	70,8
Jaipur	54,0	193,2	239,0	89,8	19,3
Madras	52,6	83,5	124,3	118,0	267,0
Mysore	60,5	71,9	80,1	116,3	179,9
New Delhi	65,0	211,1	172,9	149,7	31,7
Panjim	580,1	892,1	341,1	276,6	122,3
Srinagar	35,6	61,0	62,8	31,8	28,7
Trivandrum	331,2	215,4	164,0	122,9	271,2
Varanasi (Benares)	91,9	306,2	342,2	225,7	59,7

Bauarbeiten übersehen werden. Da das Wasser oft kniehoch steht, kann man nicht sehen, wie der Boden beschaffen ist. Hat eine Baukolonne gerade eine Grube ausgehoben oder wurde ein Kanaldeckel abgenommen, plumpst man unversehens hinein. Allem Humor zum Trotz sollen bei solchen Unfällen aber schon Menschen ertrunken sein.

Etliche Gassenjungen machen sich einen Spaß daraus, die Abflüsse an strategisch günstigen Stellen zu verstopfen. Das führt dazu, dass die Gasse nabeltief unter Wasser steht, und sogar Autos ziellos darin herumtreiben. Für eine Hilfeleistung kassieren die Gören dann ein paar Rupien.

In den alten Vierteln der Städte kollabieren reihenweise Häuser, die den Wassermassen nicht mehr gewachsen waren. Wer die Zeitungen sorgfältig studiert, wird keinen Tag erleben, an dem keine Nachrichten von Hauseinstürzen veröffentlicht werden. Das tropische Klima und die Feuchtigkeit setzen den Gebäuden vorzeitig zu, und ein überstarker Monsun gibt ihnen den Rest. Selbst neue Häuser sehen in Indien oft aus, als hätten sie schon Dutzende von Jahren auf dem Buckel. Das liegt zum Teil an schlechten Baumaterialien, zum Teil am Monsun. Nach jeder Regenzeit machen sich die Stadtverwaltungen daran, die löchrig gespülten Straßen zu reparieren. Die Schäden, die das Wasser verursacht, gehen ins Unermessliche.

In den Städten, die an Flüssen liegen, kommt es regelmäßig zu Überschwemmungen. Anders als die betroffene Bevölkerung aber hat der Reisende die Möglichkeit, sein Bündel zu schnüren und woanders hin zu ziehen – falls die Verkehrsverbindungen nicht unterbrochen sind. Gelegentlich werden sogar Gleiskörper weggespült, oder Straßen sind unpassierbar. Bei inner-indischen Flügen wird man von den Monsunwinden kräftig durcheinandergeschüttelt, was sich hauptsächlich bei den kleineren Flugzeugen bemerkbar macht. Alles das gehört aber ebenso zum Reisen in Indien wie die „Sonnenseiten".

Nach drei oder vier Monaten des Regens wird es auch den Indern „zuviel", und sie sind froh, dass nun die trockene Zeit beginnt. Vielerorts wird es nach dem Monsun noch einmal richtig heiß, da die Wolken verschwunden sind, die Sonne jedoch immer noch hoch am Firmament steht. Dann aber, im späten Oktober oder November, steht die schönste Jahreszeit vor der Tür. Bis zum Februar ist es sonnig, aber nicht zu heiß, sind die Nächte klar und kühl. Und spätestens im April oder Mai, wenn die Hitze unerträglich wird, wird man wieder den wolkenreichen Monsun herbeisehnen.

Der Monsun ist „**die** Jahreszeit". Das Wort stammt von der arabischen Vokabel *mausam* ab, und die bedeutet genau das: „Die Jahreszeit". Im Hindi steht *mausam* heute für „Jahreszeit" oder „Wetter".

Ein Portait:
Panchu Ram, Rikshazieher

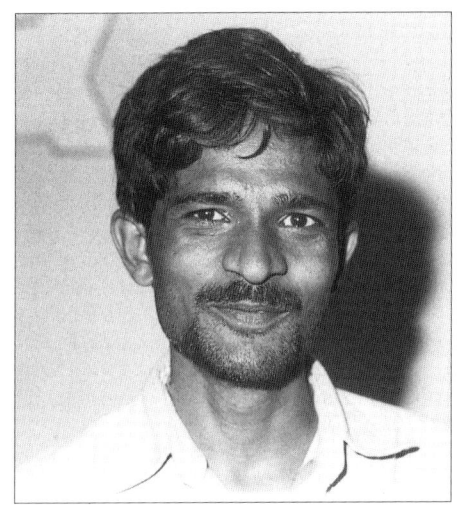

*„In den letzten zwei Jahren
hat sich erwiesen, wie schnell
und bequem die Beförderung
durch die U-Bahn ist
und wie problemlos.
In diesem Zeitraum haben etwa
8 Millionen Menschen
die U-Bahn benutzt.
Die U-Bahn ist zum festen Bestandteil
des täglichen Lebens der Einwohner
von Kalkutta geworden."*

Aus einer Anzeige der U-Bahnbetriebe
von Kolkata (Kalkutta) vom November 1986.
Seit einigen Jahren versucht die Stadt,
die Rikshas aus dem Stadtbild zu verdrängen
und den Ausbau des U-Bahnnetzes voranzutreiben.

„Green Calcutta, Gay Calcutta!" Grünes Kalkutta, fröhliches Kalkutta! proklamiert die von der Stadtverwaltung gesponserte Anzeigenwand auf dem Chowringhee. Dass *gay* heutzutage etwas anderes bedeutet als „fröhlich" oder „ausgelassen" haben die Werbetexter noch nicht mitbekommen. Na ja, auch den Namen der Stadt, einst Kalkutta, hat man heute in Kolkata umgewandelt, die bengalische Urform des Namens.

Der Chowringhee, die Hauptverkehrsader in Kolkatas City ist verstopft, wie an jedem Nachmittag. Stau, wohin das Auge blickt. Grün gibt es nicht allzu viel, dafür umso mehr Blei-Grau, das die zum Stehen gekommenen Autos und Busse in Form von Auspuffwolken ausstoßen. Es ist 17 Uhr, ein ganz normaler Tag in Kolkata. Die Fahrzeuge stehen in mehreren Reihen und bewegen sich nicht vom Fleck. Einige Fußgänger quetschen sich durch die Zwischenräume, die die Blechkarawane gelassen hat, und versuchen, den Chowringhee zu überqueren. Die frustrierten Autofahrer drücken sich ihre Finger an den Hupen wund und verursachen eine nervende Kakophonie. Die Hupe ist fast der wichtigste Bestandteil eines indischen Autos. Nie habe ich gesehen, dass ein Tachometer funktionierte, die Fenster lassen sich meist weder hoch- noch runterkurbeln, doch die Hupe ist im allerbesten Zustand. Sie dient den anderen Verkehrsteilnehmern zur Warnung ob des eigenen, heranrasenden Vehikels und zum Vorantreiben des Verkehrs.

Alle paar Minuten kommt der Stau in Bewegung. Für einige Sekunden nur, und dann ist wieder Schluss.

Kolkatas Bürgersteige quillen über. Für eine weit geringere Bevölkerungszahl gebaut, haben sie nicht Platz für jedermann. Tausende von Passanten werden auf die Fahrbahnen gedrängt, wo sie von wild dahinpreschenden Autos gejagt werden wie die Hasen. In der Hackordnung des indischen Strassenverkehrs ist der Fußgänger das unterste Glied. Für ihn gilt die Regel: Verlasse Dich nie darauf, dass ein Wagen deinetwegen bremst oder gar stoppt! Kommt ein Auto auf Dich zu – springe um Dein Leben! Die Hospitäler sind voll von Gutgläubigen, die auf das Edle im Autofahrer gehofft hatten. Dass ein Auto wegen eines Fußgängers, der die Straße überquert, anhält, passiert höchstens in Bangalore, wo der Verkehr – für indische Verhältnisse – „zivilisiert" erscheint.

Kolkata ist ein Monster. *Der* Kulturschock schlechthin. *Winston Churchill* meinte, es wäre gut, Kolkata gesehen zu haben, damit er nie wieder dorthin zurück müsse. Die alten Briten der Kolonialzeit mieden die Stadt. Vor die Wahl gestellt, ihren Einsatzort in Indien selber zu bestimmen, entschieden sich die meisten für andere Landesteile. In Kolkata drohte den Briten die Erschießung durch patriotische Heckenschützen, oder zumindest stießen sie auf die besondere Widerborstigkeit der heiß-blütigen Bengalen. Kolkata war ein Zentrum des indischen Freiheitskampfes. *Subash Chandra Bose,* genannt *netaji,* der „verehrte Führer", organisierte seinen Widerstand von Kolkata aus.

Im Jahre 1985 machte *Rajiv Gandhi* die kontroverse Aussage, Kolkata sei „eine sterbende Stadt", wohl nicht ganz zu Unrecht. Kolkata platzt aus allen Nähten. Mittlerweile ist die Einwohnerzahl bei 12 Millionen angelangt, und täglich kommen neue „Einwanderer" dazu. Noch heute strömen illegale Immigranten aus Bangladesh ein, so dass die Regierung den Bau eines „Schutzzaunes" erwogen hatte, der Bangladesh von Indien trennen sollte. Die Stadt kann ihre eigenen Kinder kaum ernähren, und jeder Zufluss von außen ist eine untragbare Mehrbelastung. Zigtausende von Einwohnern – niemand kennt die genaue Zahl – hausen auf dem Asphalt oder in Jutehütten. Immer mehr Industrie-Unternehmen ziehen sich aus der „sterbenden Stadt" zurück, und immer weniger Luftfahrtgesellschaften fliegen sie an. Der Stadt werden die Lebensadern genommen.

Nichts funktioniert mehr. Stundenlange Stromausfälle sind an der Tagesordnung. Wer unbedingt Elektrizität braucht, behilft sich mit lärmenden, stinkenden Dieselgeneratoren, die schon fast zum Wahrzeichen der Stadt geworden sind. Die Generatoren tragen zudem nicht unerheblich zu Kolkatas Luftverpestung bei. Wer zur Rush-Hour durch die Innenstadt spaziert, inhaliert Blei pur. Lastwagen spucken pechschwarze Giftwolken in den schwülen Himmel, als wollten sie sich wie Tintenfische unsichtbar machen und hupen dabei – halb warnend, halb jubilierend – nonstop.

Die Überbevölkerung, der Überlebenskampf, der Lärm und der Gestank, sie alle versetzen die Einwohner in einen permanenten Alarmzustand. Kaum irgend wo in Indien ist die Stimmung aggressionsgeladener; aus einem Wortgefecht zweier Passanten kann in Klappmesserschnelle eine gefährliche Massenkeilerei entstehen. Und trotz dieser gelegentlichen Anwendung ur-primitiven Faustrechts ist Kolkata eine Stadt der Intellektuellen. Ein indisches Sprichwort besagt: „Was Kolkata heute denkt, denkt Indien morgen." Auf Kolkatas dekadent-morbidem Nährboden gedeihen Künstler jeder Sparte. Die ständige Konfrontation mit den Negativ-Aspekten der menschlichen Existenz macht selbst den „normalen" Mitbürger zum Philosophen. Der *Kolkata-wallah,* der Einwohner von Kolkata ist in der Regel hochintelligent, gut-informiert und ein interessanter Gesprächspartner.

Die Stadt am Hughly, einem Mündungsarm des Ganges, hat bei Indern aus anderen Regionen keinen guten Ruf. Manch Inder sieht in dem Namen „Kolkata" ein Wortspiel: *Kal* ist Hindi für „morgen", *kutta* bedeutet „Hund". *Kal-kutta:* Morgen bist du ein Hund, sagen sie. Mit anderen Worten: Wer nach Kolkata kommt, könne nicht Mensch bleiben, der Überlebenskampf mache ihn zur Bestie. Dabei rühmen sich die Einwohner der Stadt, weitaus menschlicher zu sein als ihre Landsleute woanders. In Kolkata, so sagen die Einheimischen, kann jeder auf die Hilfe seiner Mitmenschen rechnen, niemand ist ganz verloren.

Der Name Kolkata stammt in Wirklichkeit von der Göttin *Kali* ab, die die Schutzpatronin der Stadt ist.

Panchu Ram ist einer von Kolkatas 100.000 *Riksha-wallahs* oder Rikshaziehern, den einzigen Indiens. In allen anderen Städten hat man die Zieh-Rikshas, die von ihren Lenkern mit hehrer Körperkraft gezogen werden, durch Fahrrad- oder Motorrikshas ersetzt. Das Bild des barfüßigen, schwerstarbeitenden *Riksha-wallah* gehört zu Kolkata, einst wie heute.

Panchus Behausung ist ein einziges Zimmer von 2 mal 1,5 Meter „Größe", eine Art dunkler, feuchter Verschlag. Ein schwarzes Loch der Wohnkultur. Zwei Drittel des Zimmers werden von einem Bett eingenommen, dem einzigen Möbelstück, das *Panchu* und seine Familie besitzt. In einer Ecke des Raumes steht eine kleine Holzkiste, in der ein paar Habseligkeiten aufbewahrt werden. Von der Decke baumelt eine nackte Glühbirne, die nur in „Notfällen" eingeschaltet wird, denn Strom ist teuer.

Aus dem Nebenzimmer, in dem eine andere Familie haust, und das von *Panchus* Raum nur durch eine oben offene Mauer getrennt ist, dröhnen Babygeschrei und Filmmusik. Privatleben gibt es nicht in einer Hüttenkolonie. Irgendwer hustet ein paar Räume weiter, laut und trocken. Kolkatas feucht-drückendes Monsunwetter

fordert seine Opfer. Eine vor *Panchus* Eingangstür vorbeigluckernde Kloake dient als Toilette, über die sich alle paar Minuten jemand hockt. Draußen vor der Tür spielen *Panchus* zwei Kinder, ein Junge und ein Mädchen, drei und vier Jahre alt.

Panchu Ram nimmt einen Schluck Tee und seufzt. „Wissen Sie, *Sahib,* an manchen Morgenden schmerzt mir der Rücken so sehr, dass ich gar nicht aufstehen kann. Meine Frau muss mir den dann solange massieren, bis es besser ist. Ich muss ja Geld verdienen, nicht wahr?" *Panchu* sitzt auf dem Familienbett und erzählt von seinem Leben als *Riksha-wallah,* während seine Frau schweigend vor dem Bett auf dem Boden hockt, und versucht, einen Kerosinkocher in Gang zu setzen. Eine neue Runde Tee soll aufgebrüht werden. *Panchus* Tee ist schwarz, ohne Milch mit nur ein wenig Zucker. Milch ist im Land der heiligen Kuh ein Luxus, den sich der ganz kleine Mann nicht leisten kann. Jede Rupie, die heute zu viel ausgegeben wird, macht sich morgen als beißendes Gefühl im Magen bemerkbar.

Panchus Frau hält sich aus unserem Gespräch heraus – so wie es sich einer traditionellen Hindufrau geziemt, wenn sich ihr Mann mit einem männlichen Gast unterhält. Ihr Beitrag beschränkt sich auf praktischorientierte Minimaleinschübe: „Der Tee ist fertig", lässt sie verlauten und reicht uns die Tassen. Wie so oft in Indien macht sich die Frau „unauffällig", was jedoch über ihre wahre Rolle hinwegtäuschen kann: Mit starker Hand hält sie die Familie zusammen und schuftet von früh bis spät. Die Kinder wollen versorgt sein, das Essen muss billig und doch nahrhaft sein, und die Kleidung muss mühselig von Hand gewaschen werden. Ihr Arbeitstag kennt keine Ruhepausen.

Panchu schüttet sich etwas von seinem Tee in die Untertasse, um ihn schneller abkühlen zu lassen, und schlürft ihn auf. „Zu Hause, wo ich geboren bin, im nördlichen Bihar", erzählt er, „hatten wir nichts zu essen. Früher hatten wir einmal ein paar Büffel gehabt, die gaben genug Milch, die wir verkaufen konnten. Davon konnten wir leben. Dann wurden die Tiere alt, und die Milch blieb aus. Was sollten wir also tun? Wovon sollten wir leben? Also, sagte mein Vater zu mir, du gehst jetzt nach Kolkata, eine Arbeit suchen. Die einzige Arbeit, die ich hier finden konnte, war die des *Riksha-wallahs!*"

Panchu war gerade 16 Jahre alt, als er begann, Leute, die sich das leisten konnten, durch Kolkatas Straßen zu wuchten. Ein menschlicher Lastenesel, der dennoch nur soviel verdient, dass er überleben kann. Mehr nicht. Und wer weiß wie lange noch?

Heute ist *Panchu* 30, und es geht ihm schlecht. „Hören Sie mal meine Arme", sagt er und streckt die vom Körper weg. „Die knarren wie eine alte Tür, nicht wahr? Bei meinen Beinen ist es das gleiche."

Die vierzehn Jahre als *Riksha-wallah* haben *Panchus* Körper vorzeitig altern lassen. Er fühlt sich wie ein greiser Maulesel, der dem Gnadenbrot entgegenlahmt. Doch Gnadenbrot wird ihm niemand geben.

„In zehn Jahren", prophezeit *Panchu* und deutet vage in Richtung Hughly, „schmeißen sie meine Asche dort drüben in den Fluss, *Sahib!*" Der Härte seines Existenzkampfes zum Trotz wirkt sein Gesicht jungenhaft, als wäre es auf permanente Kindheit eingefroren. Und trotz allem findet sich immer wieder ein Lachen darin.

Der Fall *Panchu Ram* ist nur einer von vielen. Die Mehrzahl von Kolkatas 100.000 Rikshamännern stammt aus dem Bundesstaat Bihar, dem ärmsten des Landes. Arbeit gibt es dort kaum, in manchen Gebieten findet nur jeder fünfte Arbeitswillige eine Anstellung. Wer kein eigenes Land besitzt, von dem er leben kann, verdingt sich bei den *Zamidars,* den Großgrundbesitzern, als Feldarbeiter. Der Lohn dafür ist karg: Oft gibt es kein Geld in die Hand, an Stelle dessen wird in Naturalien gezahlt. Etwas Getreide, Zwiebeln, *dal* und Reis. In einigen Landstrichen verteilen die skrupellosen *Zamindars* eine giftige Abart des *dal, kesari dal* (lat. *Lathyrus sativus*), der gut schmeckt und den Magen füllt. Bei jahrelangem Verzehr aber akkumuliert sich das Gift im Körper und führt zu Lähmungen. Die Betroffenen können nicht mehr arbeiten und werden von anderen Arbeitskräften aus dem unerschöflichen Reservoir ersetzt.

Bihars Armut begründet sich zum einen in der extrem hohen Bevölkerungsdichte von ca. 550 Einwohnern pro Quadratkilometern (zum Vergleich Deutschland: 229 Einw./qkm) und den Kapriolen des Monsuns, der für die Landwirtschaft von schicksalshafter Bedeutung ist. Nachrichten von Flut- oder Dürrekatastrophen sind zu jeder Jahreszeit an der Tagesordnung. Selten ist es gut ausgewogen, was der Regengott den Äckern zukommen lässt, meistens ist es zu viel oder zu wenig. Darunter leiden die Ernten erheblich, und Bihars schwindsüchtige Ökonomie wird an den Rand des Zusammenbruchs befördert.

Die Armut ist wiederum der fruchtbare Nährboden für Korruption. Großgrundbesitzer, indische Mafiosi und Politiker verschwören sich in Bihar zu einer dermaßen korrupten Führungsschicht, dass der kleine Mann bis auf's Mark ausgesaugt wird. Es ist bekannt, dass viele Politiker, die ins Regionalparlament von Bihar gewählt wurden, Gangster sind. Die Stimmenabgabe für diese wird nicht selten durch gemietete Schlägertrupps erzwungen. Bihars Elend hat heute fast apokalyptische Ausmaße angenommen.

Weite Teile der Bevölkerung Bihars suchen ihr Heil in der „Auswanderung". Wie *Panchu Ram* zieht es die meisten nach Kolkata. Und genau wie ihm bleibt ihnen nur die Riksha als Einkommensquelle.

Panchu hat mich zu einer Kolkata-Tour in seiner Riksha eingeladen. Es ist Monsun, und es regnet in Strömen. Blei-graue Wolken entleeren sich in Schüben – mal peitschend hart, dann trügerisch sanft – bis die Straßen knietief unter Wasser stehen. Und manchmal auch noch tiefer. Allerlei Unrat driftet die Wasser-

Straßen entlang, und ein paar Kinder fischen etwas daraus. Zu allem Wasser, was von oben herunterplatscht, kommt die übermäßige Feuchtigkeit dazu. Der Schweiß rinnt in Strömen. Das Klappdach von *Panchus* Riksha kann bestenfalls einem leichten Schauer Widerstand leisten, doch jetzt dringt das Wasser literweise durch. Wir entschließen uns, in einem Teehaus Rast zu machen.

Panchu erzählt: „Die Riksha, *Sahib,* die gehört nicht mir, sondern meinem *malik* (Boss), und ich muss Miete dafür zahlen. Für eine Zehn Stunden-Schicht muss ich ihm 8 Rupien geben. Was für mich am Tag überbleibt, sind vielleicht 10, wenn ich Glück habe, 15 Rupien."

Nur die wenigsten *Riksha-wallahs* besitzen ihre eigene Riksha, die meisten müssen sie von einem *malik* mieten. Ein *malik* hat im Durchschnitt 50 Vehikel für sich laufen, die Riksha-Könige bringen es auf 200-400, und mancher soll sogar über 1000 haben. Die Rikshas werden in zwei Zehn-Stunden-Schichten pro Tag vermietet, so dass eine Riksha 16 Rupien am Tag einbringt. Bei nur 50 Rikshas macht das eine Tageseinnahme von 800 Rupien – ein für indische Verhältnisse fürstliches Einkommen. Der Anschaffungspreis einer Riksha ist dabei gering, da sie häufig von ausgedienten Rikshamännern zusammengebaut und repariert wird.

„Jeden Tag um Punkt 4 Uhr nachmittags muss ich die Miete beim Boss abliefern", erzählt *Panchu.* Und wenn er einmal nicht zahlen kann, weil er partout keine Passagiere hatte? „Dann", sagt *Panchu* und demonstriert eine Faust, die ihm in die Zähne fliegt, „dann gibt's Prügel!"

Der Regen hört auf. So schnell, wie die Straßen menschenleer wurden, beleben sie sich wieder. Alles verwandelt sich wieder zu quirlender Aktivität.

Panchu trabt mit der Riksha los. Nach einigen Minuten biegt er in eine schmale Gasse, durch die die Riksha so gerade passt und zeigt auf ein Gebäude. „Das da ist eine *Risksha Garage* da wohnen jede Menge Rikshaleute. Wenn Sie mal mit denen sprechen wollen ..."

Die *Riksha Garage* ist ein halboffenes, einstöckiges Gebäude, das in mehrere Räume unterteilt ist: Küche, Schlafraum und Arbeitsbereich. Während ein paar Rikshas mit lautem Tick-Tock ausgebessert werden, liegt ein halbes Dutzend *Riksha-wallahs* ausgestreckt danieder und schläft. Der Lärm stört sie offensichtlich nicht. Ich schätze die gesamte Fläche des Gebäudes auf bloße 30 oder 40 Quadratmeter. Auf engstem Raum wird geschlafen, gekocht und repariert. Die *Riksha Garage* ist einer Vertrauensperson des *malik* unterstellt, dem auch die Garage gehört. Für den *malik* werden die Wohn- und Rikshamieten eingetrieben, und wehe dem, der aufmuckt! Die Vertrauensperson meldet dem „Boss" jeden Meutereiversuch weiter.

Einige Wochen später. Vor meinem Hotel in einer Seitenstraße des Chowringhoe warte ich auf *Panchu.* Das Hotel ist *british-style* – ein Relikt aus der Zeit des

Raj, der britischen Herrschaft über Indien. Von 1773 bis 1912 war Kolkata die Hauptstadt British-Indiens, und glanzvolle Überreste dieser Epoche finden sich in der Architektur zahlreicher Gebäude wieder.

Der Service in meinem Hotel ist unverkennbar englischer Prägung: höflich, aufmerksam und unaufdringlich. Dazu kommt, dass die Speisen – obwohl englischer Machart – hervorragend sind! Man fühlt sich zurückversetzt in eine Zeit, als englische Ladies und Gentlemen selbst im tropischen Indien hochzugeknöpft zu dinieren pflegten. Heute allerdings finden sich bestenfalls die Enkel der einstigen Herrscher hier zum Nachtmahl ein – und das weit weniger zugeknöpft.

Panchu sieht aus, als wäre er unter die Räder seiner eigenen Riksha geraten. Am Kopf trägt er einige Blutergüsse, ein Auge ist blut-rot unterlaufen. „Das war die Polizei", sagt *Panchu* und zeigt auf seine Blessuren. „Vorgestern hat mich um 6 Uhr abends, als es noch hell war, ein Polizist angehalten, warum ich denn kein Licht hätte. Dann hat er 10 Rupien Schmiergeld von mir verlangt, oder er wollte zusehen, dass ich meine Lizenz verliere. An dem Tag hatte ich gerade 3 oder 4 Rupien eingenommen, die wollte ich ihm geben. Da hat er mich mit zur Wache genommen, wo sie mich mit drei Polizisten verprügelt haben". Die Polizei macht mit Vorliebe Jagd auf die *Riksha-wallahs,* um sich durch Schmiergelder ein Zubrot zu verdienen. Der Rikshamann kann sich gegen diese Willkür im Allgemeinen nicht wehren. Käme es überhaupt einmal zu einem Verfahren gegen einen Polizisten, würde der Fall von höherer Instanz für den Schuldigen zurechtgebogen.

Außer der Polizei lauern auch billige Vorstadtganoven den Rikshaleuten auf, um sie auszuplündern. Mancher Rikshamann, der auf der Nachtschicht durch Kolkatas schlecht oder kaum beleuchtete Straßen trabt, wird Opfer dieser *gundas* (Schurken, Banditen, Schlagdraufs) und um sein Geld gebracht.

Bei unserem letzten Treff hatte *Panchu* mir versprochen, von seinen „extra-fahrplanmäßigen" Einnahmen zu berichten. Mit der Riksha ziehen wir wieder los – das heißt, er zieht, und ich sitze auf dem plastiküberzogenen Polster der Riksha. *Panchu* biegt ab in ein paar kopfsteingepflasterte Gassen, dreht mehrmals links, rechts, so oft, bis ich die Orientierung verloren habe. Er fährt ein paar Schleifen, und ich habe keine Ahnung mehr, wo ich mich in diesem Großstadtdschungel befinde. Wir scheinen angekommen zu sein. *Panchu* führt mich in ein baufälliges Haus. Das Treppenhaus wirkt schmierig und düster, die Stufen knarren, als wollten sie jeden Moment nachgeben. Im ersten Stock klopft *Panchu* an eine Tür und ruft etwas in Bengali. Die Tür wird geöffnet, und gibt den Blick frei auf ein gutes Dutzend Gestalten, die auf dem Boden liegen und an Opiumpfeifen saugen. Niemand spricht ein Wort, jeder schwebt in seinem eigenen, privaten Paradies.

Hier verdient sich *Panchu* seine Extra-Einnahmen. Da der *Riksha-wallah* sich von seinem regulären Verdienst kaum ernähren kann, und schon gar nicht eine vielköpfige Familie, fungiert der Rikshamann als kleiner Zwischenhändler im Drogengeschäft, oder er beliefert billige Bordells mit Freiern. Dafür kassiert er eine Kommission, die ihn und seine Familie überleben lässt. Es gibt wohl kaum einen unter *Panchus* Kollegen, der nicht von dieser Einnahmequelle Gebrauch machen würde.

Westbengalen wird wie der Bundesstaat Kerala im Süden des Landes von Kommunisten regiert. Die CPI (*Communist Party of India*) aber hat sich der Probleme der *Riksha-wallahs* nicht sonderlich angenommen. Im Gegenteil. Mehr und mehr Straßen werden für Rikshas gesperrt, da sie als Verkehrshindernis betrachtet werden, und man ihnen die Schuld an einer Vielzahl von tödlichen Verkehrsunfällen zuschreibt. Es hat sogar Pläne gegeben, das billige Transportmittel gänzlich aus der Stadt zu verbannen. Das hätte den Ruin der *Riksha-wallahs* und ihrer Familien bedeutet. Erst nach einem Generalstreik der gesamten Rikshazunft und Intervention der Rikshagewerkschaft CRCP (*Calcutta Riksha Chalak Panchayat* = Rat der Rickshazieher von Kolkata) ließ die Regierung von ihrem Vorhaben ab. Vorläufig jedenfalls. Es gibt weiterhin Bestrebungen, die Rikshas über kurz oder lang in die Abstellschuppen zu karren – für immer. Dabei hat man in der Hauptstadt des benachbarten Bangladesch, Dhaka, Berechnungen angestellt, dass mit dem Wegfall der Rikshas dort ein Viertel von Dhakas 6 Millionen Einwohnern in Existenznot geraten könnte. Jeder *Riksha-wallah,* so wurde errechnet, ernährt durch seine Arbeit im Durchschnitt sechs Personen. In Dhaka arbeiten ebenso wie in Kolkata etwa 100.000 *Riksha-wallahs,* dazu kommen die in der Fertigung und Reparatur beschäftigten Kräfte. Die Regierung von Bangladesh hält allerdings dagegen, dass 70 % der 2500 Verkehrtoten pro Jahr in Dhaka den Rikshas anzulasten sind. Ebenso wie in Kolkata versucht man, die Rikshas aus dem Straßenbild zu verdrängen.

Am 24. Oktober 1984 fuhr der erste U-Bahnzug durch Kolkatas „Unterwelt". Die Stadtteile Dharmatalla und Bhavanipur waren durch ein unterirdisches Gleisnetz miteinander verbunden worden. Am 29. April 1986 war auch der Stadtteil Tollygunge angeschlossen. Die Stadtverwaltung von Kolkata sieht in dem Ausbau des U-Bahnnetzes eine billige und komfortable Alternative zu den Rikshas, ohne jedoch den Rikshawallahs eine andere Arbeitsmöglichkeit anbieten zu können. Wenn tatsächlich einmal 700 Millionen U-Bahntickets pro Jahr verkauft werden, wie anvisiert, bleibt für die Rikshamänner nichts mehr zu tun.

Das Büro der Rikshagewerkschaft *CRCP* im Stadtteil Khetipur ist Anlaufstelle für *Riksha-wallahs* mit Problemen. Von morgens bis abends drängen sie sich um die Gewerkschaftler und bombardieren sie mit ihren Sorgen: Ärger mit der Polizei, die Lizenz soll entzogen werden, jemand in der Familie ist krank, und das Geld fehlt, der Boss macht Terror. Es ist immer das gleiche Lied. Über ganz Kolkata hat die Gewerkschaft ein Netz von Vertrauenspersonen gespannt, die den Mitgliedern in Notfällen beistehen sollen. Gegen den Druck von „Oben", von Regierung und Polizei sind sie jedoch weitgehend machtlos.

Mr. Jha von der CRCP: „Die Kommunisten hier in Westbengalen hatten den Armen vorher viel versprochen, doch heute geht es unseren Leuten schlechter als zuvor. Diese Regierung tut nichts für den kleinen Mann." Mr. Jha ist wie alle CRCP-Funktionäre von der oppositionellen Bharatiya Janata Party, der „Indischen Volkspartei".

„Die Zukunft unserer Zunft", sagt Mr. Jha nachdenklich, „ist finster, sehr finster."

Ein Nachsatz: Im Jahre 1997 beschloss die Regierung von Westbengalen, die Rikshas abzuschaffen, eine Entscheidung, die wie zu erwarten auf viel Widerstand stößt. Wann genau die Rikshas tatsächlich von den Straßen Kolkatas verschwunden sein werden, ist noch nicht abzusehen.

Anhang

Die indische Presse: Quelle der Information

Dem Leser wird nicht entgangen sein, dass ich des Öfteren indische Pressezitate herangezogen habe, um gewisse Punkte zu unterstreichen. In der Tat ist Indiens Presse eine hervorragende Informationsquelle, von der der Reisende Gebrauch machen sollte. Es hilft sehr, wenn das täglich Erlebte durch Information von außen abgestützt wird, denn so kann ein fundiertes Landeswissen heranwachsen. Die indische Presse ist ein Erbstück aus britischer Kolonialzeit und orientiert sich am Journalismusstil britischer Prägung. Es gibt zahllose englischsprachige Publikationen, von denen ich die wichtigsten nachfolgend aufführen möchte. Leider hat sich die indische Presse im letzten Jahrzehnt merklich verwestlicht, wobei ein erheblicher Teil Lokalkolorit verloren gegangen ist. Nachrichten von obskuren Begebenheiten in abgeschiedenen Landstrichen, so wie ich sie einige Male zur Veranschaulichung in den Text gesetzt habe, werden immer seltener abgedruckt – was aber nicht heißt, dass derlei Ereignisse nicht mehr stattfinden!

Es sei noch bemerkt, dass indische Journalisten mit Schwierigkeiten zu kämpfen haben, die im Westen unbekannt sind: Das Telefonnetz ist vielerorts miserabel, es dauert manchmal Stunden, irgend wohin durchzukommen, das Transportsystem ist auch nicht das schnellste, das Land dafür aber umso größer. Zu allem Übel werden indische Journalisten krass unterbezahlt. Dies alles ist zu bedenken, wenn gelegentlich in Artikeln ein wichtiger Aspekt fehlt: Unter den gegebenen Umständen tut die indische Presse ihr möglichstes. Und trotz aller Mängel hegen die Inder höchsten Respekt für den Beruf des Journalisten.

Hier nun eine Liste der wichtigsten Zeitungen und Magazine samt einer knappen Beurteilung:

Tageszeitungen

The Times of India: Schon von ihrem Namenszug her orientiert sich die *T.o.I.* an ihrem britischen Vorbild. Der Stil ist ein wenig steif, doch ist sie eine zuverlässige Informationsquelle. Wie bei anderen Tageszeitungen auch werden in verschiedenen Städten lokale Ausgaben gedruckt, die in ihrer Qualität variieren können. Und wie üblich bei indischen Tageszeitungen kommen auch bei der *T.o.I.* die internationalen Nachrichten etwas zu kurz. Ansonsten eine lohnenswerte Morgenlektüre!

Indian Express: Der *Indian Express* ist so etwas wie der ewige Konkurrent der *T.o.I.* In den letzten Jahren hat er sich durch die Aufdeckung von Skandalen den Ruf erworben, den anderen Blättern immer um eine Nasenlänge voraus zu sein. Wie bei der *T.o.I.* gibt es lokale Ausgaben, die qualitativ variieren. Dennoch unbedingt lesenswert.

The Hindu: Ist hauptsächlich im Süden verbreitet, und zu empfehlen, wenn die oben genannten Zeitungen nicht erhältlich sind. Das Konzept ist etwas konservativ, so kann es sich die Redaktion nicht verkneifen, täglich die bierernste religiöse Rede irgend eines *Swamis* vom Sinn her wiederzugeben.

The Asian Age: Moderne Zeitung westlichen Zuschnitts, mit einem besonders ausführlichen internationalen Nachrichtenteil. Es fehlt dafür das oben erwähnte Lokalkolorit.

Alle genannten Tageszeitungen bringen in ihren Sonntagsausgaben eine farbige und sehr informative Beilage, die nicht verpasst werden sollte.

Wochenzeitung

The Sunday Observer: Rundum exzellent gemachtes Wochenblatt, das man sich nicht entgehen lassen sollte. Der *Sunday Observer* ist zudem recht umfangreich, so dass eine Vielzahl von Themen behandelt werden. Lesen!

Wochenmagazine

India Today: Das erste indische Magazin von internationalem Standard, das sich *Time* oder *Newsweek* zum Vorbild genommen zu haben scheint. Indische Ereignisse werden sehr detailliert und professionell unter die Lupe genommen, ausländische kommen dagegen etwas kurz. *India Today* kam zunächst als zweiwöchentlich erscheinendes Blatt auf den Markt, aufgrund der Konkurrenz von *Outlook* (s.u.) war es jedoch gezwungen, genau wie dieses wöchentlich zu erscheinen.

Outlook: Dieses Magazin kam 1996 auf den Markt und konnte sich aufgrund seines attraktiven, modernen Layouts und hohem journalistischen Standard gleich einen hohen Marktanteil sichern. Es bietet eine perfekte Mischung von politischen Nachrichten und Life-Style – oder anderen leichter verdaulichen News und ist somit derzeit vielleicht das beste englischsprachigen Magazin in Indien.

Frontline (zweiwöchentlich): *Frontline,* aus demselben Hause wie *The Hindu,* trat vor einigen Jahren an, *India Today* Konkurrenz zu machen, was jedoch nur teilweise gelungen ist. Die Artikel befassen sich in erster Linie mit Inlandspolitik und sind meist sehr gründlich – so gründlich, dass sie oft sehr langatmig werden. Die Themenmischung ist nicht so gut wie bei *India Today,* die Ausgaben bringen jeweils nur relativ wenig Artikel, diese verheddern sich dafür oft im trockenen Detail. Sehr gut sind allerdings die häufig gebotenen Fotoreportagen, die sich mit Natur- oder Umweltthemen befassen.

Sunday, The Week: Zwei recht gute Wochenmagazine, die im Vergleich zu *Outlook* z. B. aber optisch etwas bieder wirken. Dennoch sehr lesenswert. *The Week* wird in Kerala produziert und hat häufig südindische Themen zum Schwerpunkt.

Monatsmagazine

The India Magazine: Befasst sich mit allen Aspekten indischer Kultur und schneidet interessante Themen an. Der Fotodruck ist allerdings nicht besonders gut, und die Artikel, die zumeist von Wissenschaftlern oder Privatforschern geschrieben werden, sind zu trocken. Trotzdem eine lohnenswerte Quelle für Leute, die sich mit indischer Kultur befassen.

Society: Wie der Name vermuten lässt, befasst sich das Blatt mit bekannten Persönlichkeiten oder solchen, die es glauben zu sein. Gelegentlich sind aber auch da interessante Artikel drin. Zuerst durchblättern und schauen, was drin ist, dann kaufen (oder nicht)!

Gentleman: Exzellent gemachtes Magazin mit interessanten Artikeln. Über Indien lernt man darin allerdings nicht sehr viel. Dennoch: Sehr unterhaltsam.

Debonair: Dies ist die indische Version von *Playboy*. Zwischen ein paar pretentiösen Artikeln über Gott-und-die-Welt verstecken sich einige halbbekleidete Inderinnen. Die Fotos sind schlecht und können einem verwöhnten Voyeur nichts Neues bieten. Nur Leuten zu empfehlen, die ihren *Playboy* im Flugzeug vergessen haben!

Lesetipps

● **Berg, Hans Walter:** *Indien - Traum und Wirklichkeit;* Hoffmann und Campe, Hamburg. Der Erfahrungsbericht eines langjährigen Indienkorrespondenten.

● **Collins/Lapierre:** *Gandhi - Um Mitternacht die Freiheit;* Goldmann Verlag. Ein eindrucksvolles Dokument des indischen Freiheitskampfes und Mahatma Gandhis Rolle darin. Ein wohlverdienter Bestseller.

● **Hoering, Uwe:** *Indien ohne Gandhi;* Peter Hammer Verlag, Wuppertal. Eine sachliche Analyse des heutigen Indiens und der indischen Gesellschaft.

● **Malchow, Barbara & Tayebi, Keyumars:** *Menschen in Bombay;* Rowohlt Verlag, Reinbek bei Hamburg. In Interviews kommen die unterschiedlichsten Mitbürger Bombays zu Wort. Ein Einblick in das Leben von Indiens kosmopolitischster Stadt.

● **Mehta, Gita:** *Karma Cola;* Wilhelm Heyne Verlag, München. Eine Inderin mischt sich unter Westler, die auf der Suche nach Erleuchtung sind. Kritische Betrachtungen des Guru-Kultes und seiner Anhänger.

● **Rothermund, Dietmar:** *Gebrauchs-Anweisung für Indien;* Piper & Co., München und Zürich. Ein brauchbares Handbuch für den Indien-Reisenden.

● **Tölle, Gisela:** *Kasturbha Gandhi – Die Frau im Schatten des Mahatma;* Verlag Herder, Freiburg i.Br. Der Titel ist der Inhalt. Stellvertretend für alle indischen Frauen im Schatten ihrer Männer.

Englisch

Viele der unten genannten Bücher werden nur in Indien erhältlich sein. Wer ohnehin in die Richtung fliegt, kann sie sich da besorgen.

●**Ali, Tariq:** *The Nehrus and the Gandhis;* Picador, London. Befasst sich mit dem Werdegang der Dynastie Nehru/Gandhi.

●**Balse, Mayah:** *Mystics and Men of Miracles in India;* Orient Paperbacks, New Delhi. Eine kritische Auseinandersetzung mit Heiligen und Scheinheiligen.

●**Basham, A.L.:** *The Wonder that was India;* Rupa & Co., Calcutta, Allahabad, Bombay, Delhi. Ein Standardwerk über indische Geschichte.

●**Bhowmik, K.L.:** *Tribal India;* The World Press, Calcutta. Eine Beschreibung von Indiens wichtigsten Stämmen und deren Riten. Ein Blick in das Leben der „Vergessenen" des Landes.

●**Brunton, Paul:** *A Search in Secret India;* Rider & Co., London. Die Suche des Autors nach „seinem" Guru. Eine Beschreibung des Lebens indischer Heiliger in den 30er Jahren.

●**Chaudhuri, Niradh C.:** *Hinduism;* Oxford University Press. Eine unsentimentale Analyse des Hinduismus. Ein Standardwerk.

●**Chaudhuri, Niradh C.:** *The Continent of Circe;* Jaico Publishing House, Bombay, Delhi, Bangalore, Hyderabad, Calcutta. Chaudhuri ist ein Zyniker, der indische Geschichte und Wesensart schonungslos offenlegt. Das Buch war in Indien lange Jahre verboten.

●**Dass, Diwan Jarmani:** *Maharaja;* Allied Publishers, New Delhi, Bombay, Calcutta, Madras, Bangalore, Hyderabad. Beschreibt das dekadente Leben der Maharajas. Der Autor hatte jahrelang an einem Maharaja-Hof gelebt.

●**Dubois, Abbé J.A.:** *Hindu Manners, Customs and Ceremonies;* Oxford University Press. Ein absoluter Klassiker. Ein „Kulturschock-Band" des frühen 19. Jahrhunderts. Beschreibt Leben und Riten der Inder zu jener Zeit.

●**Naipaul, V.S.:** *An Area of Darkness* und *India - A Wounded Civilisation.* Beide: Penguin Books. Der Autor ist indischer Abstammung, auf Trinidad geboren. Er beschreibt seine Konfrontation mit dem Land seiner Vorväter. Ähnliche Beobachtungen wird auch der Reisende aus dem Westen machen.

Glossar

●**Adivasi:** Wörtl. die „ersten Bewohner", die so genannten „Ureinwohner" Indiens, die weder arischer noch dravidischer Herkunft sind. Die meisten *Adivasis* gehören heute zu den unterprevilegierten des Landes und fristen ein karges Dasein, oft in abgelegenen Waldgebieten. Die *Adivasis* unterteilen sich in verschiedene Stämme, die ihre eigenen Sprachen sprechen.

●**Ashram:** Der Wohnsitz einer als heilig verehrten Persönlichkeit, in der auch deren Schüler in *Yoga* (siehe dort) und Meditation unterrichtet werden. Häufig wohnen die Schüler in dem *Ashram*.

●**Ashrama:** Das Leben des Hindu war traditionellerweise in vier *Ashramas* unterteilt. Der Ausdruck bedeutet somit „Lebensstadium" oder „Lebensabschnitt". In seiner Jugend war der Hindu zunächst *Brahmachari*, d. h. ein unverheirateter junger Mann, der für sein späteres Leben studierte. Danach heiratete er und wurde *Grihastha* (= Haushälter). Seine Aufgabe war es nun, seine Kinder groß zu ziehen. Sobald seine Kinder ihrerseits verheiratet waren, wurde er *Banaprashta* (= Waldbewohner, Einsiedler) und gab sich der Meditation hin. Am Ende seines Lebens schließlich sollte er sich völlig von der Welt lossagen und als heimatloser Pilger durch die Lande ziehen. Er war nun *Sanyasi* (= ein v.d. Welt Abgekehrter) geworden.

●**Ayurveda, ayurvedisch:** Die *Ayurveda* (Sankrit *ayu* = langes Leben; *vedan* = Wissenschaft) ist eine alte indische Heilkunde, die nur auf pflanzlichen oder mineralischen Produkten beruht. Bei der Landbevölkerung ist die ayurvedische Heilmethode sehr beliebt, da die Mittel äußerst billig sind. Ayurvedische Produkte werden mittlerweile von großen Konzernen vermarktet, und es gibt sogar ayurvedische Zahnpastas oder Hautcremes.

●**Baba:** Hindi für „Väterchen". So werden Heilige angesprochen, oft wird das respektsbezeugende Suffix -ji angehängt, was also *baba-ji* (verehrtes Väterchen) ergibt. In einigen Gebieten Indiens redet sich die (männl.) Bevölkerung mit *baba* an.

●**Bakshish:** Aus dem Arabischen, wird aber auch in den indischen Sprachen benutzt. Etwa: milde Gabe, Geschenk, Schmiergeld.

●**Banaprastha:** Sanskrit für „Waldbewohner" oder „Einsiedler". Die Version *Vanaprastha* ist ebenfalls möglich. Der Stand des *Banaprastha* war das dritte der vier traditionellen Lebensstadien des Hindu (siehe *ashrama*).

●**Banyan-Baum:** Lat. *Ficus indica* oder *Urostigma bengalense.* Heiliger Baum, dessen verzweigtes Luftwurzelsystem häufig zu religiöser Symbolik herangezogen wird. Der Welt größter Banyan- Baum steht im botanischen Garten von Kalkutta und bedeckt eine Fläche von 5000 qm.

●**Brahma:** Der Schöpfer der Welt in der hinduistischen Mythologie. Im Gegensatz zu den anderen Göttern des Hinduismus werden *Brahma* keine Tempel geweiht, in denen er verehrt werden könnte. Als Grund dafür wird angegeben, dass *Brahma* seine eigene Tochter *Saraswati* (siehe dort) geheiratet und somit gegen die Gesetze verstoßen habe. In Darstellungen reitet *Brahma* auf einem Schwan und hat eine Wasserlilie als Insignium.

●**Brahmachari:** Sanskrit für „der Keusche" oder „der Enthaltsame". Der Stand des *Brahmachari* war das erste der vier traditionellen *ashramas* (siehe dort) oder Lebensstadien des Hindus. Der *Brahmachari* war somit ein unverheirateter junger Mann. Viele *Yogis* (siehe dort) tragen den symbolischen Titel *Brahmachari* in ihrem Namen.

●**Brahmane:** siehe „Kaste".

●**Chapati:** Indisches Fladenbrot, das je nach Landstrich aus verschiedenen Getreiden zubereitet werden kann.

●**Chennai:** Der alte tamilische Name für Madras und seit 1997 auch die offizielle Bezeichnung für die südindische Metropole.

●**CSW:** *Commercial Sex Worker,* ein in der Presse und Amtssprache seit einigen Jahren benutzter Euphemismus für „Prostituierte". Eines der traditionellen Hindi-Worte für eine Prostituierte ist *randi,* abgeleitet von *randa,* „Witwe". Nach alter indischer Denkweise waren Witwen, die seit dem Tod ihres Mannes jenseits männlicher Kontrolle waren, moralisch gefährdet und kaum besser als Prostituierte.

●**Dal:** Linsenbrei aus gelben oder schwarzen Linsen, der so etwas wie das indische Standardgericht ist. Sehr nahrhaft, da reich an Proteinen.

●**Dalits:** Begriff aus dem Hindi (wörtl. „Die Unterdrückten" oder „Niedergetretenen"), der in den letzten Jahren zunehmend für die „Kastenlosen" verwendet wird (anstelle von *harijans*).

●**Dhoti:** Von Männern getragenes Wickelgewand aus weißem Baumwollstoff, das etwas oberhalb der Knie endet.

●**Durga:** Ein anderer Name für *Kali* (siehe dort).

●**Ganja:** Hindi für die Blätter und Zweige der Cannabis-Pflanze; Marihuana.

●**Gayatri-Mantra:** Das von vielen Hindus als das heiligste aller *Mantras* (siehe dort) angesehene *Gayatri-Mantra* darf nur von *Brahmanen* (siehe dort) rezitiert werden. Dem jungen *Brahmanen* wird es bei seiner Einweihungszeremonie ins Ohr geflüstert. Das *Gayatri-Mantra* soll so heilig sein, dass selbst die Götter davor erzittern. Es soll alle Sünden hinwegwaschen.

●**Ghat:** Die aufsteigende bzw. abfallende Strecke zwischen der Tiefebene und dem Bergland. Außerdem können so die Ufertreppen an Flüssen oder Weihern bezeichnet werden. *Ghati* (Mann/Frau aus den *Ghats*) ist in einigen Teilen Indiens die Bezeichnung für einen Dorftrottel.

●**Grihastha:** Sanskrit für „Haushälter". Der Stand des *Grihastha* war das zweite der vier traditionellen Lebensstadien des Hindus (siehe *ashraman*).

●**Guru:** Sanskrit (siehe dort) oder Hindi für „Lehrmeister". Das Wort *Guru* besteht etymologisch aus der Silbe *gu* (Dunkelheit) und *ru* (Licht). Ein *Guru* ist also jemand, der

von Dunkelheit zu Licht führen, „erhellen", soll. Mit diesem Begriff kann jedweder Lehrmeister bezeichnet werden, so der Lehrer für Musik, Sanskrit etc., und nicht nur der spirituelle Lehrer, wie im Westen häufig angenommen.

●**Harijan:** Wörtlich „Kinder Gottes". Der Begriff wurde von *Mahatma Gandhi* propagiert, um die Kastenlosen (siehe dort) auch linguistisch aufzuwerten. Die Bezeichnung der indischen Bürokratie für die Kastenlosen ist *scheduled castes*. Der hässliche Begriff „Unberührbare" wird so gut wie nicht mehr benutzt. Siehe auch „Kaste".

●**Kali:** Die Göttin der Zerstörung. *Kali* wird in der Hindu-Mythologie schwarz dargestellt, mit einer Vielzahl von Armen, in denen sie bedrohliche Waffen hält. Ein anderer Name für *Kali* ist *Durga,* und die *Durga-Puja* („Verehrung der Durga") ist das größte religiöse Fest Kalkuttas, dessen Schutzpatronin sie ist.

Kali

●**Kama Sutra:** Sanskrit (siehe dort) für „das Lehrbuch der Liebe". Die *K.S.* wurde irgendwann in den ersten Jahrhunderten n.Chr. von dem Weisen *Vatsyayana* geschrieben. Bis heute ist sie ein klassisches „Handbuch der Liebe", das sich penibel mit allen Details erotischen Zusammenseins von Mann und Frau beschäftigt. So werden alleine 16 verschiedene Arten von Küssen aufgelistet. Bisweilen verlangen die Liebesinstruktionen der *K.S.* den Ausübenden artistische Fähigkeiten ab.

●**Karma:** Sanskrit für „Handlung" oder „Tat". In der indischen Philosophie versteht man darunter die Vorstellung, dass die Taten des letzten Lebens das Schicksal dieses Lebens bestimmen. Alles, was einer Person in diesem Leben geschieht, ist eine Folge der guten oder bösen Taten des vorangegangenen Lebens.

●**Kaste:** Vom portugiesischen *casta*, was Gruppe, Familie oder Clan bedeutet. Die Kaste ist eine in sich geschlossene soziale Gruppe, deren Zugehörigkeit durch die Geburt bestimmt ist. Eine Mobilität von der einen zur anderen Kaste ist nicht möglich. Ehen werden zumeist nur innerhalb der eigenen Kaste geschlossen. Die hinduistische Gesellschaft unterteilt sich traditionellerweise in 4 Hauptkasten, die wiederum in einige Tausend Unterkasten aufgesplittert sind. Die 4 Hauptkasten sind:

> Die *Brahmanen* (Priester und Gelehrte)
> Die *Kshatriyas* (Krieger)
> Die *Vaishyas* (Händler, Kaufleute und Bauern)
> Die *Shudras* (Arbeiter).

Das Kastensystem ist heute offiziell abgeschafft, doch hat sich das „Kastendenken" der Hindus weitgehend behauptet. Außerhalb der 4 Hauptkasten stehen die „Kastenlosen", denen auch heute noch zum großen Teil „niedrige" Arbeiten zukommen, wie das Enthäuten von toten Tieren, die Lederverarbeitung, Müllbeseitigung etc. (siehe auch *harijans*)

●**Kastenlose:** siehe „Kaste" bzw. *harijans*

●**Kesari dal:** Lat. *Lathyrus sativus*. Eine giftige Abart des *dal*, der allerdings gut schmeckt und den Magen füllt. Einige Großgrundbesitzer geben ihren Feldarbeitern den *kesari dal* anstelle von Geld oder „echten" Nahrungsmitteln. Der Verzehr von *k.d.* führt nach einigen Jahren zu irreparablen Lähmungserscheinungen, und die Arbeiter verlieren sowohl Gesundheit als auch Beschäftigung.

●**Kolkata:** Die Originalversion des Namens *Kalkutta*, der der seit dem Jahre 2001 wieder offiziell in Gebrauch ist.

●**Krishna:** Die achte Inkarnation (= Fleischwerdung) des Gottes *Vishnu* (siehe dort). Der Name *Krishna* bedeutet „der Schwarze", und so wird er in dieser Farbe oder in dunkelblau dargestellt, und wie der *Pan* der griechischen Mythologie spielt er auf einer Flöte. *Krishna* ist die zentrale Gottheit der meist gelesenen heiligen Schrift der Hindus, der *Bhagavad Gita* (= „das göttliche Lied").

●**Kshatriya:** siehe „Kaste"

●**Lakshmi:** Die hinduistische Göttin für Glück und Wohlstand. Sie wird als die Frau *Vishnus* (siehe dort) betrachtet. Sie wird zumeist in einer Lotosblume stehend dargestellt, mit zwei Elefanten, die mit ihren Rüsseln Wasser über sie sprühen.

●**Mangalsutra:** Halskette, die nur von verheirateten Frauen getragen wird.

●**Mantra:** Heiliger Vers in Sanskrit, dessen Rezitation einen günstigen Effekt auf den Rezitator ausüben soll. Die kürzesten *Mantras* bestehen nur aus einer Silbe, und das bekannteste davon dürfte das *OM* sein. Die meisten *Mantras* haben eine Gottheit, der ihnen „innewohnt", als auch einen Heiligen, der das betreffende *Mantra* „entdeckt" hat.

Lakshmi

●**Marwaris:** Aus dem Grenzgebiet zwischen Indien und Pakistan stammende Händlerkaste, der man skrupelloses Geschäftsgebahren nachsagt. Das Wort *marwari* steht daher im heutigen Sprachgebrauch für „Geizhals".

●**Math:** Etwa gleichbedeutend mit *ashram* (s. dort). Der Wohnsitz einer als heilig verehrten Persönlichkeit, in dem auch deren Schüler in *Yoga* (s. dort) und Meditation unterrichtet werden.

●**Mumbai:** Seit 1995 der offizielle Name *Bombays,* abgeleitet vom Namen der Lokalgöttin *Mumbadevi.*

●**Paisa:** Hindi für „Geld". Die indische Währungseinheit Rupie ist außerdem in 100 *Paisa* unterteilt. 1 Euro ist zurzeit etwa 41 Rupien wert.

●**Panchayat:** Der traditionelle „Fünferrat" des indischen Dorfes, der die Dorfangelegenheiten regelt.

●**Parvati:** Hinduistische Göttin, die als Frau *Shivas* (siehe dort) betrachtet wird.

●**Puja:** Sanskrit (siehe dort) und Hindi für „Verehrung", „Anbetung".

●**Ram, Rama:** Die siebte Inkarnation (= Fleischwerdung) des Gottes *Vishnu* (siehe dort). *Rama* wird dunkelhäutig dargestellt und trägt Pfeil und Bogen. Möglicherweise war *Rama* ursprünglich ein Heerführer, der im 8. oder 7. Jahrhundert v.Chr. gelebt hat. Erst in den letzten Jahrhunderten hat die Verehrung von *Rama* als Gott an Bedeutung gewonnen.

Rama

●**Riksha:** Vehikel zur Personenbeförderung, das entweder durch einen Motor angetrieben wird (Motor-Riksha) oder von Körperkraft gezogen oder wie ein Fahrrad gefahren wird. Die einzigen Zieh-Rikshas Indiens, die mit purer Körperkraft gezogen werden müssen, existieren in Kalkutta. Das Wort *Riksha* stammt aus dem japanischen.

●**Riksha-wallah:** Hindi für „jemand, der eine Riksha hat". Riksha-Zieher bzw. -Fahrer.

●**Sadhu:** Ein wandernder Asket oder Einsiedler. Die *Sadhus* unterteilen sich in eine Reihe von Sekten, die jeweils ihren eigenen Traditionen folgen. Zumeist sind sie Anhänger von *Shiva* (siehe dort) und hegen eine Vorliebe für *Charas* (Haschisch) und *Ganja* (Marihuana), dessen Schutzpatron *Shiva* ist. Der Gebrauch der o.g. Drogen soll der Versenkung dienlich sein. Häufig schließen sich dubiose Charaktere den *Sadhus* an, um unter dem Tarnmantel der Religion ein ungestörtes Leben führen zu können.

●**Sanskrit:** Heute „tote" Sprache, die nur noch von wenigen Priestern beherrscht wird, da die heiligen Schriften der Hindus und die *Mantras* (siehe dort) darin verfasst sind. Das heutige Hindi stammt vom Sanskrit ab, ebenso die meisten anderen Sprachen Nordindiens. Das Sanskrit ist mit allen Sprachen Europas verwandt außer Finnisch, Ungarisch, Baskisch, Estisch und Türkisch. Nach einem Zeitungsbericht aus dem Jahre 1986 soll es in einem abgelegenen Tal des Himalaya ein Dorf geben, dessen Einwohner sich noch in Sanskrit verständigen.

●**Sanyasi:** Sanskrit für „der von der Welt Abgekehrte". Der Stand des *Sanyasi* war das letzte der vier traditionellen Lebensstadien des Hindus (siehe *ashrama*). Der Ausdruck wird heute für heilige Männer benutzt, die sich vom weltlichen Leben abgewandt haben und sich religiösen Disziplinen unterwerfen.

●**Saraswati:** Hinduistische Göttin. Wird mit einer *Vina* (einem Saiteninstrument) und einem Buch in der Hand dargestellt und von einem Schwan begleitet. Sie ist die Schutzpatronin der Künste, von Musik und Sprache. Sie wird als die Schöpferin von Sanskrit (siehe dort) und dem *Devanagari*-Alphabet angesehen, in dem sowohl Sanskrit als auch die heutigen Sprachen Hindi und Marathi geschrieben werden. *Saraswati* wird gleichzeitig als Tochter und Ehefrau *Brahmas* (siehe dort) betrachtet.

●**Shiva:** Der Gott der Zerstörung und Erneuerung. *Shiva* wird mit einem aufgetürmten Haarknoten dargestellt, aus dem der Ganges entspringt. Um seinen Hals rankt sich eine Kobra, und in der Hand hält er einen Dreizack (= *trishul*). *Shiva* wird unter anderem unter dem Namen *Aushadheshwara* (= „der Herr der Kräuter") verehrt und ist der Schutzpatron der Cannabis-Pflanze. *Shiva* ist die Hauptgottheit der *Sadhus* (siehe dort).

●**Shudra:** siehe „Kaste"

●**Sikhs:** Die Sikhs sind äußerlich durch ihren Turban zu erkennen, unter dem sie ihre Haare auftürmen, die sie gemäß ihrer Religion nicht schneiden dürfen. Der Sikhismus wurde von *Guru Nanak* (1469-1539) begründet, und darin mischen sich hinduistische und moslemische Elemente. Von je her waren die Sikhs ein kriegerisches Volk, und noch heute besteht die indische Armee zu einem unproportional hohen Anteil aus Sikhs. In Indien leben etwa 15 Millionen Sikhs. Bei der indischen Bevölkerung haben sie den Ruf, etwas überdreht zu sein, und so ist der Sikh die Zielscheibe vieler Witze.

● **Sindhis:** Aus der im heutigen Pakistan gelegenen Provinz Sind eingewanderte Händlerkaste, die für ihre Geschäftspraktiken gefürchtet ist.

● **Swami:** Sanskrit und Hindi für „Herr", „Meister" etc. Der Ausdruck wird den Namen von Heiligen vorangestellt.

● **Todas:** In den Nilgiri-Bergen Südindiens lebender Stamm, der nur noch etwa 700 Mitglieder umfasst Die Herkunft der Todas ist unter Anthropologen umstritten. Die Todas betreiben Polyandrie, d. h. mehrere Brüder „teilen" sich ein und dieselbe Frau, und leben fast ausschließlich von der Milchwirtschaft.

Shiva

● **Tribal:** siehe *Adivasis*
● **Vaishya:** siehe „Kaste"

● **Vatsyayana:** Ein Weiser, der die *Kama Sutra* (siehe dort) geschrieben haben soll.

•**Vishnu:** Der universelle Gott und Erhalter des Universums, von dem alle anderen Götter lediglich Aspekte oder Inkarnationen sind. *Vishnu* wird hauptsächlich in seinen Inkarnationen als *Krishna* (siehe dort) oder *Rama* (siehe dort) verehrt.

•**Yoga:** *Yoga* ist ein System aus körperlichen und meditativen Übungen, das den Praktizierenden nach geraumer Zeit mit dem Göttlichen vereinigen soll. Es gibt die unterschiedlichsten Yoga-Systeme, die trotz aller Verschiedenheit alle dasselbe Ziel verfolgen. Häufig werden im Westen die selbstpeinigenden Exerzitien der Fakire als *Yoga* missverstanden. Das Wort *Yoga* bedeutet soviel wie „Joch", was darauf hinweisen soll, dass Körper und Geist durch Disziplin „unterjocht" werden sollen, um dem Göttlichen näherzukommen.

•**Yogi:** Einer, der *Yoga* (siehe dort) praktiziert.

KulturSchock

Alle Bände reichlich illustriert.

Reise Know-How Verlag, Bielefeld

Hindu-Götter in Stein

Kunstvoll gemeißelte Sandstein-figuren - ein außerge-wöhnlicher Schmuck für Garten und repräsen-tativen Wohnraum. Ca. 150 Einzelstücke zur Auswahl, 80-120 cm Höhe.
● Prospekt erhältlich bei: Raulfs und Rump GbR., Dorfstr. 18, 54649 Mauel

Foto: Hanuman, Höhe 120 cm

Kauderwelsch?
Kauderwelsch!

Die **Sprachführer der Reihe Kauderwelsch** helfen dem Reisenden, wirklich zu sprechen und die Leute zu verstehen. Wie wird das gemacht?

●Die **Grammatik** wird in einfacher Sprache so weit erklärt, dass es möglich wird, ohne viel Paukerei mit dem Sprechen zu beginnen, wenn auch nicht gerade druckreif.

●Alle Beispielsätze werden doppelt ins Deutsche übertragen: zum einen **Wort-für-Wort,** zum anderen in „ordentliches" Hochdeutsch. So wird das fremde Sprachsystem sehr gut durchschaubar. Ohne eine Wort-für-Wort-Übersetzung ist es so gut wie unmöglich, einzelne Wörter in einem Satz auszutauschen.

●**Jeder Band** hat ca. 160 Seiten. Zu jedem Titel ist eine begleitende **Tonband-Kassette** (60 Min.) erhältlich.

●**Kauderwelsch-Sprachführer** gibt es für über 90 Sprachen in **mehr als 150 Bänden,** z. B.:

Hindi – Wort für Wort

Urdu – Wort für Wort

Pandschabi (Punjabi) – Wort für Wort

Englisch für Indien – Wort für Wort

Bengali – Wort für Wort

Tamil – Wort für Wort

Singhalesisch – Wort für Wort

Nepali – Wort für Wort

In Planung: Gujarati – Wort für Wort
  Marathi – Wort für Wort

Reise Know-How Verlag, Bielefeld

Alle Reiseführer von Reise

Reisehandbücher
Urlaubshandbücher
Reisesachbücher
Rad & Bike

Know-How auf einen Blick

Praxis

KulturSchock

Wo man unsere Reiseliteratur bekommt:

Jede Buchhandlung in der BRD, der Schweiz, Österreichs und in den
Benelux-Staaten kann unsere Bücher beziehen.
Wer trotzdem keine findet, kann alle Bücher über unseren Internet-Shop
unter **www.reise-know-how.de** oder **www.reisebuch.de** bestellen.

Praxis – die neuen handlichen Ratgeber

Wer seine Freizeit aktiv verbringt, in die Ferne schweift, moderne Abenteuer sucht, braucht spezielle Informationen und Wissen, das in keiner Schule gelehrt wird. REISE KNOW-HOW beantwortet mit über 20 Titeln die vielen Fragen rund um Freizeit, Urlaub und Reisen in einer neuen, praktischen Ratgeberreihe: „Praxis".

So vielfältig die Themen auch sind, gemeinsam sind allen Büchern die anschaulichen und allgemeinverständlichen Texte. Praxiserfahrene Autoren schöpfen ihr Wissen aus eigenem Erleben und würzen ihre Bücher mit unterhaltsamen und teilweise kuriosen Anekdoten.

Hier eine kleine Auswahl:

Rainer Höh: **Kanu-Handbuch**
ISBN 3-89416-752-1

Rainer Höh: **Wildnis-Ausrüstung**
ISBN 3-89416-750-5

Frank Littek: **Fliegen ohne Angst**
ISBN 3-89416-754-8

Rainer Höh: **Orientierung mit Kompass und GPS**
ISBN 3-89416-755-6

Wolfram Schwieder: **Richtig Kartenlesen**
ISBN 3-89416-753-X

Reto Kuster: **Dschungelwandern**
ISBN 3-89416-759-9

Klaus Becker: **Tauchen in warmen Gewässern**
ISBN 3-89416-760-2

M. Faermann: **Sicherheit im und auf dem Meer**
ISBN 3-89416-758-0

M. Faermann: **Survival Naturkatastrophen**
ISBN 3-89416-753-X

Weitere Titel siehe Programmübersicht.

Jeder Titel:
144-160 Seiten,
handliches Taschenformat 10,5 x 17 cm,
robuste Fadenheftung, Glossar,
Register und Griffmarken zur schnellen Orientierung

Reise Know-How Verlag, Bielefeld

WO ES KEINEN ARZT GIBT

Medizinisches Gesundheitshandbuch zur Hilfe und Selbsthilfe auf Reisen

Dieses Buch gibt Anleitung zur Hilfe und Selbsthilfe in allen Situationen, die die Gesundheit und Hygiene unterwegs betreffen und orientiert sich dabei an den realen Gegebenheiten unterentwickelter Länder. Es vermittelt nicht nur Grundlagen der medizinischen Diagnose, Behandlung und Verhinderung typischer Krankheiten, sondern bietet darüber hinaus umfassendes Hintergrundwissen zu allen Aspekten der Gesundheit.

Der Autor qualifizierte sich durch mehr als 20jährige Arbeit in den Bergregionen Mexikos. Sein Buch wurde in rund 30 Sprachen übersetzt und in der ganzen Welt verbreitet. Die deutsche Ausgabe orientiert sich an den Erfordernissen bei Reisen in Gegenden, wo es lebenswichtig sein kann, sich selbst und anderen helfen zu können.

Inhaltsübersicht

● **Vorbeugen:** Hygiene, richtige Ernährung, Sonnenschutz usw.

● **Grundwissen:** Wie man Kranke untersucht, wie man sie pflegt, wie man Medikamente gebraucht; Antibiotika, was sie sind, wann sie helfen; Heilen ohne Medizin; Wie und wann man Spritzen gibt; Hausmittel und Aberglaube in der Dritten Welt; Krankheiten, die man oft verwechselt ...

● **Krankheiten der Tropen:** von Durchfall bis Allergie, von Erkältung bis Höhenkrankheit, Würmer und Parasiten, schwere Erkrankungen (Malaria, Typhus, Tetanus u.a.)

● **Hautkrankheiten:** Identifikation, Behandlung, Ursachen.

● **Sonstige Krankheiten:** Augenkrankheiten, Zahnprobleme, Erkrankungen der Blase, Genitalien usw.

● **Erste Hilfe:** Was tun bei Fieber, Schock, Ohnmacht, Unfällen, Hitzeschäden? Behandlung von Wunden, Knochenbrüchen, Verrenkungen, Vergiftungen, Bissen, Transport von Verletzten usw.

● **Anhang für Fernreisende:** Impfkalender, Adressen der Tropeninstitute, Reiseapotheke, Erste-Hilfe-Ausrüstung, Literaturempfehlungen, Medikamentenlisten, Glossar medizinischer Begriffe, Register.

● Über 300 erläuternde Abbildungen, Tabellen, Landkarten, Fieberkurven und vieles mehr. **Aktuelle Malariaresistenzliste**

REISE KNOW-HOW Verlag, Bielefeld

Indien & Co.

Kaum eine andere Region der Welt bietet so viele Kontraste, Eindrücke und unterschiedliche Reiseziele wie der Indische Subkontinent. Die Reiseführerreihe *REISE KNOW-HOW* bietet für (fast) jedes Ziel das passende Handbuch mit unzähligen Tipps und Informationen:

Indien - Der Norden
Handbuch für individuelles Reisen und Entdecken, mit Goa und Mumbai (Bombay)

Indien - Der Süden
Handbuch für individuelles Reisen und Entdecken aller Regionen Südindiens

Kerala mit Madurei
Handbuch für individuelles Reisen und Entdecken des äußersten Südwestens Indiens

Ladakh & Zanskar
Handbuch für die Reise in den äußersten Norden Indiens

Nepal
Das Königreich im Himalaya individuell entdecken

Rajasthan
Reisehandbuch für anspruchsvolles Reisen und Entdecken in der nordindischen Provinz sowie Delhi und Agra

Sri Lanka
Reisehandbuch für anspruchsvolles Reisen und Entdecken an der Küste und im Bergland der Insel

Register

Indien & Nachbarn

China

JAMMU UND
KASHMIR

Jammu

Pakistan

Tibet

Nepal

Darjiling

Bhutan

New-
Delhi

RAJASTHAN

UTTAR
PRADESH

Shillong

Jaipur

Jodhpur

BIHAR

Bangla-
desh

Indien

MADHYA PRADESH

WEST
BENGAL

MEGHALAYA

GUJARAT

Raipur

Calcutta

Myanmar
(Burma)

ORISSA

MAHARASHTRA

Bombay

Poona

Hyderabad

ANDHRA
PRADESH

Goa

KARNA-
TAKA

Bangalore

Madras

Salem

TAMIL
NADU

Madurai

Sri Lanka

0   500 km

Der Autor

Rainer Krack, geboren 1952, studierte Indologie in Bochum und bereiste Indien zum ersten Male im Jahre 1978 – mit nur 500 Mark in der Tasche und einem Flugticket, das ihn direkt ins gefürchtete Kalkutta führte. Seither hat er Indien zigmal besucht und bezeichnet Mumbai als seine Lieblingsstadt. Als Rainer Krack nach seiner ersten Indienfahrt nach einer Möglichkeit suchte, so schnell und so oft wie möglich dorthin zurückzukehren, ging er ins „Business" und exportierte Kleidung und Edelsteine nach Deutschland. Um mehr über Indien zu lernen, entschloss er sich schließlich zum Studium der Indologie, lernte Hindi und befasste sich im Besonderen mit noch unerforschten Sprachen der *Adivasis,* der Ureinwohner Indiens. Aufgrund des Einblickes, den er in das Mysterium Indien erhielt, begann er zu schreiben und veröffentlichte seine Reportagen in bekannten Magazinen des In- und Auslandes. Seitdem arbeitet er als freier Journalist, vor allem im Raum Asien. Sein Hauptinteresse gilt vergessenen, im Verborgenen blühenden Kulten und Gebräuchen, und wohl kein Land hat derer so viele zu bieten wie das geheimnisvolle Indien. Das vorliegende Buch wurde geschrieben, um dem interessierten Reisenden den Einstieg in dieses verwirrende Land zu ermöglichen und Verständnis für die Andersartigkeit des indischen Alltags zu vermitteln.

Vom selben Autor sind im Peter-Rump-Verlag folgende Bücher über Indien erschienen: Die Sprachführer „Hindi – Wort für Wort" und „Bengali für Globetrotter".